中国传媒年度对话
MEDIA CONVERSATION

胡智锋　等著

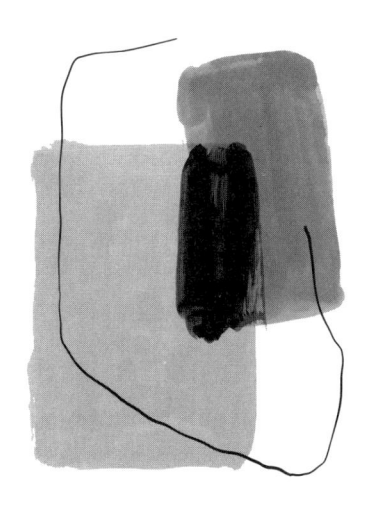

中国国际广播出版社

CONTENTS

目录

001　会诊中国电视
　　——关于中国电视现状及问题的对话

027　2004：中国电视关键词

049　2005：中国电视备忘录

069　2006：中国电视忧思录

089　重塑中国电视的尊严

107　2009：中国电视创新对话

124　中国广播影视发展新起点
　　——2010年《现代传播》年度对话

146　新十年新起点：中国广播电视的观察与思考
　　——2011年《现代传播》年度对话

166　价值重构：中国传播研究主体性探寻
　　——2011年《现代传播》年度对话

187	文化复兴的理想与现实
	——2012年《现代传播》年度对话
206	道与法：中国传媒国际传播力提升的理念与路径
	——2013年《现代传播》年度对话
223	需求与引领：传媒生态与监管服务之变
	——2014年《现代传播》年度对话
244	媒介融合与网络强国：互联网改变中国
	——2015年《现代传播》年度对话
268	中国电影：从数字走向诗
	——2016年《现代传播》年度对话
297	困境、创新与责任：多维定位下的传统主流媒体
	——2017年《现代传播》年度对话
314	后　记

会诊中国电视

——关于中国电视现状及问题的对话

胡智锋　刘春

对话时间： 2004年1月13日

对话地点： 北京凤凰会馆

对 话 人： 胡智锋　时为北京广播学院教授、博士生导师，《现代传播》副主编

　　　　　　刘　春　时为凤凰卫视中文台副台长、电视策划人、制作人、评论人

整 理 者： 张国涛　时为北京广播学院广播电视艺术学博士研究生[①]

【关键词】 电视改革；本土（地）化；收视率；传媒本体；产业化；体制改革；公共声音；竞合时代；传媒教育

胡智锋（以下简称"胡"）： 2002年，你的"盛世危言"和"航空母舰"[②]两篇文章在《现代传播》连续发表之后，在业界和学界引起了很大反响，后来有不少文章从中引用了你的言论，可喜可贺。《现代传播》对媒介

---

① 本书各篇对话的作者简介均为文章刊发时该作者的身份。
② "盛世危言"和"航空母舰"分别指作者刘春在《现代传播》2002年第1期、第3期发表的《中国电视的盛世危言》和《CCTV，中国电视的航空母舰朝哪里开》。

批评类的稿件发表不是太多，但是你的那种与人为善的、建设性的批评是《现代传播》所提倡的。近两三年来，《现代传播》在业界和学界的地位与影响稳步提高，这为我们继续开展这种与人为善的、建设性的媒介批评提供了一个扎实的平台和空间。我想，这是我们展开这次对话的前提和初衷。

你在"盛世危言"和"航空母舰"当中所谈到的问题，现在虽然已经过去两年了，但要得到真正的解决看来还需要更多时日。两年来，整个中国电视格局，从中央到地方，发生了不少新的变化，也取得了不少新的进步和发展，成绩不可磨灭，但问题更不能忽视。尽管有些问题更多是以往问题在今天的延续，但它正是传媒业界和学界最关注的焦点内容。我想，我们今天对话的内容，就是对中国电视的现状及问题进行尽可能全面的盘点，对当前中国电视的格局进行尽可能深入的会诊，我想我们对话的标题就叫"会诊中国电视"，目的就是给中国电视把把脉。我们来做"电视医生"，把中国电视当作一个患者，它既有健康的部分，也有亚健康的部分，也有患病的部分，通过把脉和会诊，可以发现哪些地方是健康的，哪些地方是亚健康的，哪些是患病的部分，给出一个客观的、辩证的"问题单"，然后就业界和学界普遍感兴趣的和关注的问题进行若干探讨。

刘春（以下简称"刘"）：这个出发点选得很好，不是为了批评而批评，也不是"形而上"地谈些"主义"，我们是先来发现问题，然后研究问题。

中国电视的"逢三变革"

▲ 中国电视近20年有一个"逢三变革"的历史巧合。

▲ 中国电视遇到了很多的宏观性问题，遇到了很多的结构性问题、制度性问题。

胡：从你的个人感觉来说，目前围绕中国电视的生存状态，中国电视最危机的问题在什么地方？

刘：讨论这样的问题，我总是愿意先说好话，为什么呢？因为进步来之不易，我一向是这个观点。大家都知道，中国电视近20年有一个"逢三变革"的历史巧合。1983年，1993年，2003年，这三个年头都发生了极其重要的变革。1983年的变革是"四级办电视"，现在来看这个事情，带来了很多负面影响，比如重复建设、机构臃肿等。但是，它对中国广播电视事业的发展起到了极大的推进作用。而且放在整个国有企业、整个市场经济改革的角度来讲，如果当年彩电不是重复建设，哪能带来今天激烈的竞争，哪能杀出像长虹、海尔这样的大型家电企业？像现在香港控制得很好，只有两家电视台，还有一个有线台，没有什么竞争，所以香港电视也没什么大的发展。我认为，如果说（20世纪）80年代中国电视有什么进步的话，那就是"四级办电视"带来了中国电视机构的繁杂，繁杂以后市场格局就比较复杂，生存环境就比较恶劣，就为展开激烈的竞争提供了前提。这是所谓的"八三变革"。

胡：是的，1983年的事情已经争论很多，现在依然未停。"逢三变革"表面上是一个简单的年代上的历史巧合，这里边可能也暗含了一些内在的规律，实际是中国电视发展到一定程度的一个自然爆发。"八三变革"的背景是中国电视前20多年的发展，而变革带来的后果当然也是始料未及的。我个人认为，中国电视的"逢三变革"当中有一些非常有趣的事情，即无论它的变革是自下而上，还是自上而下，在结果上都出现了一种"歪打正着"的现象。就"八三变革"而言，其初衷并非像后来的结果那样。1983年，全国第十一次广播电视工作会议提出"四级办电视"的目的和动机，是为了将党中央的声音传达到千家万户。结果没想到，地方借助改革开放的动力，利用"四级办电视"的由头，将新兴的电视媒体变成地方表达自己政治需求、塑造自己政治形象的一个重要渠道。这是始料未及的。此外，地方还把本来意义上的电视差转站变成一个真正的电视媒体——电视台。对于这样的结果，批评最多的当然是利益受到冲击最大的中央电视台，它认为涌现出这么多地方电视台抢占了它的很大一部分市场。

刘：我插一句话，从表面上看，"四级办电视"肯定是不合理的，因为它是按照行政区划来设计它的产业布局的，显然是不符合电视的技术属性和传播规律的，但是中国有很多事情是靠行政的力量和手段来推动的。

胡：对，当时电视市场就是靠行政手段获得了前所未有的发展的。在今天的电视领域内，依靠行政手段推动产业和市场前进的惯性仍然没有结束，行政手段依然是非常有力的一种方式。从正面来说，行政手段能把中国电视从整体上做大，如果不是"四级办电视"，只是有国家台（中央台）、省级台两级电视台，那就很难形成现在庞大的局面；但是反过来看，"四级办电视"带来的问题是有限的资源得不到合理的配置，有限的市场得不到充分的开发，给今天电视产业的继续发展造成了难以估量的消极影响。

刘：我以为，1993年的改革确立了中国电视的两个标尺。第一个标尺是在内部机制上确立了制片人制，我特别看好这个制片人制。尽管现在制片人制也有很多问题，比如财务控制问题，比如用工问题，等等，但是如果没有当年《东方时空》推出的这个制片人制，那么中央电视台远远不会是现在这样一个格局。我常讲，中央电视台节目改革最重要的动力是来自这个相对健全的制片人制。这个制片人制在栏目策划、栏目用人、栏目改版、内部评审、栏目扩张等方面都形成了自己一套灵活的办法；这个制片人制使得中央电视台内部细胞的空前活跃，它不断分裂，不断扩张，现在中央电视台所有的好栏目基本上都奠基于这个相对完善的制片人制。当然，它也有很多毛病，但我相信以后是可以克服的。"九三变革"确立的第二个标尺，就是舆论监督。舆论监督在过去也有，如《观察与思考》，但是到了《东方时空》，可以说是第一次以栏目化的方式，明确地、有规模地对中国社会的方方面面进行监督。"九三变革"确立的两个标尺到了21世纪都出现了问题，那是因为中国电视遇到了很多的宏观性问题，遇到了很多的结构性问题、制度性问题。单纯地依靠节目、栏目的改版，单纯地依靠某种权威开展的那种舆论监督，电视改革的步伐已经走不下去了。我还发现，所有人都把电视改革的希望寄托于上层，希望话语环境能够进一步宽松。实际上，电视改革已经不是这个问题了，因为宽松并不意味着电视就能获得更大的生存空间。

胡：关于"九三变革"的争论也不少。我认为，"九三变革"最初更多是一种自下而上的"冲动"，同时也是央视改革的一种需要。包括孙玉胜、梁建增、袁正明、时间、陈虹等这些比较前沿的电视人，当时可能就是一种职业电视人的"冲动"，这个在孙玉胜的《十年》[①]当中有些论述。从中央电视台自身来说，它要建设一个国家级大台，当时就需要打开一个"缺口"，当时电视改革已经涉及新闻改革，但在实际上新闻本体性的东西并没有太大突破。"九三变革"在节目栏目化、制片人制、主持人制等方面建立起新的框架系统，把制片人的形象、主持人的形象给托起来了，中国电视在传播手法和语态上都有了不少变化，电视的人际传播开始出现，同时内部制度也发生相应变化，激活原有电视机制的潜在活力，"九三变革"的意义更多是在这里。关于这一点，我同意你以上的说法。同时，我还认为，"九三变革"的最后结果实际上是上下合一、共同促成的，和"四级办电视"的情况有些相似。

刘：2003年，中国电视确实发生了一些新的变化。尽管到目前为止还没有在制度上实现突破，但有些"变革"的迹象已经表现出来。第一，是"新闻"的出现。电视过去有新闻，但是，我一直认为电视总没有把新闻上升到非常重要、非常本质化的高度。我们看一张报纸看什么，不是只看它的文采、看它的副刊，而是要看这张报纸给我们提供了怎样的信息。同样对于一个电视频道，尤其是新闻频道，我们更是要看它所能够提供的信息。2003年，随着伊拉克战争的直播，随着SARS的报道，随着新闻频道的开办，所有电视媒体前所未有地意识到"新闻"对其的重要性。上海文广新闻传媒集

---

① 即《十年——从改变电视的语态开始》。

团总裁黎瑞刚曾经说过，东方卫视可以办娱乐，但是在新闻上没有突破，东方卫视永远成为不了一个主流媒体。为此，2003年各个台都在找自己的路子。中央台在直播报道、拓宽话语权、开播新闻频道等方面打出了一套"组合拳"，在新闻方面形成做大做强的架势，而地方台则更多在尝试本土化新闻、社会新闻的路子，适合于口语化传播、个性化传播。这是2003年一个非常大的突破。第二，很奇怪的是，2003年电视改革的动力更多是来自上层，大部分动作都带有自上而下的色彩。其表现为：一是在新闻媒体的话语权方面给予媒体较大的空间，包括央视新闻频道的开办、SARS的公开报道等；二是上层提出了"三贴近"的原则。我很看好"三贴近"原则，这是一个非常深刻的思想：贴近现实，就意味着所有电视栏目都必须从当下社会、当下现实的需求出发；贴近生活，就是按照老百姓看得见的、很物质化的东西去表述；贴近百姓，就是从老百姓的角度和立场出发，更人性化。另外一个就是文化体制改革，尽管在2003年推进不大，但是文化体制改革将来会从根子上有所突破。我所说的这些好话，就是中国电视的"逢三变革"确实带来了一些新的进步，恐怕你也是这个看法。

胡：对于2003年的变革，我同意你的说法。这些迹象表明，电视改革出现了一些意想不到的变化。

本土化新闻与民生电视的成长

▲ 到了2003年，中国才真正开始拥有了自己所谓的"本地化新闻"。

▲ 只有真正从本土、本地出发考虑自己的内容，才是真正意义上的内容为王。

胡：中央电视台在凤凰卫视多年的刺激下，2003年在SARS报道、伊拉克战争等这些大的报道环节，依靠它的覆盖率和影响力，占据了一个主导地位，似乎有了一种久违的"找到自己"的感觉，这其中也伴随着新闻频道的成长。另外一个问题，刚才你已经提到了，就是本地化新闻的崛起，2003年增长最快的是江苏台城市频道的《南京零距离》，年底《南京零距离》一个栏目一年（2004年）拍出了一个多亿，现在火得不得了。频道总监景志刚有个新提法，他们把《南京零距离》的做法叫作"民生电视"，这个说法引起了上层的关注，因为它和"三贴近"联系在一起。其实可能很多人还没有意识到，"三贴近"对电视改革有着一种内在影响。在电视节目内容的选择、价值取向、表现方式等方面，"三贴近"都给出了相当大的空间。应该说，《南京零距离》抓住了这个机遇，尽管它不一定是自觉的，而是出于职业电视人的敏感，从百姓中来，到百姓中去，但这恰好暗合了上层的需要。从他们本身来讲，《南京零距离》就是要做一个非常地道的本地新闻，本地新闻在以往做得都比较零碎，但是他们做得很有气势，架构也很完整。我认为，以《南京零距离》为代表的这种所谓的"民生电视"，对今后中国电视媒体的发展将产生很大的影响。如果说，1983年的改革是把电视扩张做大，把中国电视变成一个世人不可忽略的传播媒介；1993年的改革是把电视开始做强，通过电视内部和外部的一系列改革，使它摆脱了几十年来在整个传媒体系中的弱势地位，成为强势媒体；而2003年的改革，应该是要把电视真正做强，至少从理论上说，按照这个路子走下去，应该是往强里做。虽然目前还不太肯定，还有待观察，但应该是这么一个方向。

刘：从内容的进步性来说，你概括得非常准确。中央电视台在2003年找到了它作为国家电视台在新闻传播方面的高势和地位。但我觉得更为可贵的是，与其说是《南京零距离》这样一个本地化栏目的诞生，不如说是到了2003年，中国才真正开始拥有了自己所谓的"本土化新闻"。一些电视媒体开始意识到，必须要从自己传播区域的信息需求和文化属性出发来设计栏目，而江苏台的《南京零距离》，实际上就是与江苏尤其是南京的电视观众开始"零距离"接触。这虽然只是一个电视栏目的做法，但其实可以扩张到很多地方。现在广播电台在这方面也做得非常好，它们的内容做得非常贴近生活、贴近老百姓需求，更本地化。举一个例子，各省市的交通台的路况信息都比较火爆，尤其是北京交通台，原因是它满足了老百姓出行的切身需要。实际上，《南京零距离》这个栏目真正的进步和意义，不是一个栏目的改革，也不是形式和技术上的突破，而是它带来了地方台传播观念的改变。地方台要干什么，就是要围绕地方的各层次需要做文章。地方台对于国家的宏观信息照样可以接收，但是精力应更多地放在本地化结构、本地化打造方面。中央电视台新闻频道成立了，央视一套也改版成一个大平台，观众想看新闻有新闻，想看电视剧有电视剧，面对这样大的压力，地方台应该怎么办，我认为没有什么怎么办，竞争就是"大鱼吃小鱼，小鱼吃虾米"。要取得优势地位，地方台就应该在地方新闻上大做文章。另外我也讲过，中国电视有一个误区，大家往往把电视改革、新闻改革简单理解成舆论监督，都以为在电视台只有两种人有作为：一种人想当艺术家，这是指搞纪录片和专题片的；另一种就是想当舆论监督"斗士"的，这是指搞批评报道的。其实，电视新闻在我们划分的"正面宣传"和"批评报道"两者之间有着广阔的中间地带，而这个中间地带正是老百姓所关心和所需要的。

胡： 这几年电视界流行的几个关键词当中，本土化或本地化格外引人注目。对于一个国家来讲，就是本土化。对于一个地方而言，就是本地化。在国外媒体中，"local"（本土化）这个概念早就很流行了，主流社会也比较认可。现在对这个概念的实践，可以将江苏台的《南京零距离》作为代表。有一个很有意思的现象，继《南京零距离》之后，南京台上了一个栏目，叫《直播南京》，江苏台又上了几个类似的新闻类栏目，如《1860新闻眼》，结果几个直播类的本地化新闻栏目远远超过了同时段电视剧的收视率，从整体上改变了南京整个区域晚间黄金时段的电视收视格局。在这场新闻大战中，以《南京零距离》为代表的这批新闻栏目，把"local"这个概念做到位了，当然还有发展的空间。另外一个概念就是内容为王，电视界喊了很多年，做了很多年，真正要做什么样的内容，其实就是要做本土化或本地化的内容。江苏台和南京台的实践证明了这一点。刚才我们讲，地方台许多节目、栏目基本上都是"克隆"中央台的，还有很多"克隆"台湾和香港地区的节目。他们这样做的出发点不是本地的内容，或者不是本地需求的内容，而是以一种既定的其他媒体作为克隆对象，这在电视界已经成为一种惯性。这样的做法实际上违背了内容为王，所以中国电视中出现了大大小小的《新闻调查》、大大小小的《焦点访谈》……

刘：关于你说的这一点，我也思考了很长时间。出现这样的怪现象，那就难怪有人指骂"弱智的中国电视"了。我是搞节目策划的，凤凰的很多栏目我都是主要策划者。我们做一个栏目的原因是什么，一个是根据我们台的实力和我们的位置，另一个是根据我们的基本条件。我们为什么要做《鲁豫有约》？是因为在中国近现代历史上有许多复杂的政治性人物，随着时间的流逝，大家对很多往日的是非成败已经不是太计较了，但他们又是历史的一部分，凤凰作为一个海外媒体有着相当大的话语空间，所以我们就做了这个栏目。像这样从媒体本身出发做本土化本地化的内容的设计，在2003年，我才看到一点势头。

胡：本土化本地化这个概念，意味着只有真正从本土、本地出发考虑自己的内容，才是真正意义上的内容为王。

电视传媒本体意识的回归

▲ 传媒应该做的不仅仅是传媒要做的，更是观众要传媒做的。

▲ 既从电视传媒自身出发，也从电视受众和市场出发，是在双重的角度下寻找一种对接。

胡：从内容为王说到另外一个概念——传媒本体。我觉得到今天为止，在新闻改革尤其是电视改革中，电视的传媒本体意识已经大大加强了，从"可视性"的标准向着"必视性"的标准延伸,这是一个相当大的进步。所谓传媒本体意识,意味着传媒应该做的不仅仅是传媒要做的,更是观众要传媒做的。

刘:你讲到一个很根本的问题。从本质上来说,这么多年来,中国电视始终没有解决好的,也是最要命的问题,就是电视传媒本体的问题。目前,中国电视比报纸要落后很多,为什么落后?因为电视多年来一直没有看清楚自己是一个传媒,往往把自己当成小戏剧、小舞台,"我演你看""我播你看",也没有想到通过电视化的设计、编排、服务,使其从"可视性"向着"必视性"转化。对于一个节目、栏目,凭什么我今天要看,凭什么我天天要看,只有"可视性"还不行,还需要有一定的"必视性"。对于传媒来讲,这是一个根本性问题。

胡:是的,电视传媒就是要做"必视",而不是仅仅做"可视"。在相当长的一段时间里,我们会帮助一个所谓的作品做分析和评价,我们说它好看,或比较好看,然后给出在艺术层面或者创作层面若干好看的理由,这个叫作"可视性",但不是我坐在家里打开电视机就一定要看,这就涉及"必视性"的问题了。

刘:我举一个例子,是我个人的体会。我曾经好几次买过《普利策新闻奖获奖作品选》,买回来后只翻了几篇,就不去翻了。我们当初会以为它具有很高的文学价值或新闻价值,于是我们试图读解出里面的伟大意义与深刻内涵,然而它就是很普通的文章,并没有太多的意义与内涵在里边。那么,它们为什么能入选?是因为这篇文章在当时的状况下,揭露了那个社会的某个问题,传递了社会的一种重要信息,而随着时间的推移、地点的变迁,它变得毫无价值。同样,我们不要期望我们今天所拍的片子,能如同电影史上爱森斯坦的电影作品一样经典永恒、与世长存,电视传媒就是要及时地传递某种信息,传递受众当下的需求。我再讲一个亲身经历。我在《新闻调查》任执行制片人的时候,我国驻南斯拉夫大使馆被炸,我带了一帮人迅速完成了一个片子,叫《硝烟中的霸权》。片子的收视率很高,但是很粗糙,所以就得不到什么奖，别人还以为我不懂什么叫电视语言，我就不服气。后来，我跑到河北一个偏僻的村庄，用接近纪录片的方式，做出了一个非常优美的片子，那年评奖的时候，很多人都说这个片子好，而对我来说，却是一个巨大的伤害。这种作品化的倾向在做电视尤其做新闻的过程中特别可怕。

胡：所以，传媒本体到底意味着什么？传媒要从"可视性"转向"必视性"的评价标准。传媒关心的不是节目在未来作为一个作品的经典意义何在，而应该是节目在当时能够产生多大的影响。

刘：我觉得我们今天触及了纸媒体传播学老师经常遇到的一个非常困惑的问题。他经常给学生讲新闻作品解析，但对于一篇新闻作品，他和学生的理解有很大的差别，为什么？这其中的原因就是忽略了一个相当重要的时空背景，实际上，这个作品在当时的情况下已经传播了信息，发挥了作用。

胡：传媒本体的第一个要求就是要做"必视性"，第一时间哪怕是粗糙的，但它是可贵的。"9·11"事件的直播，画面是很粗糙的，但它的震撼力却是无与伦比的。摇摇晃晃的画面里有一个巨大的信息场，它引发了我们"必视性"的欲望，然后才是"可视性"。我觉得，传媒本体的第二个要求，就是节目从作品到产品的演化。在传统意义上，传媒是从创作者的角度创作一个作品，而在今天，传媒则是从生产者的角度制造一个产品。创作作品要求创作主体把自己的情感、艺术积累融入作品当中，张扬创作个性，用专业的电视艺术水准，完成一个电视作品。今天，我们要换一种说法，那就是要从创作作品转换到生产产品、制造产品。电视就是一个生产流程，用最快、最简捷、最省钱的方式制造观众所需要的产品。这个概念在今天可能更重要。

刘：当然，这个产品也需要一定的技术规范，比如好莱坞电影作为文化产品，同样有着严格的技术上的要求。

胡：再延伸出一个问题，就是传媒视点和观众视点或者市场视点之间应该有种对应。具体而言，传媒是主体，受众是客体，主体和客体之间有一个互动的过程。从20世纪80年代以来，中国的主流哲学是主体论哲学，是一种自上而下的、自我膨胀的哲学观，而中国主流的传媒哲学观是以传者为本位的，忽视客体、受众和市场的存在，而中间有一个阶段是湖南卫视，一切讲娱乐化，它又走向了另外一个极端。

刘：我插一句话，湖南卫视的这种做法其实是中国电视的一个误区。举个例子，我极不喜欢看湖南卫视的晚间新闻，我不是说新闻不好，而是它的播报语态存在很大问题。新闻归根到底是看传递了怎样的信息，而不是在于采用了多少花里胡哨的技巧。

胡：我认为它只是一个阶段，湖南卫视走向了另外一个极端，它从传媒主体走向了市场主体，而它对所谓的市场主体的判断是有误区的，它所想象中的观众设定在一个底线之上，这个底线就是娱乐，而娱乐又是它认为的最大的市场卖点，所以，它从这个角度出发，完全走向了另外一个极端，把自己作为传媒主体的立场、观点、视点放弃了，剩下的只有像所谓"星气象"那样挠某些观众的痒痒，迎合某些观众格调不高的趣味。这样的做法，我觉得是一种问题。

无论凤凰卫视也好，还是《南京零距离》也好，还是新闻频道也好，现在正在对这个问题进行纠偏，使新闻真正走向传媒本体，这个过程实际上也在寻找传者和受众在真正意义上的互动。既从电视传媒自身出发，也从电视受众和市场出发，是在双重的角度下寻找一种对接。我认为，这是传媒意识在未来所不能放弃的东西，如果一味地迎合市场、迎合观众的趣味，可能就会失去传媒自己的东西。

收视率迷信与贵族化误区

▲ 收视率是一个没有办法的办法，是一个现实的选择，但不是理想的选择。

▲ 有一种节目特别危险，这种节目认为自己非常贵族化，有着非常高深的文化品位。

胡：我想我们应该多谈些问题了。现在还有一个关键词，就是收视率，这是与内容为王相关的一个概念。这个问题，我在很多场合听到过。收视率在内地获取的主渠道是有限的，不是央视索福瑞，就是AC尼尔森，现在大家都以它们的统计数据作为参照。我觉得，第一，收视率数据不可避免地存在主观性；第二，即使数据是客观准确的，但它也不是绝对的。我始终对电视业界的"收视率迷信"产生怀疑。当然，主流媒体的管理者有其难言之隐，他总要有一个评价的杠杆，然后依据评价来分配资金、安排人力、配置物力，而最简单、最省事的评价就是收视率。

刘：凤凰台可以不要收视率，我们可以凭着广告，凭着我们几个人多年来的经验和感觉。但是，在中央台、各个省台和地方台，你说哪个栏目好看，哪个节目不好看，它都代表了一部分人的利益：一是这个制作群体的利益，二是这个制作群体背后的利益，三是这个节目传播区域里的电视受众的利益。在这样的格局下，管理者要进行革新，要进行平衡，就存在非常大的困难，在这个时候就得找一个解决的方案，这个办法就是收视率。这是没有办法的办法。现在炒得很厉害的《读书时间》，不能说这个节目读了书，书很高雅，节目就很高雅，其实这是两码事。《读书时间》的问题在于，它很大程度上脱离了现实生活，今天讲《红楼梦》，明天讲莎士比亚，后天讲金庸，这些内容对于观众而言没有收视的必然性。况且，谁也没说《读书时间》就是读经典书，读精品书。

胡：找一个更好的办法也很难，要么成本很昂贵，要么实践中没法操作。另外，收视率并不意味着电视节目的市场价值。

刘：单纯依靠收视率来判断节目的市场价值，在凤凰卫视这样的体制里是通不过的。其实真正做得好的节目，哪怕收视率稍低，我相信各个电视台的台长和制作人都会有一个基本的判断。我们现在对收视率的指责是正常的，一是收视率不科学、不精确，二是收视率确实与广告不挂钩。尤其是在凤凰卫视，广告文化是品牌文化，不是产品文化，往往与一个栏目的品质有关系，和收视率没有直接关系。但是，在目前情况下，我赞成内地用收视率的方式推进电视改革，相对来说，它现在的影响比较大，以后收视率可以不妨弱化一点，但还是要保留它。我觉得现在有一种节目特别危险，这种节目认为自己非常贵族化，有着非常高深的文化品位。我在陕西台的《开坛》上讲过，我一看见"人文"两个字就头疼，什么叫"人文"，人文就是对人的关怀，人文无处不在，你可以用人文谈话，但是一用这两个字，就把自己推到了一个预设的先天性的贵族立场，即使收视率低，但别人就是不能动你。同样的问题也存在于纪录片，我热爱纪录片，但是我们不常播出那些纪录片，因为没有收视率，更没有经济效益。

胡： 节目选题和制作的贵族化，至少不符合大众媒介的传播规律，同"收视率迷信"一样，这也是一个误区。而收视率是一个没有办法的办法，是一个现实的选择，但不是理想的选择。

刘： 收视率往往使我想起中国人对学历的态度，现在大家都认识到对人才的认识要破除"唯学历"的判断误区，但不可否认的是，学历在一个相当长的时间里仍是我们判断人才的依据。比如高考制度，比如应试教育，它有很多毛病，但是如果没有中国在长期的科举制度以来形成的应试教育制度，如农家子弟、弱势群体根本就没有出人头地的机会，社会阶层之间的正常流动也不可能实现。我想，如果没有收视率这个杠杆的话，某些栏目将会永远存留下去，某些节目也没有改革的动力。在撤掉一个大家几乎很少听说过、更很少看过的栏目时，管理者都会收到来自四面八方的条子，你说这怎么办？这时，收视率就起到了"挡箭牌"的作用。

电视改革的体制困局

▲ 相对于报纸来说，电视机构还有几个根本性问题没有解决。

▲ 一切症结都在于电视改革没有按照现代市场经济结构、机制和方式的要求来运行。

胡：2000年以来的电视业界和学界有几个最热的关键词，一个是产业化，一个是体制改革，还有一个是集团化。这几个敏感的字眼，我认为在实际上很难深入推动。

刘：我想应该多谈一些体制问题或者制度性的问题了。我觉得1993年的改革，就像经济改革中的国企改革一样，实际上是完成了一种放权让利和承包制的问题，制片人就相当于一个承包人，被赋予一定的权利，同时也承担了一定的义务。这样，微观单位放活了，宏观上也带来了整体性的突破。但电视改革到今天为止，相对于报纸来说，电视机构还有几个根本性问题没有解决：第一，在产权结构上清一色的国有独资，导致了电视属性的事业和产业不分。这个问题在报纸领域已经逐步放开了，比如《21世纪经济报道》，它的产权构成不能说是私营资本，也不敢说是外资，但至少是国有多资，那么它就形成了一个利益均衡体，这样一个利益均衡体，势必逼着媒体按照市场的属性和规则进行运营，逼着它们去吸纳人才、理顺机制，逼着它们按照市场所需要的方向去设计内容、营销模式。反过来，所有电视机构，因其是国有独资的产权结构，缺乏利益追求的动力与市场竞争的压力，所以改革就非常难以推进。第二，相对于报纸来说，电视没有享受到公平的国民待遇。为什么呢？报纸去年（2003年）已经取消了公费订阅，所有报纸都一视同仁地在市场上发行，而且除了两三家报纸以外，都成了需要在市场上打拼的媒体。面对这样的结果，大家也没发现报纸乱到哪儿去。

这两点在电视上都有问题。电视现在是清一色的国有独资，带来了诸多问题：第一，电视的干部体制问题。中央电视台在1993年推出了制片人制，使得中央电视台在许多微观单位里吸纳了很多优秀的节目制作人才，但是电视台不仅仅需要节目制作人才，一些高端人才比如经营人才、资本运作人才等就无法吸收进来。第二，由于这样一种产权结构，电视的进入和退出机制没有建立起来。比如，西部的一个省级电视台已经资不抵债了，但它只能继续做下去，如果政策允许的话，国家一些部委、省内的大型国有企业可以共同出资，打造这个品牌，既服务于当地党委、政府和老百姓，又可以将内容做好，但现在的情况是政策根本不允许退出。至于进入，则更不行了，比如北京电视台想做自己的电视网，但在政策上也不行，进入和退出的机制都形成不了。第三，这样的产权结构无法形成由资本多元化（跨行业资本、跨区域资本）所带来的合理的公司制治理结构。所以在很多电视台里，大家都很苦闷，人才不能流动，结构不能创新，所有的人都陷在这个体制里面。

胡：我认为一切症结都在于电视改革没有按照现代市场经济结构、机制和方式的要求来运行。首先是产权问题。当然这个问题很敏感，在产权结构上，电视台应该是国有独资的，还是国有多资的？其次是属性问题，电视是事业的还是产业的？有的单位可以保持事业的性质不变，那是一种政治要求，或者一种宣传要求。

刘：中国国际广播电台是事业性质，美国的美国之音（VOA）、中国香港的香港电台都是全额拨款运营，或者财团捐款。

胡：在这种情况下，问题的焦点在哪里？无论是中央电视台，还是省级电视台，每一级电视台对着下级电视台或下下级电视台，都可能用事业的、行政的方式来赚市场的钱。如上一级电视台往下一级电视台覆盖时，在网络建设上下级电视台投资了，在转播时下级电视台在人力、物力、财力上投入了，但是广告的钱由上一级电视台挣了，这种利益关系显然不是按市场规律分配的，是不合理的。

刘：世界上很少有像我们国家电视台这样的情形，既不是公共电视台，也不是商业电视台。美国的公共电视台就是公共电视台，没有商业广告，运营费用由国家财政支持，商业电视台就是商业电视台，完全通过市场解决。我们这样的电视运行方式，会给整个产业系统下游带来巨大的压力。

胡：这是一个掣肘的大问题，由于产权不清、属性不定、事业产业不分，在这种情况下，一些电视台时常采用"双向开发"的策略和手段，既保护自己，又扩大市场份额，但当按照事业单位和行政方式进行所谓宣传的时候，同时又赚取市场化的巨额利润。这样的策略对做大整个电视产业没有好处。

刘：这个问题其实也很简单。电视是传播信息的，手机短信也是传播信息的，号称"第五媒体"，如果说手机短信是一种宣传，那么可以用事业的方式将它向前推进。关于这个问题，中央电视台清楚这样做下去自己也很难受，现在中央电视台只能拼命地做自己的全国平台，而这样的平台做下去是很危险的。我觉得应该把中央电视台承担的公共事业功能剥离，把剩下的内容按照产业化的方式运作，同时它可以在全国范围内构建自己的地方电视网，如江苏电视网、青海电视网等，这样既可以传播中央电视台的节目，同时又可以整合本地化的内容；还可以进行资本的有效运作，把自己做大做强。

现在这样下去，中央台很痛苦，地方台就更痛苦了。西部的一些频道，经济规模好一点的日子还好过，而比如宁夏台、甘肃台、青海台，这些台如果按照市场的规则，就差不多濒临破产的边缘了。我觉得，电视改革也别想一步就能做大做强，别想什么航空母舰、什么集团化了，就像整个中国的改革是从凤阳小岗村开始一样，电视的产业化改革不妨拿一个西部省区的频道做一下实验，把它的一部分宣传功能剥离，这很容易解决的。以凤凰卫视为例，作为一个上市的、股份制形式的媒体，凤凰卫视很好地取得了中央要求的宣传效果。

我觉得，电视改革还可以像一些报纸一样，尝试让一些资本进入，比如让一些有投资实力的实体进入，从事一些经营性活动。或者几家大部委、大公司组合在一起，成立一个股份制电视台，完全按照市场化的方式来运作，既完成当地党委、政府所赋予的政治宣传功能，又在其他内容上按照市场化的规则做大。想一想，如果有这样一个电视台的话，许多既对传媒很有研究又有创作经验的人才，电视台就会出高薪来聘请了，这样人才就可以流动了；同时，要对董事会负责，对股东的投资负责，就必须把机制、结构理顺，必须研究市场和受众，包括收视率、广告，包括我们前面所讲的传媒的属性、传受双向的互动等，这些都是"无须扬鞭自奋蹄"的。靠着职业电视人的道德良心，靠着改革的自觉，靠着一些人对业务的探索，这些问题都是好解决的。

中国电视的"冬天"还远吗？

▲ 各种利益关系的不明确，导致真正意义上的产业化难以推进。

▲ 中国电视一定会遭遇"冬天"，可能就在这三五年内。

胡：这实际上是一个利益关系问题。利益关系问题是一个核心的根本性问题，只有解决了这个问题，才能解决其他一系列的改革问题。现在所谓的"集团化"，从中央到地方，国家级的集团、省级的集团和市级的集团都非常痛苦，这种痛苦就在于利益关系非常不明确。

刘：为什么呢？因为它们是行政组合！

胡：这是一个根本问题！

刘：股份制在报纸领域走了这么长时间，也没有出现所谓的导向问题。在我们看到的表现较为活跃的报纸当中，往往它的资本结构合理、产权结构清晰，充满了活力。

胡：我想，这可能是下一轮中国电视要在真正意义上彻底改革的问题。

刘：可以把北京所有的报纸组织在一起，假如就叫京报集团，只做一张报纸，肯定做不大，但是允许这些报纸各自存在，允许不同的资本注入，按照市场规则经营，互相竞争，彼此抢人才，这样会出现一批好报纸。北京的报纸现在不就是这样吗？而电视是怎样的呢？电视还在走一条大合并的路子，就是把所有的台合并在一起，做成一个"大台"，就像前几年高校大合并一样，现在不也备受争议吗？

我为什么老说报纸好，仔细想一想，报纸就是真的好！看一看，报纸对一个信息的反映，对一个信息的整合，就会发现这一点。真是报纸人的素质比我们电视人高多少吗？其实，大家都受过同样的教育，不差上下，而且活跃的报纸期刊，从主编到记者都是一些年轻人，比如《21世纪经济报道》的主编刘洲伟。他们为什么做得好，不是说他们智商有多高，而是他们在一个合理的架构里面按照市场属性进行了资源的整合。

胡：现在我担心的也就是你刚才谈到的担忧，这种事业、产业不分，产权不清，以及带来的各种利益关系的不明确，导致真正意义上的产业化难以推进，导致现在所谓的广电集团往往成为挂牌集团。

刘：由于制度上一直停滞不前，我现在对中国电视有很深的危机感。技术正在日新月异，比如可视电话已经开始普及，比如微软最新研制的技术可以使每台电视都能变成一部电脑，通过电脑或者互联网进行新闻直播、信息传递已经易如反掌，而且具有可选择性。同样，电视也正在力推收费频道、数字电视等，这些都会对传统的以公共传播为主体的电视造成一些新问题。当然，每个媒体都有自己的生存理由，不会消亡，但这并不等于它不会遇到"冬天"。电台经过一个漫长的"冬天"，直到交通台和音乐台的出现，特别是交通台，强调交流，强调互动，强调服务，才找到今天这样一条活路。实际上，报纸也经历过短暂的"冬天"。按照这种情况，曾经辉煌的电视也会有自己的"冬天"，我不认为中央电视台会遭遇"冬天"，但我认为中国电视一定会遭遇"冬天"，可能就在这三五年内。

我们来看，目前电视台最大的"一根救命稻草"是什么？是电视剧，不是其他的。各省台的广告收入主要来自电视剧，观众看电视的需求主要也是电视剧，现在谁还看晚会？新闻做得好的还有人看，但是做得好的也不多，专题做得越来越沉闷。与报纸的信息量相比，电视的信息量越来越稀薄。

胡：看来，中国电视的这个"冬天"恐怕是必然的啦！

刘：现在电视界还存在自己就是"老大"的感觉，实际上这个"老大"

是虚的。仔细比较一下，现在中央电视台普通员工的收入、省级电视台工作人员的收入，比起当地活跃的报纸的社会影响和个人收入都要低一些，很多报社的记者一个月拿到一万元、一万五千元、两万元，已经不新鲜了。只是因为中央电视台这座"金字塔"还在，所以大家还感觉不到，还以为电视是"老大"，其实，跟前十年的感觉已经完全不一样了。举一个很简单的例子，在1993年做《东方时空》的时候，中央电视台振臂一呼，许多电台、报社的骨干都来了，这些人都是临时工，劳保、"三险"什么都没有，但正是这些人直接带来了中央电视台的繁荣。现在电视台再想挖这些人才，恐怕就挖不到了，人家报酬很好，来电视台兼职做个策划还可以，专来做电视就难说了。

公共声音的诞生与电视的"失语"

▲ 冲在最前面的是网络，其次是报纸，而缺失的恰恰是电视，至少之后才是电视。

▲ 2003年中国媒体的最大特点，就是公共声音的诞生。

胡：最近，我非常关心网络对中国社会的影响。中国电视头几年以《焦点访谈》为代表的舆论监督对中国社会的影响已经翻过一页去了，最近我和一些网络公司的高层有过接触，也在探讨这个问题，应该说在前年（2001年），网络还只是资本运作的一个典范，存在大量的泡沫，而最近一两年网络的精彩表现，有一点是值得特别肯定的，那就是在若干重大事件上，在推进中国整体改革和关乎国计民生的大问题上，扮演了其他媒体无法替代的重要角色，往往冲在最前面的是网络，其次是报纸，而缺失的恰恰是电视，至少之后才是电视。

刘：你讲的这一点，也是我最想讲的一个问题。如果真正从中国社会和中国历史的进程来讲，2003年中国媒体的最大特点，就是公共声音的诞生，或者是公共话语的诞生。这种公共话语不是指电视，电视表达的只是一个官方的声音和意志，现在像《焦点访谈》那种舆论监督已经走不下去了，甚至也不是报纸，报纸只是承担了一个二次传播的作用，而是网络促进了中国当代公共话语的诞生。实际上进入20世纪90年代以后，中国进入了市场经济时代，公共领域的声音在很长时间里处于一种失语状态。在这种失语状态里，中央电视台一部分地承担起了这个公共责任，如《焦点访谈》。而2003年，网络这个第四媒体的崛起，配合着中国政治形势的变化，尤其是以人为本的政治话语的出现，使得公共领域的公共话语成为社会的主流民意。确实，网络对生活的影响，一个是最近的宝马撞人事件，现在网上已经有了22万的跟帖，另外一个是孙志刚事件，还有木子美事件。

胡： 我为什么专门谈这个问题呢？的确，网络对社会事件的影响力之大令人震惊。由于网络的推动，孙志刚事件带动了一部法律的修改，这样一种高效的状态，在中国历史上也是罕见的，发生于网络的这种现象也体现出了一种前所未有的政治生活与社会生活的宽容。这对于中国电视而言，说危机也好，说尴尬也好，如果再打舆论监督的旗子，无论技术上多么纯熟，擦边球打得多么漂亮，也都无法跟进网络上自由的公共声音的力度。

电视走进"竞合"时代

▲ 如果没有竞争，没有竞争中的合作，就不会有今天的局面。

▲ 当市场竞争格局比较清晰，当市场竞争水平比较成熟，自然会出现分化的局面。

胡： 我现在特别欣赏一个词叫"竞合"。中国电视经历的"逢三变革"中，有一个共同的情形，那就是中国电视在做大局面的同时，内部也产生了竞争，在竞争中又产生了合作。以当前的南京为例，地面上的新闻大战已经引起了双方（江苏省台和南京市台）的对立。我认为，这种竞争不是坏事，在竞争中双方都在做大，如果没有竞争，没有竞争中的合作，就不会有今天的局面。

刘：现在，中国电视最缺乏的就是竞争。我对中央电视台领导说过，如果没有凤凰卫视的直播，中央电视台新闻改革的速度能这么快吗？举一个例子，美伊战争的时候，我清楚地看到两个台互相竞争、互相推进的历程，我们做了一个感伤的MTV（音乐电视），中央电视台跟着就出来了；我们的记者在巴格达连线阿布扎比，接着中央电视台就连线国际广播电台驻阿布扎比的记者；我们当时做了《海湾风云录》《文涛拍案》，中央电视台后来就有了《社会记录》。我倒不是说中央电视台"克隆"我们，而是说我们在互相学习、互相推进，我们也跟中央电视台学了很多。

胡：中央电视台这几年的成长，其实凤凰卫视已经在介入了，凤凰卫视一些大的动作刺激了中央电视台，也刺激了地方台。

刘：我们最主要的贡献在于语态！

胡：对，关于凤凰卫视的这种刺激，我想从电视媒体改革的意义来看，它带来最大的影响就是你所说的整体语态的变化，并由此引起业界、学界对传媒本质、性质的认识的变化。当然，这里面也有一些媒介环境变化的问题。

刘：过去我们在北京只看到《北京晚报》，现在有《北京青年报》《北京晨报》《京华时报》《信报财经新闻》《华夏时报》，最近又出来了《新京报》，再加上外地在北京卖的报纸，各种各样的报纸都出现了，大家过得也都不错。

胡：所以，一个良性的局面是在竞争中出现的，是在合作中实现的，如果没有对手，实际是没有意义的，只会萎缩，没有成长。

刘：《焦点访谈》这个节目越来越萎缩，就是因为全国只此一家；没有竞争的动力，它就不可能从上层那里争取更多的话语空间。凤凰卫视的"9·11"事件直播，对中央电视台形成了极大刺激，他们就借此争取了更多话语空间，在这次伊拉克战争报道中，中央电视台就走在前面了。

胡：所以，现在就要改变以前那种"不是鱼死，就是网破"的老观念，竞争对所有传媒和从业者来说都很重要。

刘：我想，这根本上还是一个市场问题。当每个市场竞争都非常充分以后，就会出现一个多元化的格局。有的人只做高端产品，只服务于少数人；有的人只做大众产品，服务于大众。市场有一只无形之手来调控，每一个角落只要有利润空间，就会有人插手。凤凰卫视不做平民化，国家广播电影电视总局规定凤凰卫视只能入户三星级以上的酒店和一些高档社区，所以凤凰卫视必须做以政治和文化关怀为核心的高档传播消费。当市场竞争格局比较清晰，当市场竞争水平比较成熟，自然会出现分化的局面。到了这种时候，行政配置资源的作用就小多了，一切由市场来推动。我觉得这是根本问题。我最近越来越喜欢讲"制度"这两个字，制度确实不是万能的，但是没有制度确实是万万不能的。我从中央电视台出来之后，和过去的同事有过很多接触，最大的感觉就是我们有些地方不一样，尽管我们对电视的追求是一样的。我想了想，其中的根本原因是我们的"屁股"不一样，"屁股"不一样，制度就不一样，选择就不一样，思考问题的角度也会不一样。

胡：每一个从业者都要改变观念，不要老把对手都看成敌人，而应该把对方看作激发自己并使自己做大的一个合作者，既是竞争者，又是合作者。

刘：我今天说了这么多，说实话还没上升到成天到晚忧患中国电视事业整体格局的地步。作为一个职业电视人，我经常感受到中国电视从业人看起来风光，其实无路可走的内在困境。这种"无路可走"来自体制的格局，导致大家没有多少可以选择的空间。在一个没有选择空间的时代，在一个没有太多竞争的时代，人怎么会有什么出路呢？我经常看到一些很优秀的人才困在体制里，没有出路，也没有办法。很简单，全国的电视人才不知道往哪里流动，只能是县级台往市级台，市级台往省级台，省级台往中央台，而中央台哪里有那么多干部岗位，所以就形成临时工一大堆，合同工一大堆，部聘、组聘一大堆的混乱状况。如果在一个那样的时代（"竞合"时代）就完全不一样了，所有的人都被激活焕发了第二青春，我们被挑选，我们也选择，人生就会产生新的格局，包括传媒的研究者、策划者，他们的命运也都会不一样。

传媒教育正面对市场的挑战

▲ 一方面大量过剩，另一方面又严重紧缺，这是一个相当大的矛盾。
▲ 现在淘汰起来往往不是一个两个，而是整个一代人。

胡：所有问题的后面都有一个"人的问题"。人都不是天生就这样的，人是在机制中产生的，是在竞争合作中产生的。这就又出现一个问题：中国的传媒教育，包括新闻传播教育、广播电视教育，据说现在已经发展到有数百家高校开设传媒学科。从媒体的需要来说，尽管报纸、期刊、网络和其他媒体都在争相延揽人才，但媒体真正需要的是领军人物，或者骨干人才，或者专业化的人才，大家总觉得一方面大量过剩，另一方面又严重紧缺，这是一个相当大的矛盾。

刘：我刚才讲中国电视的"冬天"到了，为什么呢？因为现在几乎所有的中国电视人都定位在20世纪90年代那个电视的辉煌时期，仍保留一种文化的优越感和事业的优越感。其实在今天，无论电视人的个人收入，还是电视事业的重要性，已经远远不是20世纪90年代那样了，但是由于电视的体制问题没有解决，这些人也没有更多的选择机会；由于体制没有改革，他们提升自己、面向市场、适应竞争的意识也不是很强。实际上，我最近见到这样的人特别多，我经常想到这一天到来的时候，这些人将会很痛苦。他们很像国有企业的技术工人，论技术，论质量，比民营企业的工人好多了，但是在市场这个大熔炉里面，最痛苦的就是这批人，因为市场不需要他们，因为他们不适应市场。你会发现，现在淘汰起来往往不是一个两个，而是整个一代人，我就担心这一整代的电视人一下子就被淘汰掉了。在报纸行业，20世纪80年代的报纸中除了几十家大的以外，其他报纸中老一代大多被淘汰了，现在上来的全是90年代后期培养出来的，这批年轻人脑子非常活跃，下面的骨干全是二十几岁，他们适应市场，非常灵活，能够忍受各种压力，迅速成长。现在的淘汰往往是一代人的淘汰。

胡：你从市场的角度对人才做了分析，那么从传媒机构、教育机构来讲，如何适应这个市场，对人才进行有针对性的培养，现在我感到了一种压力。因为传媒教育的更新似乎更难，传媒教育的机制、体制是一个相对封闭的状态，教学计划也相对滞后，然后将这种理念渗透下去的时候，实际上跟这个时代已经脱节了，已经落伍了，似乎市场需要和教育培养永远是一种矛盾，这种矛盾在短期内解决起来也不是很乐观。正如你刚才说的，最大的问题还是在于传媒事业本身正进行着剧烈的更新换代，这种巨大的变革已经使20世纪80年代受教育的那批人进入了人生的"冬天"，至于新一代的这些人，尽管他们当中有一些优秀者会寻找到自己的位置，但实际上大多数人面临的却是一个"冬天"，即使现在不会，将来也会。我期待着传媒教育与中国电视一样，即使是必然要走入"冬天"，也要在市场挑战面前顽强地打拼下去，以培育出未来传媒的优秀人才，迎接自己下一个灿烂美好的"春天"。

结束语：未雨绸缪，在深化改革中开拓进取

今天，我们从中国电视的"逢三变革"，谈到了中国电视目前正在发生的、令人惊喜的许多新迹象，也谈到了许多现实存在的、令人困惑的问题。

既然是会诊，就必须直面现实，正视问题，而不是回避矛盾，只有这样，才能找到问题的症结所在。当然，找问题，找症结，也需要开药方，由于中国电视这一领域、这一对象太过于庞大、太过于复杂，这个药方是不太容易开出来的，只能是具体问题具体分析。如果一定要开出一个对中国电视方方面面都起作用的大药方，那就只好是笼而统之的、有益无害的，我们把它概括为：未雨绸缪，在深化改革中开拓进取。这个笼而统之的大药方包括以下三层意思：一是未雨绸缪。这意味着中国电视每一种理念的推行，每一个行动的付诸实践，都不要匆忙、简单和盲目地拍脑袋，而应当把周密的调研、反复的论证和前瞻性的预测结合在一起，作出较为客观的、科学的和可行的判断。只有调研、论证、预测走在前边，才有可能避免理念与行为误入歧途。二是深化改革。这不仅包括宏观层面的体制、机制改革，也包括中观的、微观层面的对策、策略的变革。深化改革既要遵循传媒市场的普遍规律，又要尊重电视传媒的特殊传播规律，一切从实际出发，激活生产力，提高凝聚力，满足传媒自身方方面面的利益需求，并以此为评价标准展开改革的方略与措施。三是开拓进取。中国电视面临的上述问题，有些是中国社会整体转型所带来的普遍问题，有些是传媒大格局中此消彼长、此起彼伏的变动带来的问题，有些则是电视传媒自身或历史性积累或正在发生的问题。面对如此复杂的各种问题，只有直面现实，用热情、主动、积极、创新的姿态，大胆地开拓进取，才能扫清改革道路上的各种障碍，才能赢得令人满意的中国电视整体发展与进步的新局面。

2004：中国电视关键词

胡智锋　汪文斌

对话时间： 2005年1月13日

对话地点： 北京

对 话 人： 胡智锋　时为中国传媒大学教授、博士生导师，《现代传播》主编

　　　　　　汪文斌　时为中国广播电影电视集团大型活动办公室主任、高级编辑

整 理 者： 郑世明　时为中国传媒大学电视学院讲师

【关键词】 广电改革；内容产业；剥离；整合；路径；媒介活动；付费电视；改版；创新

胡智锋（以下简称"胡"）： 一直以来我有一个想法，就是要把中国传媒理论界一些新的理念和研究动态与业界的生动实践进行有效的碰撞、对接和沟通，这两年也一直在努力。在形态上，我比较推崇对话的方式，这样比较放松，也正如一句老话——"与君一席话，胜读十年书"！今天，我们对话的中心议题叫"2004年：中国电视关键词"，希望这次对话能够继往开来，既总结2004年中国电视的主要特征，又能对2005年中国电视的可能状态作出一些判断。

我注意到，在相当长的一段时间里，你在中国电视的实务领域担当着一个方面的领军人物角色，现在又到了中国广播电影电视集团，你的视野从传媒事业的微观实务扩展到了宏观管理，同时你又是中国传媒大学的在读博士生，在此之前也曾经主编过重要的著作，比如《世界电视前沿》等。应该说，这几种身份是最终选定你来展开这次对话的原因。

一、剥离与整合

▲ 由于方方面面的因素，中国电视目前处于"晕眩"状态。
▲ "同心多元"的开发就是把品牌当作核心资源，进行互补的整合。

胡：总的来说，我感觉由于方方面面的因素，中国电视目前处于"晕眩"状态。这种"晕眩"状态的一个突出表征就是政策出台的频率太快。这不但在广播电视行业的历史上，可能在各个行业的横向比较中也是比较罕见的。其中的一些矛盾，或者说一些政策明显不衔接的地方，不仅给业界，也给传媒理论界带来比较大的困惑。另外一个表征是改版。在业界，电视改版最近几年已经热到一个让人无法接受的程度，一个节目、一个栏目甚至一个频道还不到一年，甚至几个月就消失了。另外，在学界，一种浮躁的状态也或深或浅地存在着。大家更多的是在言说，指点江山，激扬文字，而且说得很多，开的药方也很多，但真正深思熟虑的、冷静的观察、体验和研究，或者比较严肃的表达，总感觉还是有所欠缺。因此，我想用"晕眩"这个词来描述和定位中国电视的这种状态。

汪文斌（以下简称"汪"）：对，现在中国电视正处在一个转型时期，转型期间涌现出了种种让人眼花缭乱的东西。但是，我觉得无论是在转型时期，还是什么时候，有一点始终不会变，那就是电视观众永远需要好的电视节目。在过去的一年当中，新的概念、新的说法很多，但好的节目相对很少，这是我最强烈的一种感受。

让我们分别来谈谈这些问题。首先，关于广播电视改革的问题。现在改革目标已经很清晰，就是要把经营性的产业跟非经营性的、公营性的事业分开。然而，公营性事业怎样去发展，经营性的产业怎样去壮大？我觉得最大的问题不在于目标，而在于路径，广播电视改革的路径是什么？我们有时会发现一个改革的目标和路径往往会南辕北辙。比如关于经营性和非经营性的分开，到底什么是经营性的，什么是非经营性的？现在有一种说法，认为节目就是非经营性的，广告就是经营性的。按照这种说法，经营性和非经营性分开，就是说节目和广告分开，然后是宣传和经营分开，这就是"两分开"。这样下去问题很严重，一个是只知道钱，不知道内容；一个是只知道内容，不知道钱。本来电视台经营的主要是节目，广告只是电视节目经营收入来源的实现方式。它既可以是广告经营的实现方式，又可以通过发行取得版权收入，或者通过其他一些衍生产品，从而实现多种收入。但是，很多人认为节目就是非经营的，广告才是经营的，节目部门就搞节目，广告部门结合起来成立一个广告总公司，这样的操作整个有点南辕北辙、适得其反，最后的结果肯定是相互掣肘、效益下滑，最后出现收视率下降，广告收益下降，结果双方相互指责。电广传媒就是一个例子。

胡：电广传媒的探索属于改革，其作为一个先行者有值得赞扬的地方，比如在娱乐方面做了很多的尝试，但有时候我觉得它有点蛮干的嫌疑，甚至已经到了一个不能控制的状态。比如湖南电视节目的"媚俗"，相当大的一个原因在于电广传媒。还有其他很多问题，它经营的那些海底世界、世界公园之类的项目和主流的产业隔得很远，这两个之间就是在打架。这些问题是很多公众包括把关人都未必看到的。这里也说了很长时间的"剥离"，但在实际上这个"剥离"并没有完成。

汪：电广传媒给了我们很好的经验和教训，它的探索应该是很有价值的。但是，很多人没有很好地去总结，就是从概念上进行简单地理解，分开即剥离，这导致一说"剥离"就意味着要把广告部门"剥离"出来。一种错误的分法必然导致一种错误的结果。

胡：即使现在，很多电视媒体把关人对这个"剥离"的认识也未必清楚，大多的理解是，经营就是经营，节目就是节目。

汪：现在，宣传和经营的"两分开"形成一个新的概念，在现实操作中形成两个法人。这里的关键在于是一个法人之下的不同部门的业务分工，还是两个法人的独立运作。如果两家独立运作，那么问题就出来了，彼此各有各的价值利益取向，如果两个法人无法协调的话，最后矛盾和冲突必然就会出来。以前，山东的《大众日报》把宣传和经营分开，曾经也作为一种经验被加以推广。我后来见过《大众日报》的领导，他说那些东西都是虚的，现在已经不那么做了，原来成立的广告总公司现在都不运作了。电广传媒的这种探索现在也变了，也和以前不一样了，事实证明这条路是行不通的。从最早的无论是报界的还是现在电视的探索来看，这种"剥离"显然是不成功的。

胡：改革的关键，第一是认识，第二是措施。

汪：现在，上海做了三个公司化的试点，一个是东方卫视，一个是《第一财经》，还有一个是《生活时尚》，是一个真正的分开，不是把节目和广告分开，而是把频道和节目实行分类管理，分为公益性的和非经营性的、经营性的和产业性的两个部分。有些节目是属于公益性的，有些节目是属于产业性的，比如新闻等节目具有很强的公益性质，而娱乐具有很强的产业性质。我们的分类方式应该不是把节目和广告分开，而是节目本身要分类，频道本身要分类。

胡：这应该说是一个很大的"是非"问题。

汪：上海东方卫视频道改版后，把广告还给各个频道，东方卫视拥有自己的广告经营权。我觉得现在中国电视用得很多的一个词就是"整合"，整合也是一个很大的问题。毫无疑问，整合就是要在特定的环境下对资源进行有效的配置和组合，以使效益最大化，这就是整合的目标。

胡：首先是资源配置。

汪：对。要弄清楚我们传媒的资源是什么。电视台的资源不是它的机构和固定资产，而是品牌。品牌是电视台的核心资产，还有版权、播出渠道、覆盖网络等。如果要对资源进行优化配置，一定是优势互补。《第一财经》的做法是非常对的，跨媒体运作，既有《第一财经》的电视频道，也有《第一财经》的广播频率，又有《财经日报》，还有一些网站等。利用《第一财经》一个品牌，"同心多元"全面开发，达到品牌的扩张、品牌效益的最大化，通过资源共享，达到成本最低化。整合的目的无非两种，一是降低成本，二是提升效益。而《第一财经》通过资源共享降低了成本，通过品牌扩张提升了效益，一举两得。"同心多元"的开发就是把品牌当作核心资源，进行互补的整合。现在，许多所谓的资源整合就是简单地合并同类项，彼此之间不是互补性资源，而是竞争性资源，而且没有资源共享的基础。反过来说，同样的内容用电视、报纸、杂志等不同的方式加以传播则是共享的，是版权内容资源的共享。

胡：你刚才提的这一点很关键，就是电视台的资源是什么，是品牌，是版权，是播出渠道，是网络，只有明白这一点，资源才能进行真正的整合。现在，很多人对电视本身的产业特性认识得不是很清楚，你刚才提到的品牌问题，其实就是注意力经济，这些资源一定是在对电视的产业特性充分认识的基础上进行整合的，如果不是站在这个基础上，那么所谓的"整合"只能产生各种各样的矛盾，而不能有效地解决问题。

汪：任何一种传媒都属于文化产业，它比第一产业、第二产业更加突出的一点就是品牌的力量。通过品牌的扩张，传媒产业可以进行资源的优化配置，实现效益的最大化。

二、目标与路径

▲ 我们可能不需要一流的战略，但更需要一流的执行。

▲ 合并同类项也罢，简单剥离、分开也罢，都是很强烈的路径依赖。

汪：我经常想这样一个问题，现实当中有时候目标很明确，但在实际操作中效果往往适得其反，这是为什么？我们可能不需要一流的战略，但更需要一流的执行。对于制定的一个目标，我们既要能把它操作到最佳，还要争取操作的结果比开始定的目标还要更好。

胡：对，一流的执行有时候比一流的战略还要重要。我们需要设计师，更需要工程师。

汪：我感觉我们在执行一些政策和目标的时候，不是政策和目标本身有问题，而是路径选错了。经济学有一种观点叫"路径依赖"，就像铁匠一样，他把所有问题当钉子，都一锤子下去。长期以来，我们已经习惯于一种简单的管理办法，当遇到市场经济或者新的改革的时候，我们依然采用过去的那种老办法。刚才说到的合并同类项也罢，简单剥离、分开也罢，都是很强烈的路径依赖。

胡：所以，我感到对于一些电视机构把关人来说，到底什么是资源，什么是核心资源，怎样围绕核心资源去整合，是非常基本的、非常重要的问题。如果按照市场规律进行优势互补，通过市场的可能性资源来配置自己的有效资源，而不是进行简单的资源重复合并，或者简单的包打天下。从单独的一家媒体来说，有它自身资源的整合问题；从媒体之间比较的角度看，在不同层面也存在优势资源的互补问题。

汪：本来同一个信息资源，"同心多元"的开发手段是一种效益最大化的方式。如美国新闻集团下面的 TV Guide《电视指南》，它三位一体，既有杂志，又有电视频道，还有一个互动网站。其杂志是美国发行最大的杂志，每期的发行量过千万，每年的广告收益超过10亿美元。如果与它合作，我们就会面临一个很大的难题：杂志要跟报刊集团去谈合作杂志，频道必须要和数字电视公司谈，网站必须要和央视国际网谈。实际上，这些不同的法人单位的资源都是一样的，就是广播影视信息资源，以及节目播出的信息资源。别人是一个东西"同心多元"地开发，可到我们这里，本来可以开发的同一个资源，却被人为地切割成三块，而这种切割又是借着"整合"的名义来做的。

胡：所以，这是一个路径选择问题，就像每次机构改革越改越多一样。

汪：目标与路径适得其反，南辕北辙。我们过去已经习惯了行政的管理办法，当遇到问题的时候，我们就拿最简单的行政手段去处理问题，依赖一种传统路径，所以应付不了新的情况。尤其对于广播电视这样一个新生事物，它的改革就是要抛弃这些东西。

三、版权与经营

▲ 电视本身就是一个版权工业，版权工业实际上就意味着内容产业。

▲ 对于电视媒体来说，它拥有的最大财富就是多年积累下来的电视节目。

胡：2003年有一个关键词叫内容为王，2004年有一个很重要的调整，就是多个场合被大家多次提起的内容产业这样一个概念，也就是说，不要把内容和产业截然分开，内容本身就是产业，内容就是经营的主体，产业是离不开内容的，它不是游离于内容之外的独立经营。那么，内容产业这个概念的提出是不是比内容为王更推进了一步呢？

汪：对。我更喜欢用版权来表述，我认为广播电视所有的核心资源都是建立在版权基础之上的品牌。版权的概念已经不是节目的概念了，版权是经济词汇，是一种发明、一种创造，也是一种权益、一种收益权，广播电视实际上可以说是版权工业。

胡：现在来看，很多从业人员并不珍惜这种版权，还没有意识到版权的价值，也没有理解到版权的独特性和不可替代性，以及它的稀缺性。版权和品牌有一种内在的关系。我认为品牌主要有四个特征：一是独特性，二是稀缺性，三是优质性，四是不可替代性。如果品牌具备了这四个特征，节目就获得了一个注意力的基础。在这样的条件下，我觉得版权才具有实质性的意义。

汪：电视本身就是一个版权工业，版权工业实际上就意味着内容产业。电视台提供的产品就是电视节目，观众消费的也是电视节目。电视节目不就是内容吗？内容不就是电视节目吗？从经济上来讲，这些电视节目都可以被称为"版权"，因为版权就是所有权的价值体现，版权就意味着价值。

胡：从这个意义上说，版权和内容是合二为一的。从经济的角度来讲，节目经营就是版权经营。

汪：在未来的电视领域，拥有版权就意味着拥有了非常有价值的资源，电视台要通过经营这些版权来获利。现在，版权已经在文化产业经营领域很普遍了，比如网络电视，现在国家广播电影电视总局已经发出了90多张网络视频的许可执照。那么，过去网络公司没有做过电视节目，当网上传输视频的时候，它马上想到的是从电视台获得这种版权资源，而不会另外建立一个机构自己去做节目。新浪网的相关人员不久前刚跟我谈过，他们现在所做的一切工作就是，如何获得电视台节目的版权。在电视台，大家每天都在做节目，库里面有几十万小时的节目，电视台运作了40多年，就剩下这些东西了，而现在网络就想获得这些东西。

胡：对于电视媒体来说，它拥有的最大财富就是多年积累下来的电视节目。对于未来的经营，这些几十万小时的内容或者版权，就是它最大的资源库。

汪：电影频道是一个很好的例子，把全国电影胶片的版权集中起来，办了一个频道，几十个人创造了6个多亿元的广告收入，可见版权的价值实在太大了。新影厂（注：中央新闻纪录电影制片厂）现在最宝贵的资源就是过去拍的那些资料，完全可以做很好的资源开发，比如可以开设历史频道，这样可以把库存资料的价值释放出来。

胡：新影厂的影像资料非常丰富，现在已经计划进行陆续开发。但在实践第一线，拥有频道资源，拥有节目播出权，拥有版权工业所有元素的众多主流媒体对此的认识并不是很深入，很多媒体的把关人，或者没有精力，或者重视不够。花费大量资金、人力、物力拍下来的东西，播出以后却束之高阁，那么丰富的版权，那么丰富的内容，缺少有头脑的人去开发。

四、媒介活动与"选秀"

▲ 消费群体的一种心理需求，成为构建媒介事件的依据。

▲ 媒体一定要变成一个大家都可以参与的公共平台，电视的民主化在这里可以得到充分体现。

郑世明（以下简称"郑"）：2004年还有一个词大家经常看到，就是电视媒体的活动经济，如华山论剑、歌手大奖赛、选美比赛等，这些媒体活动在没有一些重大新闻事件的时候尤其显眼。媒体活动实际上就是媒体事件，是人为制造的一种热点，电视媒体从中不仅获得了巨大的社会效益，而且得到了巨大的经济效益。

胡：我觉得这里有一个非常重要的问题，即对活动和内容的关系的理解。最近这十年，媒介活动走过了三个阶段：第一个阶段，活动和内容是相对的、游离的，比如一个电视台搞一个活动，如"三下乡"，反映到屏幕上是有限的，可能只是一条信息。在第二个阶段，活动和内容开始贴近，开始融合，一半内容一半节目，比如各种大赛，如主持人大赛，有一半的活动变成内容。到了第三个阶段，我觉得活动本身就是内容，在策划设计阶段，主办者就已经将活动的每一个环节变成节目的有机内容，甚至为配合内容来设计活动，制造两者之间的相关性、悬念性。这样一来，内容和活动就合二为一了。

汪：在这方面，我想重点谈一下选秀类节目。电视是记录历史的，当发生一些历史事件的时候，我们把它作为对象记录下来，但是电视作为一个平台可以吸引众多观众的眼球，因此在记录历史方面，人们对电视产生了强烈的依赖性，这样一来电视就会产生一种效应，就是它能创造事件，这就是所谓的"媒介事件"。而制造媒介事件的所谓"议程设置"，完全是由媒体自己设计的，媒介完全掌控着主动权。

郑：完全是由电视媒介发起的。

汪：为什么在中国现阶段会出现广泛的选秀类节目呢？这是当前中国的基础所决定的。我认为，经过20年的改革开放，中国庞大的市民阶层形成了，人与人之间产生了非常剧烈的竞争，因此必然出现社会选秀现象。即使媒体不去做选秀类节目，社会上总会有人去做，况且电视在这方面的优势又是明显的。歌手大赛如此吸引眼球，以至以前只播决赛，后来一下延伸到21场，规模越做越大，时间越做越长。为什么啊？因为钱啊！多演一天，电视台的高收视率就多保持一天，高收益也就多保持一天。所有大型活动的核心都是"选秀"，它跟现阶段经济发展水平和人们的普遍心态有关。

胡：对，消费群体的一种心理需求，成为构建媒介事件的依据。电视本身从某种意义上说就是一个"秀场"，是制造媒介事件的一个载体。

汪：现在，改革使社会变得越来越民主，而民主在电视上的表现就是让观众从被动欣赏到主动参与。比如《开心辞典》《幸运52》，它们都是一种象征，观众已经不再是欣赏明星，而是自己要上台了。刚开始还是常规性的运作，后来就发挥到了极致，大型活动就出来了，就必然会出现模特大赛，必然会出现环球小姐大赛等。当然，针对女性的节目占据了很大一部分。

胡：如央视财经频道的3·15晚会、年度经济人物评选等，都带有相当强的"选秀"色彩。从学理的角度来说就是一种制造，用眼球注意力来制造媒体事件。

汪：运用电视来"选秀"，盈利模式也相应改变。如果是一个社会机构来办"选秀",想参加的人是要交钱的。但电视一介入,规模不但变得如此庞大,而且任何人都不需要交钱。更多的人参与进去意味着更多的人看,更多的人看就意味着更高的收视率、更高的广告收益。

郑:由于电视选秀的出现造成电视对于社会生活的渗透面和影响力要比以前大得多,所以现在我们正在进入一个媒体社会,媒体和政治联姻,和经济联姻,和文化联姻,这种联姻很大程度上成为这个社会的一个根本特征了。

汪:媒体一定要变成一个大家都可以参与的公共平台,电视的民主化在这里可以得到充分体现。这种进程是一种不断延续的进程,是没有止境的。

五、付费电视

▲ 实际上,现在中国付费电视面临的非常强劲的对手,就是免费电视。
▲ 电视本身就是大众的,争取受众规模的最大化是永恒的追求。

胡:谈谈付费电视,现在它的运营方式在悄悄地改变。

汪:付费电视面前横着一条河,任何一个免费频道的增加就使这条河变得更宽,任何一次免费电视质量的提升,都使这条河变得更深,结果是付费电视面对这条河的时候更加难以逾越。实际上,现在中国付费电视面临的非常强劲的对手,就是免费电视。

郑:数字电视和收费电视可能要面临人们一些文化消费习惯,甚至是政策等各个层面的障碍。

汪:观念好转变,但最重要的问题是面临庞大的免费电视的时候,付费电视必须要拿出比免费电视更独特的东西。我不同意现在的一种说法,说付费电视的节目比免费电视的节目要好,很多节目先在付费电视里播,然后放到免费的电视里播。这在中国是不现实的,因为我们现在已经有了一个庞大的免费电视收视群体，而且电视台的主要收入都来源于此。那么，让我们舍弃这块利益来谋取现在一块不确定的"蛋糕"，我觉得这是绝对不现实的。我觉得付费电视应该生产一种现有的免费电视提供不了的东西。

这里面还有一个问题是究竟该做什么样的频道。现在，付费电视领域有一个最大的问题，就是把专业和小众混为一谈。其实专业的东西也可以是大众的，比如天气预报，它绝对是专业的，同时它也绝对是大众的，在免费电视中，天气预报是收视率最高的，你能说它是小众的吗？现在那些频道，如钓鱼频道、高尔夫频道、围棋频道等，一说专业的就意味着是小众的，真的很可笑。这样的频道只能成为垃圾频道，当大量的垃圾频道充斥的时候，就会出现如台湾电视一样的状况，付费电视就是垃圾电视。

胡：这是误区，很大的误区。几年前我也说过，专业不等于小众，综合也不等于大众。

郑：那您预期的付费电视一定要提供一种免费电视提供不了的东西，这种东西可能是什么呢？

汪：我们有大量的空间和领域，比如现在免费电视里面没有专业的食品频道，吃可是老百姓关心的一件大事。比如专业频道里面没有专门的天气频道，中央电视台目前也没有专业的购物频道。

胡：大众化的专业频道恰恰是我们忽略了的。付费电视也应该是大众的、专业的，而不是某一个品牌的精品专卖。现在的误区在于我们做了一个既不专业，或者显得很专业，同时又不大众的频道。

汪：我个人觉得电视本身就是大众的，争取受众规模的最大化是永恒的追求。所以在这种情况下，现在要做的如果是专业频道，大众一定是前提。认为专业的就是小众，这一点我永远也弄不懂，理论界不少研究传媒的同志在外面也总是说窄播和小众。

胡：这是一种误导。关于大众化的专业频道模式，广播已经有成功的先例，比如交通台，电视现在还没有。

汪：现在，从事付费电视的人力资源状况，执照免费发放的政策，都不容乐观。由于没有成本，执照免费发放就不会被珍惜。批了以后，不赚钱就关了，就完了。所以，我觉得现在付费电视的执照发放和放开，要按照产业方向运作，一定不能搞"大跃进"。你知道一年之中批准100个付费频道是什么感觉吗？

胡：晕眩。

汪：中国的免费电视干了这么多年，全国性的电视频道到目前为止也不过50来个。现在批付费频道一年一下就批上百个，100多家，后果真的令人担忧。

六、广电政策

▲ 使政策决策的整个过程科学化，非常重要。
▲ 政府最核心的工作就是通过政策制定来维护公众利益。

汪：我觉得政府最重要的方式就是要通过政策来影响和培育市场，规范市场，这就是所谓"政府引导市场，市场引导企业"。我非常赞赏国家广电总局对广告的管理，因为它维护的是公众利益，而不是行业利益。过去太多的政策都是在为行业的利益服务，把公众的利益摆在一边。另外，我认为国家广电总局出台对"涉案剧"的限制政策，不会对市场有特别大的影响。涉案剧少了，情感剧、都市剧自然就到黄金时段了，这些市场没有什么变化，一部分人因为这个政策受伤，而绝对会有一部分人因为这个政策受益，这是均衡的。而政府通过让一部分人受益，一部分人受伤，就是在引导符合公众利益、符合主流的价值取向。

胡：但我们也会看到诸多矛盾，特别是2004年国家广电总局以政府的法令、法规等政策形态发出的各种文件，其中行业的、部门的、小集团的利益和政府所维护的公众利益产生了非常激烈的对峙冲突。当然从宏观、整体上看，是协调的，但在小集团的、地方的、局部的、行业的一些利益方面肯定会有反弹，所以我们在2004年听到了各种各样的声音，是不同的利益团体在较量。我同意你的看法，政府最核心的工作就是通过政策制定来维护公众利益，这样一切问题都好谈了，都可以解决。

汪：我觉得使政策决策的整个过程科学化，非常重要。这种科学化不仅仅包括听证会、论证会、恳谈会等形式，更重要的是，任何一项政策出台的时候，如果政策是代表公众利益的，那一定要尽可能多地得到公众的支持，否则就有可能会把好事办砸了。我想如果国家广电总局在2004年出台这些政策的时候，开一个三方恳谈会，把电视台代表、观众代表、企业代表找来，大家一块儿恳谈一次，最后完全有可能达成共识。

七、网络电视

▲ 广播电视面临的一个很大问题是，电视来整合网络还是网络来整合电视？

▲ 加强广播电视行业对网络电视的操控力度，至少是参与的力度，是非常重要的。

汪：大家说2004年是有线付费电视年，那么从目前发展的情况来看，虽然已经启动，但是预想的目标都没有实现，原来我们说有三千万用户，根本没达到。那么在新的一年里，网络电视可能要发展起来，我的总体感觉是网络电视不可小看。这涉及通信和网络，它跟市场是接轨的。如中国电信、中国移动，又如新浪、搜狐，大量企业都属于上市企业，不单单在境内上市，还有的在境外上市。它们的体制是现代的市场经济体制，与现在整个资本市场是对接的。另外，它们在过去的十几年里发展极其迅速，很多基础设施条件比电视都要先进。所有条件都具备了，说白了，就差政策了。我个人觉得，如果现在政策允许在网络上做视频、视听，它马上就是电视台了，是未来的电视台、更新颖的电视台、升级换代的电视台。而且，收费权在它自己手里，这意味着什么呢？那意味着最后电视台反过来变成它们的制作公司了。

胡：这种情况下，广电面临的一个很大问题是，电视来整合网络还是网络来整合电视？角色有可能发生置换，变颠倒了。

汪：是的，有可能会形成这样的格局，但不是说非要形成这样的格局，也完全可以不形成这样的格局。如果牢牢地把握着内容产业，然后做到极致，把版权做到极致，电视就可以牢牢掌握着核心的版权，这样网络仅仅是一个传输手段、分销渠道。但如果不这么去做，最后电视就真的成为网络的加工厂了。所以，现在广电应该牢牢地把握新媒体，包括网络、移动手机这样的新媒体，把播出的节目控制在自己手上，从制作到分销，告诉网络不要再做了，而电视可以通过发执照，向它们提供节目内容。如果从行业利益角度来看，这是完全可以做到的。

胡：这个危险的迹象其实很多年前就已经显露。但是老实讲，广播电视在相当长时间里，非常坚定地认为它们不可替代，也不太把网络当回事。但最近几年情况在变化，广播电视在做大，电信也在做大，网络、移动通信等都在做大。在这种情况下，怎样扬长补短，怎样充分利用政策背景、政策优势和行业的资源优势，抢占先机，事关行业全局发展。如果袖手旁观，或者孤芳自赏、画地为牢，前景则十分凶险。

汪：这个过程可能是这样：第一阶段是根本看不起，觉得自己是主流，别的都是旁门左道、歪门邪道；第二阶段是看不懂，一开始看不起，结果没过几年人家做成了，就看不懂了，怎么能做成呢？第三阶段是很害怕。当人家再往前走一点，它发现对自己形成一个巨大威胁，害怕了，就方寸大乱。到第四阶段，一泻千里。

胡：原来是关起门来谈广播电视，现在是现实逼得广播电视不得不考虑身处一个什么样的生存环境中。

汪： 如果将行业利益和公众利益进行比较，则一定要尊重公众利益；如果是行业利益与行业利益之间竞争，则一定要把本行业做大。所以我们有一个建议，要更多地建立一些非常庞大的、核心的广播电视内容整合提供商。比如成立几个新媒体公司，拿着节目做各种分销，有专门为手机电视提供节目的，也有专门为网络电视提供节目的。

不能小看这些刚出现的新事物。比如楼宇电视，上海的两家大公司分众传媒和聚众传媒在做，据我所知，分众传媒前年（2003年）收益只有500万元广告收入，去年（2004年）收益上升到两个多亿元。短短的两年时间，增长速度多么惊人！聚众传媒打出来的概念是"白天的电视""不在家的电视"，就是说它把电视台定位于"在家看"的电视，它是"不在家看"的电视。它从楼宇开始发展，现在已经发展到了候车厅、候诊室、厕所等地方。传统电视通过电视机深入百姓家里，现在网络电视通过计算机深入老百姓家里，这是两个平行的渠道，也就是说双方具有相互替代性，稍不注意就被对方替代了，而且要注意在未来多媒体终端上这两者是合二为一的。现在还是分开管理，但未来是大势所趋。

郑： 那在美国，电视台是怎样面对网络电视的竞争呢？

汪： 西方跟中国不一样，它们的电信跟网络本来就是合一的，根本不存在界限。美国最大的有线电视公司的背景是一家通信公司，而中国的网络电视和电视台是分开的，不在广播电视的操控之中，所以我觉得如何加强广播电视行业对网络电视的操控力度，至少是参与的力度，是非常重要的。

八、省级卫视

▲ 省级卫视夹在中央电视台和城市电视台中间，实际上这个中间的状态目前是不成立的。

▲ 省级台要走全国性专业媒体的路子，但实际上现在正缺少一个全国性专业媒体。

郑： 中国现在还是"四级办电视"的一种格局，省级卫视未来的出路挺麻烦的，现在省级台正在尝试搞特色化的生存方式，都有一个自己的定位，名目还很多，这是一个方向吗？

汪： 现在，省级卫视夹在中央电视台和城市电视台中间，实际上这个中间的状态目前是不成立的。要么变成全国的，要么变成地方的，中央电视台肯定是走"全球化"的路子，城市电视台肯定是走"地方化"的路子。我觉得有实力的省级卫视，比如上海卫视可能会走中央台的路子，不能成为中央台第一，但争取成为中央台第二是有一定空间的。中国应该有几个类似中央电视台规模这样的卫视，才能形成一定的竞争格局。然后，其他卫视大量要走专业的路子，即所谓的特色定位，中国当前缺少专业频道，而强大的卫视资源、已有的覆盖系统，在此基础上推出专业频道会有非常好的基础。

胡： 现在矛盾也在这儿，因为省级卫视的特色化生存建立在一种环境的压迫之下，它们由省级政府主管，所以省级台普遍存在宣传使命负载和全国性市场占有的矛盾，以及地方性的政府职责和专业化的频道选择的矛盾。

汪： 所以，它既有一种所属省区的功能性需求，又有一种自己生存的应对策略，将这两者结合起来就会出现所谓"既要显示特色，又要完成政治功能"的复杂面貌，如湖南卫视做娱乐特色，广东卫视做财经特色。省级台要走全国性专业媒体的路子，但实际上现在正缺少一个全国性专业媒体，多的部分是两极，即全国性综合媒体——中央电视台，和其他地方性专业媒体——大量的市级台。

胡： 一个台湾岛就有那么多专业频道，何况大陆有这么庞大的市场，所以现在彻底地走全国化、专业化的路子，认识是不是很清楚是一回事，但是从它"特色化生存"的努力上看，显然已经有了这方面的意识。

汪：走全国性专业媒体的路子，最能实现这一点的不是湖南卫视、安徽卫视等实力较强的卫视，而恰恰是处于弱势边缘状态的那些卫视台，一个中部省份，它的卫视台一年才收入8000万元，而它的二套——经济生活频道一年收入就达2.4亿元，一个是全国的，一个是省里面的，差距就这么大。

胡：包袱越小，哪怕是零起点的，反而它的负担就越轻，这就像旧城改造和新城开发一样。

九、民营电视

▲ 栏目在中国现在没有市场，只有买卖电视剧的市场。

▲ 电视台、频道跟制作公司之间一定是有资本作为纽带的。

胡：还有一方面，现在民营电视还很脆弱，光线传媒的《娱乐现场》被北京台四套撤下以后，广告收入大幅度地下跌，日子很难过。对于这种情况，你怎么看？

汪：我从来就没有看好这一块，因为光线传媒现在做的是栏目，但栏目在中国现在没有市场，只有买卖电视剧的市场。作为栏目，它不是一锤子买卖，不可能依靠高超的市场营销，例如电影《手机》《天下无贼》《英雄》做好宣传，赚到票房就行。栏目必须要与一个机构保持长期的、稳定的合作关系。什么样的状况下才能保持长期稳定的合作关系呢？就是在共同利益的前提下。一个是事业单位，一个是企业单位，体制上就不对接，就难以有共同利益；没有任何共同利益，根本没有讨价还价的余地，所以就没有这个市场。

郑：如果还按照这种模式，那光线传媒的出路就麻烦了。

汪：它肯定要跟某个渠道捆绑，当新的网络电视发展起来后，跟网络电视捆绑是一个不错的选择。对于它来说，最大的愿望就是被某个渠道收购，这是它最好的出路。至于制播分离，国外的频道确实有制播分离，但是电视台、频道跟制作公司之间一定是有资本作为纽带的，所以电视的整个规模是集中而不是分散的。内容制作跟频道包括传输手段全都在逐渐地合一，更大范围地合一。

十、频道改造与栏目改版

▲ 电视内容的生产，就是一种模式化的生产，所有的创新都要遵循媒介的基本规律。

▲ 电视媒体的一个基本价值观，就是一切以屏幕为中心。

汪：我觉得如果一个栏目经常改版，只能说明这个栏目的定位有问题。因为现在所有的电视节目已经模式化、类型化了，而改版正说明节目是在颠覆自己的模式，颠覆自己的类型。那么结果造成栏目本身变了，这不是在改版，等于新创造了一个东西。

胡：现在一个节目没播出几个月，就说进入了一种模式，包括春节晚会，我曾经写文章说春节晚会的问题不在于"模式化"，而在于它根本没有形成自己的核心模式，这是我的结论。

汪：或者说，它的模式已经过时了。

胡：电视内容的生产，就是一种模式化的生产，所有的创新都要遵循媒介的基本规律。

汪：现阶段，我觉得有两种方式可以做：第一种是把国外的模式跟中国的内容结合起来，这是第一层次的，克隆或者模仿的嫌疑会比较重一些。第二种还是拿国外的东西，但我一定把它的外形去掉，拿它这个模式里面的精髓的东西，跟我的内容进行多重组合，这才是真正高超的！这显得原创性很足，我能看出它是克隆的，但是一般观众看不出来。

郑：其实这样成功的例子挺多的，比如《开心辞典》《幸运52》。

胡：这叫本土化改造，这已经很高明了。

汪：我还是赞成这种克隆的，总体来说，克隆是创新的一种原始基础。

胡：可以说本土化的改造或者本土化的探求，不能叫原创，但没有哪个东西是随便能原创出来的。这里有两个误区：一个误区是闭门造车，孤芳自赏地关起门来打造一种所谓的"原创模式"；还有一个是根本不考虑受众的收视习惯，完完全全地搬用过来，可能就搞得非常好笑，包括"真人秀"的一部分探索。这里面非常成功的是《非常6+1》这种模式，相比之下，那种所谓"生存者"的模式拿过来是失败的。

汪：从创新角度来看，中国电视大部分通过"综合"这种方式去创新，还有一种很好的创新方式是"回归"。综合的创新方式是大家都适用的，全球都适用的。中国电视的例外之处就是回归，因为中国在过去有很多东西被异化了，太多的说教、宣教，所以在拉回电视本质的时候，大家发现这里似乎包含着很多新意。现在的"民生新闻"，包括所谓的"Game Show"（游戏竞赛节目），实际上都体现了电视的本质。有时，我觉得电视应该是粗糙的，电视不一定全是精心铸造的东西，我们以前大量的直播是要精心准备的，必须要有提前演练，必须要有备播单。现在无论是海啸，还是别斯兰人质事件，这种粗糙的、及时的直播，反而体现了电视本原的东西。电视首先是最快速的，通过直播把正在发生的东西告诉观众。而我们精心的所谓铸造的过程中，实际上把本原的东西抛弃了。我发现从一些精心准备的直播退回到一些原始事件的直播的时候，就会觉得相当新鲜，以为是创新。

胡：其实"回归"无非是回到了本原的状态，它应该有的状态。

郑：现在，有很多电视从业者对电视属性的发现，实际上不是一种真正的发现，而是电视本来就有的，其实就是回归。我觉得"回归"一词很准确，是对一种本质的再发现。我记得一位老师写过一篇文章，是关于《南京零距离》的，她提到的就是一种回归，一种对新闻属性的回归，所谓"民生新闻"实际上是回到了新闻一些最核心的要素上了，只不过用一些新的方式张扬出来，而且做得比较极致。

胡：对于电视的评价还有几条，一个是改版与创新的关系，一个是形式与模式的关系。一种模式的锻造一定有它稳定的市场依据和社会依据，现在更多人是在盲目地克隆最表象的形式，而抓不住那种模式的核心的东西。所以，"东施效颦"这种情况是经常发生的。要注意表面的形式改造和核心的模式打造是两回事，关键在于形成一种自己稳定的模式，并靠这种模式的力量来形成生产力。

汪：我觉得电视媒体的一个基本价值观，就是一切以屏幕为中心。现在业界、学界都在争论太多的新概念，如盈利模式、分众、窄播、付费、移动电视等，这些东西都很重要，但是大家一定要回到核心的问题上，并充分认识到这个核心价值观的重要性，这才是最重要的。

结束语：大胆假设，小心求证

从2003年的《会诊中国电视》到今天的《2004：中国电视关键词》，两篇对话的共同对象都是中国电视，探求的核心都是中国电视的"问题"与"主义"。"问题"是永远存在的，旧的问题解决了，总会出现新的问题，对于中国电视每个年度、每个时段所面临的每个问题，我们都不必惊慌失措、大惊小怪，而应当坦然地、诚实地、勇敢地面对。而"主义"或者是在解决处理各种问题基础上的经验的理性提升，或者是人们对于对象的高屋建瓴的认识与把握，"主义"尽管在形式上是理性的乃至抽象的，但它与各种各样的具体问题是紧密关联的，"主义"可以高度概括，但不可以故步自封、一成不变。对于中国电视的"问题"与"主义"，道理也应该一样，脱离中国电视具体实际"问题"的各种"主义"是不被接受的，只见"问题"而不考虑"主义"的盲目实践本身就是一个很大的问题。

由于人们的岗位、角色、立场各有不同，所以对"问题"和"主义"的理解和处理方式也会各自不同，但只要是站在中国电视健康发展的立场上，站在不断满足百姓日益增长的物质、精神文化需求的立场上，站在推动中国社会不断进步、走向和谐的立场上，就应当对中国电视的"问题"与"主义"有一个清醒与积极的判断。在我看来，对于"主义"，不妨采取胡适老先生"大胆假设"的态度，而对于"问题"，则不妨采取"小心论证"的态度。也就是说，对于各种新的"主义"的出现，不妨在认识和把握上采取较为积极、大胆、勇敢的姿态，允许各种假设如各种学术性的探讨，相对超前地前行一步，而面对各种各样的具体"问题"，则最好采用谨慎、慎重、周密的姿态，根据实际情况、实际环境，一点一滴地向前推进改革。把"主义"应用于"问题"，我持这样的态度；从"问题"抽取出"主义"，我同样持这种态度。

总之，面对未来，如果我们在理念、认识和把握上能够更加前瞻性地、积极地、勇敢地乃至充满想象力地去推行，在学术层面展开宽容的、多元的对话，即所谓的"大胆假设"，而在处理各种具体问题的过程中，能够因地制宜、实事求是、稳打稳扎、慎重周密地执行，即所谓的"小心求证"，那么中国电视的战略目标与战术对策也会得到较为有机地结合与执行，这是中国电视健康发展的重要保证。

2005：中国电视备忘录

王甫　吴涛　胡智锋

对话时间：2006年1月5日

对话地点：中国传媒大学

对话人：王　甫　时为中央电视台研究室主任、《电视研究》副主编

　　　　吴　涛　时为上海克顿伙伴管理顾问有限公司董事长兼首席执行官

　　　　胡智锋　时为中国传媒大学教授、博士生导师，《现代传播》主编

整理者：顾亚奇　时为中国传媒大学广播电视艺术学2003级硕士研究生

【关键词】中央电视台；省级卫视；频道制；份额时代；"超女"；电视剧市场；民生新闻；直播；新媒体

胡智锋（以下简称"胡"）：今年是《现代传播》第三次做年度对话。第一次是2004年初和刘春先生就当时中国电视现状及问题而做的《会诊中国电视》，第二次是2005年初和汪文斌先生进行的对话《2004：中国电视关键词》。两次对话在学界和业界引起了较大反响，文章被许多媒体转载，"逢三变革""收视率迷信""路径依赖""整合与剥离"等新鲜的话语表达因为

较强的阐释力被广泛引用，对话的影响力目前还在延续，被读者视为《现代传播》每年第1期的"招牌菜"。对于扩版后《现代传播》2006年第1期的第1篇文章"谁来说""说什么"，大家都很期待。为此，我们邀请到你们两位，以往年类似的方式，来为我们的读者存留一份厚重的《2005：中国电视备忘录》。

王甫先生现在是中央电视台研究室主任、《电视研究》副主编，曾就读于中国人民大学并获得博士学位，长期致力于媒介研究，很多观点、思想在电视学界、业界影响较大。吴涛先生，曾担任安徽电视台副台长、广告部主任，主管媒介经营多年，创办克顿顾问之后，以一系列大动作、大手笔成为当下中国电视业界炙手可热的人物。克顿顾问的名字与国内十几个省级卫视的特色定位联系在一起，例如安徽卫视凭借"电视剧大卖场"的定位从一个不太知名的电视媒体，跨进省级卫视第一方阵；湖南卫视"锁定全国、锁定娱乐、锁定年轻"的提出，都是他及其团队的代表作。

央视改革：无缝链接，稳步推进

▲ 改版频率越来越快，逐渐呈现常态化、规范化的态势。
▲ 平稳、渐进、无缝链接式的跨越越来越明显。

胡："人无远虑，必有近忧"，尽管中央电视台家大业大，龙头地位没有变化，但如今这艘"航空母舰"不仅要"远虑"，而且有"近忧"，多年积累的问题和历史遗留的包袱注定它必须进行改革。我个人认为，1993年的那一轮改革比较重要，影响深远，而近年来的改革较前有很多不同，尽管动作频繁，但是调子较低，不太张扬。尽管如此，无论是二套、三套、八套、十套改版，还是频道制、全员聘用制、处级干部轮岗等，都被业内和社会广为关注。王甫先生亲身参与了改革的过程，请问您认为从中国电视改革的角度怎样来评价？

王甫（以下简称"王"）：央视改革，在2005年初的时候明确要完成"两硬、两软"的指标。所谓"两硬"，第一，全年央视15个频道的收视份额要达到30%；第二，全年央视经营收入总额要超过110亿元。所谓"两软"，第一，加快从中心制向频道制的转变；第二，加快从频道专业化向专业频道品牌化的转型。年终盘点，两个硬指标都顺利实现，两个软指标推进的速度也很快。在频道改版方面，一套、二套、三套、五套、八套等频道于2005年都实行了改版，特别是2005年底前十套的全面改版，改版幅度非常大，更为业界所关注，虽然改版时间并不长，但是收视率有了明显的上涨，观众和各界普遍比较认同。

胡：我想请你重点谈谈央视频道的改版，因为这与观众直接相关并且能够充分体现在屏幕上，2005年央视频道的改版有什么显著特点？

王：第一个特点是频率越来越快，逐渐呈现常态化、规范化的态势。观众不断地看到新频道、新栏目，已经成为一种日常情况，业界和观众对改版越来越习以为常。第二个特点是改版的方式较前有诸多不同，平稳、渐进、无缝链接式的跨越越来越明显。以前频道改版喜欢大张旗鼓地造势宣传、推介，如今频道改版和栏目调整大多是悄然而至、稳中求变。有的节目表面上没有明确说要改版，节目形态实际上却悄悄地发生了很大变化。第三个特点是改版追求实效，成果显著。改版之后，栏目的数量减少，节目质量普遍提高，呈现精品化的趋势。有统计数据显示，86%的观众认为央视是他们首选的新闻来源。另外，对央视节目的真实性和可靠性比较认同，88.8%的观众相信央视的节目是真实可靠的。可见改版收到实效，目前大家对中央台的节目比较满意。

胡：以前的改版似乎总希望能使观众和业界觉得有很大变动，而现在则显得非常务实，这说明中国的电视改革几经磨砺，正在走向成熟。

王：的确，在以上三个特点中，稳步推进的特点最为明显，这与构建和谐社会的整个大环境是相一致的,要和谐,很重要的一点体现在稳中求变、稳步推进。2005年,无论是一些重大题材报道活动,还是一些重要政策的出台,甚至国家"十一五"规划的出台,都是很平稳的。如全员聘任制问题,央视2004年4月6日第一次实行签约制,之后实行了劳务公司派遣制,现在已经有4000多人正式签约,同时大概有1700多人用各种形式解除了劳务关系,这么多人离开岗位而没有发生纷乱。再如中国有线电视网络公司由央视全面接管,数字电视的大力推进,管理政策的变化,都是了无痕迹地完成。我们身在其中好像没感觉有大的变化,但是一年过去了,回首再看,"好雨知时节""润物细无声",各种指标都有了明显的增长、提升。

频道制:走向"绿色收视率"

▲"绿色收视率"是指重视收视率、收视份额,但不是绝对化。
▲ 频道制是未来构建更好的电视景观的一个很重要的基础。

胡:尽管省级卫视、地面媒体、民营电视还有国外媒体对央视的冲击目前还很小,但是"山雨欲来风满楼",未来的竞争不可避免,央视对此还是非常敏感的。收视率一着不让,尤其是饱受争议的末位淘汰制,给央视内部的从业人员造成巨大压力。毕竟,作为国家主流媒体,央视必须承担社会责任,不能唯收视率论。如何处理媒介自身利益以及国家台的责任之间的矛盾,这个话题虽不新鲜,却是一个必须正视的问题。

王:从2005年开始,赵化勇台长便一直提倡"绿色收视率"的概念。"绿色收视率"是指重视收视率、收视份额,但不是绝对化,不是单一、片面地追求收视率,更不是所谓的"收视率为王"。央视作为国家台承担社会导向义不容辞,在2005年的改革中,在"绿色收视率"的指导原则下,倡导先进文化、构建和谐社会,是央视上上下下大家都认可的一个指导原则。

举一个比较典型的例子，2005年末播出的纪录片《故宫》，叫好又叫座，它在真实和娱乐之间找到了一个结合点，使观众轻松愉悦地了解历史、欣赏文化，收视率和美誉度都很高，是真正意义上的"绿色""收视率"双丰收。而且，其市场后开发做得很好，《故宫》光盘的销售量目前已经突破7万套，在海外和Discovery（探索频道）签了协议，对方负责制作海外版，在商业运作上也很成功。

吴涛（以下简称"吴"）：既要有美好的蓝图，又要正视现实的处境；既要社会效益，又要经济效益；既要"绿色"，又要"收视率"，这不仅是台长们面临的矛盾，其实也是编导以及其他员工感到犹豫、徘徊、困惑之处。解决这个矛盾，我觉得"频道制"应该是2005年最有价值的一个关键词。以纪念抗日战争胜利60周年的宣传为例，这时"绿色"是第一位的，必须保证一定的宣传量，但这就可能与"收视率"有冲突。在中心制的管理体制下，不管哪个频道承担什么任务，一开编委会，往往所有频道都要"围绕当前中心工作"，事实上央视的16个频道不可能同样承担一个任务。因此，频道制改革有助于厘清各频道承担的主要责任，让不同的频道承担不同的任务，用不同的指标去考核。

王：频道制是作为一个节目的播出单元和收视单元出现的，从节目的形态出发，它很快影响了节目的生产和管理体制，再下一步可能会成为电视走向市场化、经营化的一个节点，频道最后会成为一个经营的独立单位，甚至会带动一个经营的系统。2000年，央视在英语频道开始试行频道制，到现在二套已经实行了"扁平化"管理。所谓"扁平化"管理就是由频道直接管理栏目。其他频道也正在积极试行这种方式。但是，央视实现频道制的转换，需要三五年甚至更长的时间逐步来实现。

胡：央视比较早地建构了频道的战略框架，但事实上双轨制一直延续至今。一方面提出了频道专业化的理想诉求，另一方面在现实的推行过程中，各个中心作为台的一个分支机构，并不是相对独立的一个运营单位。在中心制的管理体制下,"绿色"和"收视率"成为不可兼得的"鱼"和"熊掌"。

吴:在我看来,频道制是一个基础的东西,有了频道制才能在体制上、组织上进行一些改变,才能在管理、评估和激励机制上进行一些改变。否则,一会儿讲以收视率为主,一会儿讲以社会效益为主,或者这样的栏目以收视率为主,那样的栏目以社会效益为主,就会左右摇摆,难以决策。作为国家电视台,从理想主义角度出发央视应该由国家拨款,不靠广告挣钱。中国有8亿农民,农村的富裕是中国社会进步最重要的问题,要向农村传播,教育农民,唯有央视一套能做到这一点,而央视一套恰恰在农村节目上是极为薄弱的。为什么?很重要的原因在于它是靠广告收入养活的。2005年,中国的税收收入约2.88万亿元,央视总收入是110亿元,国家能不能拿很少的一些财政拨款来解决国家电视的问题?如果不做频道制,还是一个台的概念,整个补贴给中央台,当然不行。但是如果实行频道制,只补贴给央视一套,并且给予政策的支持,无条件地转播和覆盖,就能起到作用。做不到这一点,我们的"绿色节目""绿色文化",往往因为收视率导致在最重要的媒介平台上无法生存和放大。所以,频道制是未来构建更好的电视景观的一个很重要的基础。

胡:如果能成功实现从中心制到频道制的转轨,就可能为未来设立公共频道铺平道路,公共频道和商业频道分开,不靠收视率和市场支撑,由纳税人的资金实现它的社会责任。有了频道制的前提,公共频道和商业频道才能各司其职,有的以"绿色"为指导,有的以"收视率"为指导,谋"鱼"的谋"鱼",求"熊掌"的求"熊掌",从大的方面看可以实现"鱼"和"熊掌"兼得。

吴:这个比喻十分形象。从现状来看,频道责任不清,诉求不明,就会无所适从。因此,频道制改革在央视、在中国电视业界,未来将引起巨大的变革。央视的改革其实是先做战略布局,各个频道的目标是什么,把相应的内容归拢,然后在频道制基础上实施品牌化。品牌不是我认为自己是什么,而是在要传播的对象心中是什么，品牌是受众心中的一个概念。如果不能让特定频道针对特定受众，满足相应的需求，还是什么内容都有，就不可能真正实现品牌化。所以，频道制对于形成品牌化也起着关键的作用。

省级卫视：定位求突围

▲ 省级卫视的定位不是专业频道，而是有特色的综合频道，体现在黄金时段主打的几个特色栏目、品牌栏目。

▲ "定位"确实是省级卫视的生存和发展之道，这一热潮还会延续，定位成功的最大价值在于它让我们"相信电视的力量"。

胡：省级卫视经过几年的积淀，从过去的跃跃欲试，到2005年终于形成"喷薄而出"之势，其定位热潮迅速蔓延成为一个汹涌澎湃的景观，这应该说不是偶然的。

吴：2005年省级卫视的表现，是市场竞争日趋激烈的一个反应。首先，从大环境来看，平面媒体、户外媒体以及其他多种新媒体，都对电视媒体构成了新的压力。其次，是学界、专家所说的"上挤下压"的问题："上无天时"，国家的政策是限制性发展，不论节目内容、主持人、节目形态、编排方式、广告监管等都有很多限制；"下无地利"，缺乏贴近性，没有和地面频道竞争的优势。再次，是中国媒体长期处于无战略状态，或者说传统战略状态。媒体的领导者通常受到的都是宣传管理的训练，做事情靠红头文件。但是1979年之后的改革，实际上已经把媒体逐步推向市场。进入新世纪以来，一些媒介的领导者借鉴企业和国际媒介的经验，进行战略思考和实践，开始了自身由传统的媒介管理者向新时代媒介领导者的转变，并且迅速从市场得到更多回报。

王：尽管危机感很强，但是省内独此一家的垄断资源足以维持省级卫视的生存，因此在全国"突围"不是生存问题，而是发展的问题。2005年，国家广播电影电视总局出台了许多政策，实际上是在抑制和平衡某些省级卫视各种不规范的"突围"，比如禁止播送角标、游动字幕广告，禁止播出短信和声讯服务类广告，以及关于外资进入节目领域的限制等。地方卫视多方"突围"，而且在一些大的节目形态上取得了突破，比如《超级女声》的火爆，但是"突围"投入的成本也相当大，只不过分摊到各个台就不太明显了。

胡： 省级卫视多方"突围"，多方受到支持，多方受到打压，然后再行"突围"，这对于激活整个中国电视的格局有很多好处。

吴： "突围"较为成功的是湖南卫视和安徽卫视，两个省都不是经济发达地区，但是为什么它们能超过其他卫视？穷则思变，湖南卫视、安徽卫视比较早地进入了战略性管理阶段，而且逐步执行到位。刚开始，富裕的省级台不重视，觉得本省的市场潜力就有几十亿元，对于向全国扩展有些不屑一顾。后来，发现本省这么一个富裕的市场才收入一两亿元，而别人的收入是五六亿元，甚至明年的收入是八亿元，自己再好的频道的收入也达不到这个数字，这时才发现卫视的全国价值真是很大，才感觉到身处富裕区域并不代表一定能得到更好的市场回报，它们才开始醒悟过来。

王： 我要强调的是，省级卫视的定位不是"专业频道"，而是"特色"定位的综合频道。如何理解？比如，湖南卫视的口号叫"快乐中国"，但这并不意味着它是专业娱乐频道，湖南新闻联播也要变成娱乐新闻，那是不可能的。所谓特色频道的特色，主要体现在黄金时段主打的几个特色栏目、品牌栏目，如果这几个栏目在全国能够和中央电视台这一类的栏目并驾齐驱，甚至超过中央电视台，就证明了这个频道的特色定位是准确的。曾经也有电视台试探过，是不是可以办成青年频道、女性频道、司法频道？事实上，做专业频道目前还存在难以突破的行业管辖、行政管辖的门槛。在全国妇联没有同意之前想办一个女性频道？在司法部门没有同意之前想办一个司法频道？在劳动部门没有同意之前办一个就业频道？这都是不可能的。行政归属的地域性与电视信号全国覆盖无法匹配，管理平台和技术平台无法对接，省级卫视只能在特色打造上找到一个切入点，办成一个以地域为基地的、有鲜明特色的综合频道，很难脱离自己的行政归属地而办一个纯粹的专业频道。

胡：省级卫视目前也分好几类：第一类是走在前沿的，打战略牌，逐渐定位于全国，不考虑或者较少地考虑本地。第二类属于上下徘徊，到底是立足于本地还是放眼全国，还在游移，但比较倾向于全国市场，逐渐脱离本地。第三类是比较倾向于立足于本地，但能扩一点就扩一点，更多地瞄准本地媒体，如省会电视台。

吴：在中国来讲，小众也是大众，因为中国人口数量巨大。当然，最好还是大众。所以，定位确实是省级卫视的生存之道和发展之道。湖南卫视的成功凸显了定位的价值，很多卫视仍在寻找自己的定位，这一热潮还会进一步延续。定位成功的最大价值在于，它让我们恢复了对电视的信心。一些电视从业者曾经怀疑，好像电视如今已是人到中年了，过一段时间就是明日黄花了，电视是不是没有前途了？省级卫视的成功突围，让我们看到了电视的巨大潜力，我们应该"相信电视的力量"。

份额时代：不是PK，是竞合

▲ 中央电视台的份额并不一定是从省级卫视拿来的，二者既有竞争也有合作。

▲ 特色频道在收入上还没有因为定位而很快地实现突破，但形成了观众认同的品牌，品牌效应很快会转化为物质收益。

胡：2005年，我参加过许多省级卫视的发展研讨会，其中一个普遍的观点是，省级卫视的定位也好，其他举措也好，是与其他省级卫视及中央电视台的争夺与对抗，"强者越强、弱者越弱"，是你死我活的竞争大战。二位怎么看待这种说法？

王：从收视份额来讲，中央台、省级卫视和地方台三分天下由来已久，在30％上下变化。前几年，有线电视台和无线电视台没有合并以前，城市电视台上升得很快，中央台很稳定，二者争夺省级卫视的份额。现在，中央台上升得很快，省级卫视也稳中有升，二者争夺地方台的份额，这个趋势能够看出来。

吴：我觉得，省级卫视和中央电视台有竞争，但绝不是对抗，不是末位淘汰。从收视份额可以看到，央视今年获得很大的提升，但省级卫视整体也在提升，并没有被削弱。这说明央视的份额并不一定是从省级卫视拿来的，省级卫视的份额也不一定是从央视拿来的。比如广西电视台的定位是"女性"，完全可以从几百种女性杂志中拿份额，抢夺受众。四川卫视的定位是"故事"，可以从四五百万份《故事会》的读者中获得观众。在很多细分领域，电视跟平面媒体等其他媒体相比有很多可以做得更好的地方，但是我们没有做。《孙子兵法》讲战略，"行千里而不劳者，行于无人之地也"。"行于无人之地"，就是说省级卫视现在的核心是寻找没有人做过的东西，所以不是绝对意义上的竞争，而是扩大电视的整体内涵。

胡：在省级媒体捍卫自己生存空间的竞争中，省级卫视是如何评估自身价值和竞争力的？

吴：这就带来评估标准的问题。到底是用省会城市的数据考核卫视的收视率，还是用一个省的数据来考核，还是用全国的数据来考核？很多省级卫视到目前为止，想的是全国影响力，但实际上还是用省会城市的数据来考核，这是不科学的。湖南卫视2005年那么火，但在长沙的市场份额是下降的，你能想象吗？我给湖南卫视提出三个"锁定"，即"锁定全国，锁定娱乐，锁定年轻"，其中"锁定全国"就是强调要用全国的标准来评估。现在，省级卫视已经进入排名考核，许多卫视力争进入全国前五名，这和中央电视台的收视率考核和收视份额考核是截然不同的。

胡：从收视份额进而到全国排名，这是一种战略提升。

吴：许多卫视频道已经由过去要做省里的第一变成要做全国省级卫视里面的第几。既然定位于全国，就要有全国的标准。有了"女性"定位，那么栏目有没有体现"女性"？然后是收视的指标、收视份额的排名。定性和定量的考核会使战略进一步得到细化、实施。我们可以看到，一些发达地区的省级卫视已经看到战略的价值，正在进一步实施自己的战略，打造自己的品牌。在实施战略中，领先的媒体会进一步运用排名考核，不断增强自己的竞争力。

胡：市场份额竞争的实质是卫视之间或者卫视和地面频道、卫视和中央电视台之间媒体利益的调配。从客观上看，社会各个领域已经市场化到一定程度，电视媒体也必须适应这一趋势。从主观上看，各个卫视也有占领市场的强烈愿望。那么，省级卫视取得的实际效果如何？

王：目前，在频道入户、广告投放上还没有大的比例变化，特色频道在广告收入上还没有因为特色定位而很快地突破。但是，在节目特色上，特别是在观众认同上，品牌出现了。广西卫视女性特色频道，海南旅游卫视，这些特色都得到了大家的认可，品牌效应会很快转化为广告收益。如果经营得好，会迅速把某一品类的广告商聚集到自己的平台上来，而且可能拿到接近于中央台的广告价位，退一步，即使拿到中央电视台广告的一半价位，收益也非常可观。现在，省级卫视定位的特点是抢品牌，抢品牌就是抢广告资源。目前，浙江电视台打出"4+2"的广告模式，对各台都有影响。各台都明白，不可能作为一个独立单位赢得广告，又不可能成为全国的一个单位，但成立一个经营联合体，不是华东、华南这样的地域联合，而是按消费领域在广告上与龙头企业的销售目标重组和联合，比如"4+1"汽车模式、"3+1"化妆品模式、"5+2"饮料模式、"9+4"酒类模式，这种"n+n"广告形式将会出现，而且影响巨大。

"超女"：本土化的"真人秀"

▲ "超女"给我们一个很大的启发，即参与性应成为电视节目的一个评价标准。

▲ 如何才能实现1+1＞2？同样一个节目，应该放在最合适的平台上。

胡： "超女"尽管争议很大，但是作为2005年的一个重磅炸弹，在电视媒体中绝对是一个超级事件。王甫先生这几年一直关注综艺节目的发展研究，对真人秀节目提出了若干理念。"超女"这一媒介事件，对整个中国电视娱乐有什么影响？

王： 从节目形态上讲，《超级女声》是真人秀节目的一种最新形态。欧洲《流行偶像》的版权卖到美国，美国制作了《美国偶像》。真人秀节目两种典型的形态，即《阁楼故事》一类的室内真人秀和《幸存者》一类的野外真人秀，在中国都没有火爆起来，但是"超女"在中国反而一下子火爆了，值得我们分析。

"超女"给我们一个很大的启发，即参与性应成为电视节目的一个评价标准。过去，我们评价电视节目有三个标准，即思想性、艺术性、观赏性。但现在看起来，如果一个电视节目思想性很好、艺术性很高、观赏性很强，但是参与性很弱，就很难和现在的观众需求相匹配。因此，在策划节目的时候就要想办法使它的参与性变强，包括热线电话、网络和手机短信。以前，我们不认为参与性是节目的一个成分，但现在它不仅成为一个成分，而且是重要的支柱。

吴： 我更多的是从战略的角度解读"超女"。《梦想中国》《莱卡我型我秀》都是这种形式，许多元素在这些节目中差不多都有，但为什么它们没有火到"超女"的地步？如何才能实现1+1＞2？同样一个节目，应该放在最合适的平台上。湖南卫视围绕战略定位，已经建立了一个系统，打造了众多娱乐节目支撑的一个娱乐平台，在年轻观众中形成了频道品牌号召力。把《超级女声》放在湖南卫视的平台上，年轻人觉得不是拿着遥控器"碰巧"看到这个娱乐活动，而是在"我的频道"为我做的一个活动，所以乐于参与。节目形态、平台、目标受众达到完美一致，再加上手机和网络形成的互动，最终形成了爆发力量，包括时间的选择，是在学生的假期和周末形成收视高潮。因此，《超级女声》可以理解为在正确的时间、正确的地点，面对正确的受众，运用正确的手段，在一个正确的平台上，进行了一个创新的重点战略行动。

胡：从综艺娱乐潮流的角度和电视节目的大趋势分析，"超女"牵连了电视几乎所有的功能和元素。无论是从国际视野还是本土视野来讲，"超女"都达到了领潮的位置，真正实现了本土化，特别是使真人秀中的参与和互动达到了一个高点。

王：从杂耍秀到脱口秀，再到游戏秀，再到益智秀，一直到现在的真人秀，应该说电视节目（TVprogram）正在转向电视秀（TVshow），这种节目形态的转变趋势在中国已经迅速地被业界和观众所认可。这种平民选秀将带动同类节目在国内的兴起，同时会带来和百姓生活有关、生活常态相似的真人秀在中国的兴盛。这又给我们一种启示：节目改版，"版"是什么？绝不能忽视电视秀这种新的形态。

胡：还有一点不能忽视，"超女"引发蒙牛深度介入，企业的行为已不仅仅是贴片广告，二者完全水乳交融地捆绑在一起，形成了共同的利益集团，是唇亡齿寒、相依为命的关系，蒙牛和"超女"的合作体现了整体营销的概念。这是之前中国电视很少有的一种情况，也可以给今后媒介行动的策划提供一些启示。

电视剧市场：火爆有余，火候不足

▲ 独播剧投入大，利益大，挑选难度大，承担的风险大；重播剧有良好的投入产出比，但是可能带来品牌伤害。

▲ 中国电视剧制作者需要加强对受众的研究，缺少专业的中介组织，电视剧市场的发育也是不健康的。

胡：目前，电视剧市场的蛋糕在做大。一方面，电视剧作为核心竞争力使媒体得到好的回报。另一方面，也有人提出质疑，主打电视剧会不会弱化电视媒体的宣传功能，甚至削弱电视媒体的公信力？

王：电视剧市场的规模的确提升很快，2005年主旋律电视剧占的比重很高，中央电视台收视率最高的是《亮剑》，这和抗日战争胜利60周年的大环境有关系。电视剧不同于电影，老百姓是在日常的生活环境中收看，有些长篇剧要收看一个月，因此它和整个大的社会环境很有关系。这一点应该成为电视剧制作者认真考虑的问题。电视剧要适时而作，适时而播。

吴：另一个就是韩剧的热播，也是值得关注的现象。电视剧是否会产生负面的导向？我认为，优秀的电视剧往往都有好的导向作用。以韩剧来说，《大长今》对于和谐家庭的建设，没有正面的导向作用吗？《亮剑》很好地宣扬了抗日战争胜利60周年之际中国人民的爱国情怀，引起了共鸣。谈导向也要谈收视率，没有收视率，导向性从何谈起？电视剧符合老百姓的审美习惯，能够规模化地满足老百姓的娱乐需求，不应被看作纯娱乐的东西，它其实在娱乐中可以实现审美的提升、导向的贯彻。

胡：业界都知道，吴涛先生是安徽卫视打造"电视剧大卖场"的幕后主导者，也一直是卫视主打电视剧的推动者。2005年独播剧风暴搅动了电视剧市场，对此你如何看待？

吴：在构建品牌的时候通常都要提到差异化，没有差异化怎么构建品牌呢？独播剧是差异化最显著的。比如《还珠格格第三部：天上人间》和《大长今》只能在湖南卫视播出，其他卫视播不了，这就是差异化。如果再结合媒介的定位，差异化就会更明显，《大长今》在湖南卫视播出的收视率很好，但如果能在广西卫视播，则差异化就更加显著，因为广西卫视整个频道的定位是"女性"。但是，独播剧投入大，利益大，挑选难度大，承担的风险大。湖南卫视花费约800万元买下《大长今》内地独家播映权和市场音像发行权，这不是一个小数字，但是如果能赚4000万元、5000万元，则产出也大。风险大，在于挑选难度大，投入以后能不能有回报？大制作未必有好的收视率，我们采用专家评判、观众评分的形式，用各种模型来预测，但是仍然很难规避风险。如果买国外已经播出了的优秀剧独播，尽管可以参照国外的收视情况，如《大长今》，虽然难度系数降低了，但是仍有风险。中央台播的《疯狂主妇》在美国收视率非常好，为什么在中国收视率就不理想？因此，国外的参照有时未必适合中国国情。

胡：除了独播剧，还有一个就是重播剧。2005年，政策有了变化，过去规定三个月以后才可以重播，现在第二天就可以重播，这个频道播完那个频道播，一个月播出三到五次，中国电视媒体中大量的电视剧事实上都是靠重播支撑的。这个现象过去没有引起足够的重视，研究较少。

吴：重播剧有很多讲究，有的越重播收视率越高，而且每一次重播的收视率都那么好；有些则重播一次收视率下降一次，越播越烂；有些是跳跃式的，在合适的频道、合适的时间播出，收视率就好，反之则不行。不同题材的电视剧，重播效果也不一样，如破案剧播完收视率就下降，但是给人永久启示的如《西游记》，每一次重播的收视率都不错。重播剧有良好的投入产出比，但是也有副作用，可能带来对品牌的伤害。只要是重播，理论上就是"炒剩饭"，会削弱差异性，观众觉得前段时间在哪个频道看过，从而对品牌带来伤害。广告客户也会有一些质疑，"播一个老片子"。湖南卫视2005年播了十几年前的一个老片子《乌龙山剿匪记》，收视率仅次于《还珠格格》。但不看数据的客户会抱怨，花那么多钱给剧场冠名，却播了一个老掉牙的《乌龙山剿匪记》。另外，选择老剧，需要与专业公司合作，才能充分掌握市场需求，不能只依靠自己的简单判断。

需要指出的是，中国电视剧的市场化，是一个初级的、"赶大集式"的市场化，缺少很强的中介组织。虽然有几千家影视制作公司，但成规模的很少，往往一年只生产一部、两部电视剧，到各电视台挨家挨户地敲门叫卖，或利用一两次电视节到那里"赶大集"，日常式的交流，包括专业中介组织对制片和播出平台的指导都是不具备的。因此，电视剧制作的盲目性是很大的，某个剧的收视率高，政策一好，大家就一窝蜂地上，对电视剧市场缺少扎扎实实的研究。在美国，创作电视剧要先了解社会形态和观众心理，再写电视剧本，而我们往往是看一部小说畅销就改编成电视剧，碰上就成功，碰不上就失败。中国电视剧制作者需要加强对受众的研究，缺少专业的中介组织，电视剧市场的发育也是不健康的。

直播·民生新闻·新媒体

▲ 连宋来访、"神舟六号"发射，实现了重大题材、敏感题材的直播突破。

▲ 民生新闻全国开花，成为地面频道的立身之本，广告商开始加大投放力度。

▲ 新媒体方兴未艾，虽然还不为百姓所熟知，但媒介格局将可能很快因此而发生显性变化。

胡：任何时候，主流媒体都应高举新闻的大旗，这两年民生新闻持续升温，包括时政新闻、主流电视新闻的改革也出现很多新的情况。

王：直播是2005年大家很关注的事件。中央电视台在重要的新闻事件报道中都采取了直播，如连宋来访、"神舟六号"发射，这些大型直播具有相当大的突破意义。对外宣传向来是敏感区域，涉台宣传更敏感，但台湾三党来访实现了直播，而且收视率非常高。再如，"神舟六号"发射的直播也是一次重大突破。突破了一些禁区，取得了明显的成效。虽然有风险，但直播可以把最新最快的新闻送到观众面前。这些重大题材、敏感题材的直播，使电视新闻的优势越来越显现出来。

吴： 2005年，很多地面频道慢慢把民生新闻上升到频道立身之本的战略高度。特别是中部以南省份的地面频道，基本都有支柱性、贴近性的本地新闻。地面频道在综艺节目和电视剧的竞争上基本没什么优势，但在民生新闻方面别人是很难跟它竞争的。一些优秀的地方台把民生新闻这个因素放大，30分钟、50分钟、60分钟、120分钟，甚至扩展成频道。民生新闻的收视率不像电视剧那样忽高忽低，非常稳定，而且稳步上升。《南京零距离》已经连续三年在南京地区收视率第一，而且有1亿元的广告费支撑。

胡： 民生新闻全国开花，娱乐性、故事性、互动性进一步得到加强，而贴近性主要体现在平民化的内容、平民化的视角、平民化的解读上，最典型的就是方言新闻的成功，如杭州电视台的《阿六头说新闻》等。另外，新闻改革除了政策空间的扩大、媒体传播艺术水平的提高，还有非常重要的技术因素，比如2005年12月在济南召开了全国首次SNG（卫星新闻采访车暨电视新闻）研讨会，成立了SNG协作体，这都将对以后的新闻实践带来重要的影响。

王： SNG成本并不高，省级卫视或者地方台都负担得起，技术操作也不复杂，肯定会给社会新闻、市井新闻、民生新闻带来积极的变化。在国外，发生一个新闻事件，呼啸而至的先是警车，接着就是转播车，警察找线索，记者做直播，这种现象正向我们走来。从重大会议的直播，到重大建设工程的直播，再到重大文化活动的直播，接着是重大新闻事件的直播，最后会慢慢介入一些民生新闻和常态新闻事件的直播。

吴： 过去，大家认为晚上6点多钟的时候，真正有消费能力的人还没回家，但收视率高，是不是有效收视率？2005年，这一方面的争论基本上得到解决，一些大的广告公司对全国的民生新闻进行了全面研究，其结果都是正面的，于是广告商开始加大对这些栏目的投放和关注。

胡：业界持续关注的新媒体在2005年出现了很多新情况，如4月，上海电视台获得IP电视（网络电视）、手机电视的许可证；7月，中央电视台接管国家广电总局广播影视网络中心和中国有线；9月，高清频道在杭州开播，反映很好；10月，青岛有线电视实现数字整体转换等。对此，二位如何看待？

王：过去的一年，大家观望最多、思考最多、寄予希望最多的一个领域就是数字电视，因为这是一个完全崭新的领域。尽管数字电视目前影响比较小，大规模电视观众接触不到，所以社会影响很小。数字电视发展以后，网络电视的竞争可能更厉害，中国网民数量现在已经超过两亿人，而且目前网络电视的技术条件成熟，许多电视网站都是免费的，网络电视已经冲到第一线。

吴：2005年，新媒体对传统媒体并没有构成多大的冲击，目前要关注的，一是传统媒体和新媒体的结合，主要是借助新媒体实现互动，比如湖南卫视"超女"借助网络、手机短信实现互动。二是传统媒体如何向新媒体学习，如何借鉴、利用新媒体在体制、资本、技术上的优势做大自己的规模。传统媒体，如美国在线时代华纳、美国新闻集团，都不抵市值1500亿美元的Google（谷歌公司），这启发我们思考传统媒体应该怎么做？

王：付费电视的技术发展也越来越快，越来越和市场对接，内容是当务之急。对于付费电视或者网络电视，在节目上要加强引导、管理、审查，更要实行一些较为宽松的政策，比如电视剧的分级制，如果审查标准完全和开路电视等同，那么付费电视发展起来可能会比较困难。另外，应给予一些政策扶持，允许进行商业运作和资本运作，因为完全靠政府承担压力很大。2006年，直播卫星要进入商业化运作，这是前进的动力，也是新的挑战。

胡：2005年，新媒体方兴未艾，而且已经形成高潮迭起的状态，但百姓还没有直接感受到这个巨大的变化。也许，2006年的媒介格局因此会有更显性的变化。

结束语：态度·细节·诗意·智慧

年度盘点，我们用对话的方式真实记录对于当下中国电视的思考，给未来存留一份可以追踪和反刍的"口述史"。"温故"意在"知新"，反观近几年来的中国电视发展历程，很多方面处于困顿、迷茫甚至慌乱的状态。产业化、媒介经营、营销推广、"娱乐风"、"电视剧"牌、"定位"潮……尽管概念和说法花样翻新、层出不穷，大多数媒体的现实表现却无法令人满意。在纷纷攘攘的各种潮流面前，电视媒体莫衷一是，虽有"突围"和"超越"的梦想，往往因为底气不足、功力不够、缺乏"章法"而自乱阵脚。从行业内部看，抢地盘、争份额的恶性竞争此起彼伏。从受众角度看，电视节目日益低端、琐碎、软化，越来越缺乏吸引力。最终，导致全行业广告份额下滑，媒介公信力、权威性、关注度和影响力整体下降。在网络媒体、平面媒体的冲击下，电视业风光不再，一时难以适应甚至手足无措的电视人，也开始让人怀疑是否已经"失掉自信力"？

稍感欣慰的是，2005年的中国电视以现实的表现给予我们积极的回答。无论是中央电视台大刀阔斧的改革，省级卫视突围的勇气和策略，地面频道强化民生新闻的举措，还是节目形态的创新突破，以及新媒体卓有成效的推进，都使我们感觉到了一丝生动的气息：中国电视初露僵局破冰的端倪，虽然我们还没有足够的理由和足够的成绩表示乐观。因此，在这样一个重要的关口，我们更需要超越功利的、短浅的眼前利益，从宏观上进一步梳理我们面临的问题，并提出解决之道。

第一，针对价值观问题，态度决定一切。以怎样的姿态，即怎样的核心价值观，引领自己的发展方向，是电视媒体在市场化语境中必须首先正视的问题。中国电视在构建和谐社会、弘扬民族文化、塑造国家形象、满足人民群众不断增长的精神文化需求方面担当着重大责任，如果偏离了这一核心价值，不论做得怎么花哨，其权威性、公信力和影响力迟早都会衰竭。在激烈的竞争中，我们应树立这样的核心价值观：形象就是金钱，声誉就是财富。

第二，针对执行力问题，细节影响成败。概念好炒，落实困难，一流的执行力才能保证一流的战略。目标是前提，实现是根本，成功的关键取决于媒体管理者、从业者的执行力。而具体到节目层面，保证其品质、水准和质量，需在细节上着着不让，否则差之毫厘，谬以千里。

第三，针对审美观问题，诗意提升现实。电视媒体应建构统一的、稳定的审美标准，形成自己的独特风格，不"唯利是图"，不"低俗"媚众，既满足观众的收视需求，又要予以提升和引领，既"时尚"又"高尚"。在具体的内容生产上，如何将生活原生态的信息和素材经过艺术的加工和提升，使之富于诗意而脱离原始和粗鄙，给广大观众留下更多的情感与想象空间，是决定内容是否具有可持续性增长潜力的关键所在。

第四，针对创造力问题，智慧改变世界。电视的一切都离不开鲜活的社会生活实践，离不开悠远的历史文化传统，离不开理想与现实的交融，也离不开本土和国际的融合。在特殊的国情条件下，在种种对峙与冲突中，要学会辩证地、历史地、中肯地协调各种矛盾和问题，化腐朽为神奇，化危机为转机，就离不开创造性思维这把钥匙。中国电视不仅要用智慧改变自身，还要通过智慧改变世界，这更是电视媒体的社会责任和历史使命。

2006：中国电视忧思录

梁晓涛　靳智伟　胡智锋

对话时间：2007 年 1 月 13 日

对话地点：中国传媒大学

对 话 人：**梁晓涛**　时为中央电视台新闻节目中心主任

　　　　　　靳智伟　时为央视市场研究股份有限公司媒介顾问

　　　　　　胡智锋　时为中国传媒大学文科科研处处长、教授、博士生导师，《现代传播》主编

整 理 者：**顾亚奇**　时为中国传媒大学广播电视艺术学博士研究生

【**关键词**】收视率；收视份额；频道运营；电视市场化；行业安全；内容生产；新媒体

胡智锋（以下简称"胡"）：今年是《现代传播》第四次做年度对话，很高兴邀请到你们两位来做客。梁晓涛主任先后在中央电视台总编室、《东方时空》栏目组、动画部、文艺中心、青少中心、广告经济信息中心工作过，去年调到新闻中心，对电视的许多领域均有涉猎。靳智伟先生早先在河北电视台工作，做过编导、策划、主持人，是多面手，熟悉电视内容生产的各个层面，后转入电视市场研究领域。两位的共同点在于均从电视的一线做起，对中国电视有着长期的观察和思考，但侧重点稍有差异。梁主任长期身居电

视管理层，而靳总致力于市场调研，因此我们今年的对话稍作调整，即不局限于盘点2006年的中国电视，时间跨度上大一些，把近几年来中国电视行业的整个动态作为观察对象，不求面面俱到，也不设条条框框，就你们关注的问题做一些描述或点评，和我们的读者一起来交流、探讨。

收视率·收视份额·专业频道品牌化

▲ 收视率不是万恶之源，它解决的是市场有效到达的问题。
▲ 收视份额在本质上体现的是市场地位。
▲ 频道专业化是频道品牌化的基础，也是避免无序竞争的前提。

胡：我们从收视率这个永恒的话题说起，2006年有一个广为流传的说法是"收视率是万恶之源"，但是我个人认为，在中国电视格局比较复杂的现实情境下，收视率作为一种评价标准，在某种程度上也是没有办法的办法。当然，收视率不能代表一切，影响力、满意度、美誉度等也很重要，你们怎么看待这个问题？

靳智伟（以下简称"靳"）：收视率指的是在一定时间范围之内，有机会接触到电视媒体的人以及收看这个节目和频道的人的比例。因此，收视率只是一种猜想，它解决的是市场大趋势的问题，不能由此简单地推及多少人口。

有的收视率是有效收视率，比如设定一个时间基数，假设我们将连续两分钟以上收看电视节目定义为收视率，不足这个时间我们称为到达率。到达率有时候很高，比如春晚经常用这一概念，也许只是看一眼，但也算"看"。如果一周收看三次五次，或每次收看时间长短，我们称为卷入程度。卷入程度代表忠诚度。而忠诚度就含有满意度的成分了。所以，有的学者说收视率是量的概念，满意度是质的概念，这种提法是不正确的。收视率既包含量的概念，也包含质的概念，是一个综合概念。满意度、美誉度属于受众的心理指标，更倾向于代表收视的心理动因、心理偏好度和心理潜在市场。衡量频道的市场表现、市场特征和市场价值，收视率指标不可替代。当然，今后实现三网合一了，节目收视率会部分地被节目点击率所取代，但这是另外一个问题。

梁晓涛（以下简称"梁"）： 收视率不是万恶之源，关键是如何看待和利用。我国电视界对收视率的认识为什么会走入一个误区？因为每个频道对自身的受众定位不是很清晰，也就是说不完全清楚电视频道究竟是办给谁看的。为什么会这样？因为频道并不是从市场来的，而是先有"台"，然后有这个频道、那个频道。对于综合频道而言，目前同质化竞争很惨烈，最直接的后果就是比拼收视率，也因此带来了许多问题。比如独播剧，就是因为各台面对同质化的一种竞争策略，也是各个台迫不得已采取的办法。

靳： 收视率指标是静态的，但它表达的是受众收视行为的动态过程。收视率是一个复杂的数据体系。2005年，我研究了上海的一个电视频道，其中有两个定位、形态完全不同的节目，但是收视人群的结构比例完全一样，单看收视率感觉是同一个节目。由此，我发现了一个新指标：分众重叠关系或分众重叠度。也就是说，两个节目的受众构成虽然一样，但是各类构成并不完全重叠。我们会发现，同样是老年观众，但李嘉诚和普通的老年人相比，其社会影响力、持有社会资源、收视选择偏好是不同的。

梁： 也就是说，收视率不仅要看数据高低，还要看什么时段高，什么时段低；不能只重视有多少人收看节目，还要重视是什么人在收看，比如城乡、年龄、学历分布等数据。收视率给谁看？第一给电视制作者看，第二给广告客户看。其他一些新指标，比如满意度等，为什么加进去？满意度表明的是一个潜在的市场。这个栏目现在收视率很低，但是满意度不断增长，收视率也会随之上升。反之，这个栏目虽然当下收视率很高，但是满意度逐步下滑，那么今后的收视率可能愈来愈低。

靳：分众重叠关系的存在，要求我们进行市场细分。但是如何细分？题材、受众细分有时往往是编导或电视台运作者的一厢情愿，我觉得应该按照主题传播和主题爱好者进行市场对位。比如，央视最大的老年节目《夕阳红》，在这一节目的收视率中，男女比例相当，老年人比例偏高，40岁以上中老年人占60%，但14岁到20多岁的年轻人的收视率也不低，实际上观众是老年主题的爱好者。2006年，中国收视率增长最快的频道是上海生活时尚频道，其成功的一个秘诀就是符合了主题化和主题爱好者之间的对应关系。它解决了一个核心问题：什么叫时尚？谁在追求时尚？以前我们认为，时尚是20岁到30多岁的人群关心的事情，其实不然，和新闻消费一样，时尚是所有人的共同追求，和地位、收入、学历无关。对大众的基本时尚追求给予关怀使这个频道获得了成功。

梁：研究细分市场，研究目标受众，首要之处就是要搞明白频道是给谁看的。这就延伸到一个问题：频道专业化。如果这一点不明确，那么收视率高也没有用，可能是叫好不叫座。央视提出"专业频道品牌化"战略，首先要求频道实现专业化，没有实现专业化的频道，受众就无法清晰地感知你的面目，频道品牌化也就无从谈起。就收视份额来说，追求品牌建设的频道，不应该单纯追求高收视份额，而是应该追求有效收视份额，从而使品牌产生溢价。在美国，CNN（美国有线电视新闻网）的品牌溢价效益就非常明显，其一个收视点的收入相当于综合频道四个收视点的收入。之所以能够做到这一点，原因之一就是其专业化的频道品牌建设，再细一步说，就是其目标受众的购买能力超过其他综合频道。

央视每年的11月18日都进行广告招标，广告招标靠什么？一个企业凭什么今年11月投明年12月的钱？最根本的判断是明年12月央视的标的物——节目能够满足广告投放预期。从这个意义上说，广告招标是期货买卖行为。而期货的基础就是品牌价值，广告商购买的实际上是频道和节目品牌的预期效果。如果频道和节目没有品牌价值，广告商就不敢如此投放。因此，频道必须坚持品牌化建设。而对于专业频道的品牌化建设而言，频道品牌溢价尤为重要。实现品牌溢价的方法之一，就是要追求有效收视份额。

那么，对于一个频道来说，应该如何考核栏目？我在管理央视二套时做了一个栏目目标管理体系，不做排名，而是研究2001年到2004年的所有收视率数据，再加上播出时段、播出日期、收视增减趋势、播出时间前后变化趋势、品牌周期等变量，做了一个目标体系。达到这个目标就是好的，否则即便收视率排名靠前也还是没有完成指标。也就是说，栏目不是跟其他频道、上下栏目比收视率，而是和自己定的目标相比，这就避免了恶性竞争。根据这个目标体系，很多收视率低的栏目得到极大肯定，而许多收视率高的栏目也面临极大压力。

靳： 收视份额在本质上体现了电视台、频道或节目的市场地位。市场份额可以横向比较，不同频道相同时段也可以纵向比较，我们也把它叫作占有率，即某时段在本频道一天中的收视贡献。一般来说，收视份额代表着频道、时段和节目在市场中的综合影响力。收视份额高，其市场地位一定高。一个频道没有人看或看的人很少，很难说其影响力大。但是，我们的运营模式绝不是单一的，权威性也是一大卖点，这和品牌建设密切相关。

梁： 收视份额高一定好吗？中央电视台第二套节目的收视份额全年不到15%，但收入是8亿元。省级卫视频道份额比较高的是4%左右，但是收入很多不及央视二套的一半。当收视份额增加时，我们首先应该问自己，是什么原因带来的增加，是品牌价值提升带来的增加吗？是目标受众和核心受众带来的增加吗？是可以持续增长的增加吗？还是因为增加投入带来的增加，因为游动观众带来的增加，因为偏移定位带来的增加？因此，频道品牌化的前提还是频道专业化，按照现在的情形"血拼"，带来的最大问题就是媒体责任降低。为什么？媒体责任需要踏踏实实、静下心来做，有可能当时不会有收益，比如新闻频道，它需要人力、财力、资源的较大投入，不像娱乐节目那样易模仿、成本低、收益快。

靳：频道的收视率和权威性双高，就成了大众权威媒体，其市场综合议价能力就会增强。小众权威媒体也可以收到比较好的广告效能，但议价能力不如第一类大众权威媒体。因为电视在本质上属于大众媒体，这就是央视一套黄金段广告份额、广告价格、广告价值处于国内最高平台的原因，它的收视率、权威性双高，广告投放既解决品牌提升问题，又解决促销问题。

频道品牌化建设是频道市场竞争的唯一出路，其市场收益是频道影响力增强和获得广告及整合传播营销的市场溢价。但是，品牌建设不简单等同于名牌建设，品牌是长期经营形成市场沉积，名牌靠短期促销便可以实现。电视或频道的品牌在本质上属于电视台或频道、节目经过长期运营在受众市场形成的精神认同，它是知识资本的一种外化。我十分赞同梁主任关于节目和市场的判断，过度的娱乐化是传播的堕落。

梁：我们谈媒体经营和频道品牌化的时候，频道是电视市场的竞争主体，而不是"台"，更不是"集团"。所以，频道作为竞争主体、管理主体的时候，要解决自身的生存发展问题，还要为整个行业的持续发展贡献一份力量。如果不是以这个方式看待某个频道，必然出现盲目追求，比如节目类别倒向某一类，最明显的就是当下的"泛娱乐"倾向。所以，我觉得频道专业化，不在于你和别人相比是什么样，而在于你是否恪守了这个频道的定位，能否力避浮躁，踏踏实实把这个定位贯彻下去，这是最关键的问题。

举个例子，如果说综合频道是大超市，那么专业化频道就是专卖店，而且是品牌专卖店。有些栏目卖的就是品牌，虽然收视率低，但走的是精品路线，收益会很高。新闻频道也是专卖店，你想买娱乐节目，对不起我不卖，但是你要新闻资讯，必须到我这里来，这样竞争策略就不一样了。这也就是三星电子从大卖场撤到专营店的原因，不在超市卖，用了10年，三星有了品牌，有了现在的发展规模。

电视市场化·行业安全

▲ 现在电视行业的体制和机制，连国企改革初期也比不上。

▲ 走出去是一个方面，如果境外媒体进来，我们能够守得住吗？

▲ 当并购发生，相当一部分电视人会失业，因为没有做好，而你原本可以做好。

胡：理性看待收视率、收视份额，是建立在科学地理解收视率和收视份额的基础之上的。但是，不管怎么说，关注这些数据的一个潜在背景是电视媒体之间激烈的竞争格局。有人将这一切归罪于1983年的"四级办电视"，但是没有当时的这一决策，电视行业会如此受人关注吗？在已经形成了如此庞大的格局下，今天的电视媒体，到底谁是责任主体，谁为它们的未来负责？

靳：我觉得这是机制和体制的问题。国家广播电影电视总局对中国广播电视的正式表述是"事业产业"，就是具有意识形态属性的事业产业，既有事业功能又具产业性质，我觉得这是一种中国特色的表述。事业是公益属性，产业可以自主经营，但现在又不是完全的产业，因为它连最基本的成本核算也没有。一些学者说，电视行业特别像国企改革初期，我觉得现在连国企改革初期也比不上。国企体系很清晰，现在媒体是收支两条线，走的是事业和经营路子。因此，现阶段要想再往前迈出一步，走完全市场化的路子，我觉得很难，因为体制的制约很强。

从产业角度来看，广播电视属于娱乐经济、传媒经济板块，应该按照市场经济规律办事。电视经营在体制上与国家其他行业比是滞后的，没有市场化，经济效益就无法计算，比如成本利润都无法计算。但是，媒体的市场化又不同于其他行业，传媒在本质上属于战略部门，属于国家软力量的范畴。

我坚持认为现阶段电视媒体应当国有，否则各类资本的角逐会切割国家利益。但是，市场化进程又是行业发展的必由之路。

梁：我举个例子，家电企业10年以前有很多，现在不超过10家，大的有海尔、长虹、海信等，还有一些国外品牌，利润已经很微薄了。家电业是打拼出来的，谁的成本低，谁的营销能力强，谁的产品具有创新性，谁就赢得市场。在中国市场上，长虹、海尔、海信不惧怕国外企业，它们历经磨炼，有这种能力了。

那么，电视有这个能力吗？现在，电视市场的秩序很混乱，且不谈历史原因，只谈目前电视市场、电视行业的状况，我们应该改变什么，才能发展得更好？现在谈管理，都是就管理谈管理，而不是从一个频道和电视台发展的角度进行管理设计。电视在延续行政架构的管理体系，电视人的出路似乎只有一条：做管理者。但是，任何一个比较成熟的行业或企业，肯定是管理和业务两条渠道并行。原来，电视台作为国家事业单位，大多数人有编制，但现在有很多人是企聘身份。那么，在这个电视台工作10年的人，和新来的人有什么不同？不走管理体系，走业务序列，我最好的状态能到什么程度？目前是看不见的。我1985年到中央电视台时全台1000多人，现在达到八九千人。这部分人未来的发展问题如何解决？解决不了发展问题，就会影响谁进来、谁留下来、留下来的是否会全力干等问题。再说薪酬，公务员有很完整的薪酬体系，但我们这儿没有，更没有激励薪酬设计。

靳：我对电视市场化进程是这样理解的，它是一个循序渐进的过程，但一定会到来。比如韩流，2005年韩国《大长今》热播后，我们的受众处于心理开放的状况，这个时候韩剧的美誉度和韩国产品进行品牌置换，把韩国许多产品带动起来。1997年之后，韩国产品销售能够迅速恢复和崛起，主要依赖于娱乐经济。这个经验可以用到中国，向海外输出，但我们的电视节目总是单一宣传。如果我们能把中国丰厚的文化遗产盘点成现代的传播娱乐题材，然后交流到国际传播市场，让外国观众用我们的方式思考问题，我们才能真正发挥电视的文化影响力。

但是，如果没有真正实现市场化，没有搭建这个娱乐经济板块，海外娱乐经济或迟或早进来之后，即使它进来的方式不在你控制的领域，比如办广告公司，比如用你的节目资源进行动画设计和拍摄，用你的资源进行国际化运营，事实上都是在切割你的市场。

梁： 这也正是我对目前中国电视市场的忧虑所在。

第一个担忧是，从国家媒体安全来说，这个状况必须解决。现在，全国在国家广播电影电视总局备案的频道是1100多个，电视广告收入大概是300亿元人民币，不到40亿美元，而美国一个综合频道一年的广告收入就是50亿美元。面对这种状况，先别说"走出去"，如果国外媒体进来，我们能守得住吗？央视2007年1月1日把四套一拆为三，分成中文国际北美频道、中文国际欧洲频道、中文国际亚洲频道。央视2006年的广告收入差不多是90亿元人民币，把成本扣除，还有多少钱可以用于"走出去"？一个大国，媒体安全很重要。全行业电视广告收入300亿元人民币，这个门槛很低，如果行业开放，外资可以进来，那么如何保证国家的媒体安全？机制变化之后，一旦打开大门，按照目前中国电视的发展状况，能够打赢这场战争吗？这是非常大的问题。

靳： 意识形态的根本属性当然涉及国家安全，这是很重要的思考。但是另外一方面，比如广播电视这个行业，外来进入的能否取代自身的东西？我觉得现阶段的这种体制和机制制约了电视的多种运营模式。单一的盈利模式，使电视不能进入别的领域，别的领域也无门可入。

胡： 把中国电视置于国家和世界大的趋势当中，我们才能从宏观层面、从战略高度考察中国电视。关起门来，中国电视曾经很骄傲，在20世纪90年代增长速度很快，但这毕竟是上个世纪的事了。最近几年，我们面临很多问题，体制、机制、管理水准、市场化运作的各个环节，都令人担忧。如果以前我们是"居安思危"，今天已经是"居危思安"，在比较危险的境况下必须寻找获得安全的对策。

梁：我的第二个担忧是行业安全。刚才谈的300亿元的电视广告收入，还不是利润，中国移动2005年的营业额是2500多亿元，利润将近500亿元，移动、联通、网通、电信正在进入电视行业，而且中国移动已经花十几亿元港币购买了凤凰卫视的股份。他们为什么买凤凰卫视的股份？因为旅游卫视也好，青海卫视也好，股权不清晰，无从下手购买。

靳：中国移动要进入中国电视行业，我觉得这是分久必合的事情，合完之后还是电视事业。中国移动资本入股电视行业，但电视还是电视，只是股权结构发生变化而已。

梁：其实，我们并不在乎中国移动是不是进来，我们在意的是因为我们没有把这个行业做好而导致别人进来，我们就没有地位，没有荣誉，没有尊严，没有实现职业理想的途径了，这将是电视从业者的悲哀。谈到行业安全，我想要表达的是，在电视行业发生变革的时候我们扪心自问一下：你做到这个行业应该做到的程度了吗？

靳：资本的本质就是权利，如果我们把电视这个行业做大了，那么也可以投资别的行业。

梁：电视行业是可以投资别的行业的，但是你如何盘点目前的资源？这和每个人在这个行业的地位密切相关。假如并购开始，并购县级电视台和市级电视台的成本是不一样的，因为整体管理价值是不一样的，同样都是一拨人，换一个管理方式，价值就不一样。但是，电视行业以目前的管理模式、经营水准和业务水准，一旦产生并购，卖不出那么多钱。比如，电视行业目前的收入是300亿元，如果能做到3000亿元，那么每个人的价值是多少？如果只做到30亿元，你的价值是多少？

我所说的行业安全和行业尊严就在这儿，其本质并不是谁并购谁。当电视并购电信的时候，肯定是电视行业的一种新的爆发。反之，就是电信行业的一种爆发。虽然对于行业的发展而言可能结果都一样，但是对于各自行业的从业人员来说，其结果就判若云泥了。由此带来的人员安全也是一个问题，相当一部分电视人会失业，因为没有做好，而你原本可以做好。

胡：电视行业目前没有退出机制，办成什么样也不退出。进不去，出不来，这么多频道，市场又如此混乱，必然导致恶性竞争。一旦陷入恶性竞争，收视率唯一、克隆、低俗化等问题就都来了。

梁：媒体有责任要和国家发展同步，那么如何来实现国家的战略目标？以现在这个状况，电视行业怎么能做大？有限的资金全部分散，恶性竞争导致行业内耗。现在，中国电视的改革五花八门，从称呼就可见一斑，见面有叫老总的，有叫董事长、台长、道长的，很混乱。

电视行业的问题还在于，对于破坏行业规则、扰乱行业秩序者，想"清理门户"也清理不了。中国特色的社会主义市场经济，就是要将政府疏导和市场力量结合起来，但是一到现实中执行就困难了。由于法律法规不健全，政府疏导的作用有限，而市场规则又很难通过拆分、并购、破产等力量清理电视门户，因此简单克隆、恶性竞争、透支运作等手段一哄而上。一部电视剧，你播一集，我播两集，他播三集，但是电视剧多集连播既不会增加频道的品牌价值，也不会带来广告效益，因为广告投放有一个频次问题，比如本应两个月播完的电视剧，你一天播完了，怎么投广告？电视剧一天三集的编排方式属于恶性竞争，基本上是份额崇拜，份额高了，但对于频道的品质提升没有任何效果。为什么？因为电视剧不具备影响力，播完就完了，它不是频道的核心竞争力所在。

靳：电视行业受到体制和机制的双重制约。出现这些市场弊端的本质原因是电视行业建设一直是与行政建制同步的，在前些年出现那么多不同级别的电视台，而且市场定位一刀切，属于行业行政行为，现在电视台的生存与发展却越来越多地依靠市场，这就会产生许多体制和机制方面的制约。我不认为国内行业外资金会在短期内进入电视行业并控制中国的电视行业，如果有一天这样的事情发生了，电视行业还是电视行业，不同的是电视行业和资本的联系更加紧密，电视行业不再孤立，电视行业可以与其他行业进行资源置换。问题是，目前我们没有这样的机制，对于外来资本来说，它们觊觎中国电视行业已久，但中国电视行业运营的单一性使得海外资本进入相当困难，在客观上中国电视行业依然没有外资的直接介入。海外电视机构擅长的不仅仅是节目制作和广告运营，更擅长我国电视行业不了解的事情，如资产运营、资本运营等。目前的体制和机制制约着中国电视市场的发育，在现阶段可能是好事，但从长远利益来看，市场规则的确立意义重大且势不可当。我们要采取的态度应当是稳妥而积极，在对传播内容进行有效控制的基础上推动市场化进程，这样我们才可以逐步成长，使我们的电视行业与国家的综合国力迅速提升相匹配。

电视新闻·动画·纪录片

- ▲ 新闻最重要的是责任，新闻不谈责任，中国电视还有前途吗？
- ▲ 中国整体的新闻传播是滞后的，新闻的"新鲜度"很重要，和时间因素没有必然的联系。
- ▲ 民生新闻不仅仅是卖资讯、知情权，其核心价值是态度。
- ▲ 动画与纪录片，需要国家政策扶持，不能简单地把收视率体系套用过去，它们有不同的盈利模式。

胡： 刚才我们涉及的电视行业安全问题，是电视行业生存和发展的大问题。2006年，许多问题暴露得比较明显了，实际上这是由行业无序竞争延伸出来的，所以2006年关注电视行业发展的业界和学界都在探究管理之道，但目前似乎都没有明确的或者公认的解决之道，也就是说"目标虽有，途径却无"。我们还是关注一下电视内容生产方面的动态。新闻改革永远是电视媒体关注的话题，我们到底应该做什么样的新闻？看起来这是一个最基本的问题，好像已经不需要论证，但事实上每一次追问都能促使我们的从业者进行新的思考。

梁：首先，新闻配置必须合理，不能缺失，新闻要把社会和时代同步报道出来。我一直说，当一个人到中国来，看一个月中国新闻，他应该能够了解中国是什么样的，因为新闻和现实是最贴近的。他看一个月，看不出中国是什么样的，新闻就出了问题。其次，针对新闻传播方式问题，我提了一个口号：有效传播策略。电视要用电视的方式进行传播，比如电视新闻中出现统计数据，有什么用？数字是给专家和研究人员看的，对观众没有太大意义。再次，要注重品牌传播，比如主持人播报，把品牌主持人放那儿与把一般主持人放那儿相比，效果就是不一样。

胡：2005年有许多重大事件发生，比如连宋大陆行、神舟飞天等，但是2006年比较平稳，重大事件较少，常态新闻多。在这种情况下，新闻如何报道的问题更明显地摆到了我们面前。

梁：2006年，所有从事新闻类节目制作的人员都在影响力和收视率之间探求新路。第一，影响力和收视率不是一回事，影响力是主打。影响谁？《中国新闻周刊》的广告词很好，"影响有影响力的人"。有些新闻收视率低也要做，因为有影响力，比如《直通"两会"》，中央电视台不做谁做？我认为，"两会"不是"两会"代表的"两会"，而是全国人民的"两会"。"两会"代表是带着民意来的，所以我们请一些省委书记、省长和普通百姓做对话，崔永元做主持人，没有姿态，效果很好。小崔的《我的长征》收视率低，做吗？做，因为这是中国主旋律宣传的一个创意方式。别人是在书本里、电视上看长征，我们是触摸长征。无数感人的故事发生在《我的长征》里，当地老百姓像欢迎红军一样欢迎《我的长征》剧组。可能收视率没有那么高，但是能够以实际行动影响一部分人。

第二，在影响力的基础上，努力把收视率做高。这就要忍得住寂寞，中国电视经过多年的风光，浴火重生的日子到了。向上，你如何对接好党和国家的方针政策，比如和谐社会、科学发展、自主创新等；向下，如何和老百姓真正贴合在一起，报道老百姓真正感兴趣的事情？新闻最重要的是责任，新闻不谈责任，中国电视还有前途吗？

靳：我认为，目前中国新闻传播的整体水平是滞后的，表现在什么地方？传统新闻观把新闻的核心价值定位在"新近发生"，其实新发现、新感受、新理解、新角度全部是新闻的核心传播价值。当只强调"新近发生"的时候，我们只会抢着报道新闻，但是现在真正的新闻价值在于"延宕性"，在于新闻发生以后能够在多长时间内吸引受众的持续关注。我认为，新闻的"新鲜度"很重要，"新近发生"不重要。所以，我把新闻定义为：大众关注和能引起大众关注的事件的报道。新闻和事件发生的时间因素没有必然的联系。知情权的满足、对一个事件的理解、传播的情绪都可以作为新闻的传播范畴，我们的新闻理念要更新，才能和国际强势传媒机构接轨与对话。

梁：什么是新闻？我认为有价值的就是新闻。比如尼克松的"水门事件"，什么时候出来，什么时候都是新闻。为什么？因为它有价值。所以，事件类新闻必须做，但是趋势性新闻更要做。没有重大新闻事件，更可以督促我们让新闻节目向本性回归。目前的一个问题是，记者观察较多，思考较少。事件性新闻可以通过观察拿下，但是趋势性新闻需要思考才能发现。比如关于"流氓软件"，我们做了六七期节目，这是一个有巨大价值的新闻，因为每个人都深受其害、身受其苦。后来，我们认为不应是一味打"流氓软件"，而是要有建设性的报道：为什么"流氓软件"会盛行？因为午餐不是免费的，"流氓"是免费软件的盈利模式问题，这样一来就成为一个思考性的新闻。

胡：二位怎么看待民生新闻？

梁：什么是民生新闻？目前没有一致的定义，你对"民生"的理解和我的理解不一样，但民生视角是可以的。因此，我觉得"民生"的范围不好定义，比如买房子是民生新闻吗？也许有人认为不是。但是，房子涉及多少国计民生的东西？关键看如何做、如何看。2005年，我们做"节约在你我身边"，比如节能灯只要开不到4个小时，就不要关闭，因为一个小时之内一开一关，比开4个小时还要浪费电。这些东西都属于"民生"。

靳：在以时政新闻为主体的中国，民生新闻为什么有新卖点？因为，它有民生态度、百姓态度、市场态度，电视新闻节目的核心价值不仅仅是资讯传播和知情权的获得，而是态度，央视《新闻联播》的核心卖点是中国的国家态度，地方台不具备这方面的权威性。但是，地方台找到了自己的生存空间，就是亲民的态度、题材、视角、语态等。民生新闻目前很粗糙，但市场能量很大，为什么？因为其核心卖点是百姓视点和百姓态度。

胡：从2006年起，文化创意产业成为一个热点，其中关于动画的讨论也备受关注，业界都觉得这是一个新的增长点。但是，中国动画究竟怎么走出困境，究竟应该如何发展？仁者见仁，智者见智，想听听二位的意见。

靳：我们对动画理解的一个最大的误区就是把它"青少化"。动画是视听语汇，它的传播对象是社会各个阶层的人群，我们目前把动画限制在青少年，这是一个很大的误区。在市场机制方面，国家扶持固然重要，但更为重要的是找到产业发展模式、盈利模式、国际运营模式。

梁：说到动画，可以把它和电视剧、电影联系在一起，电影遇到的所有问题，动画都有遇到，而且更为严重，因为没有专业的动画创作人员，多半是从美术转过来的。大多对市场了解不够，对动画艺术表现本身挖掘不够，专业化程度低。所以，从大的方面来说，中国动画产业本身还不具备市场盈利能力。原来，中国一个动画画好几年，国家投钱，如果现在国家愿意花足够的时间、足够的钱来做，不见得做不出好的动画，关键是有没有这个体制。加拿大有国家电影局专门为动画投钱，法国给动画提供补贴，我们没有这方面的倾斜。听说财政要给两亿元来发展动画，这是一件非常好的事情。

从动画联系到纪录片，也是这样，都和国家政策相关联。纪录片不是今年拍，明年就能收回投资，它有一个很长的回收链条。纪录片挣不挣钱，不仅仅是看能否换来广告，更要看它对这个频道的品牌价值有没有贡献。也就是说，这个频道到底需要不需要这个节目，如果需要它，就应该做，再谈怎么赢利。2006年，央视二套播出的12集大型纪录片《大国崛起》，前后创作了3年时间，播出后反响强烈，且不谈它自身创造的经济效益，单就频道品牌的提升而言就很有好处。

靳：现在是纪录片创作的尴尬时期，第一，纪录片拍摄者有一个不好的创作倾向，会不自觉地以高于别人自居；第二，媒体把收视率体系简单地套在纪录片上，很不公平地挤压了纪录片的生存空间；第三，纪录片的盈利模式不同于日播节目，美国一些电视机构的纪录片采用全球穿透市场边界的销售方式，而不是播出、赢利、覆盖的简单模式，而是靠行业细分在全世界市场中赢利。

梁：现在，很多东西被很简单的方式扼杀了，没有人肯沉下心来做那种可能是几年以后产生效应的节目，真正好的纪录片越来越少，因为做这个东西压力很大。日本一个纪录片很好，很有震撼力，但因为我们是广谱频道，不适合播出，但是如果有专门的国家地理频道、历史频道就合适播出了。话说回来，还是媒体定位的问题，目标受众不清晰，很多节目类别就没有出路，也就阻碍了一部分电视节目的发展。

胡：我觉得这是由于目前电视内容产业生态格局不够合理，很多时候可以说是走"两极"，好比电影，要么是张艺谋、陈凯歌模式的商业化"大片"，要么就是艺术小片的路子，艺术家凭个人兴趣搞点小制作，玩点小情感、小感受，这些东西一定不会有市场。其实，我们的电视产业格局当中缺一个中间层次的东西，中等规模，但要强调艺术含量，因为纯商业化的"大片"总是偏向于把中餐做成华人餐馆，以便适应欧美市场，难以顾及民族文化的精细部分，这样一来中国文化的含量体现不出来。从内容产业格局来说，中等规模的作品最值得提倡和推广，而且尤其需要国家的政策扶持。

点评2006·展望2007

胡：作为年度对话，接下来我们先用较短的篇幅对2006年的中国电视进行一个简要的宏观描述，然后展望一下2007年的中国电视。你们认为2006年中国电视在内容生产中有哪些比较重要的景观？

靳：首先说说行业份额的竞争情况。根据我掌握的数据，中国人看电视的热情持续攀升，新媒体竞争电视目前还只是一种猜想。电视市场份额日到达率接近95%，有小幅攀升。近几年，报业广告每年以两个百分点的速度下滑，而电视行业广告的增长率正好是两个百分点，整个广告市场的这两个百分点被电视争夺了。可见，2006年最凸显的是行业竞争，过去我们关注的是节目和节目竞争等，没有注意到2006年不同媒体份额竞争起着非常重要的主导作用。

还有一个值得重视的现象，那就是观众精力预算竞争凸显，受众精力成为紧缺资源。比如看电视的时间，如果我们排除因为世界杯的放大效应，2006年观众看电视的时间每天平均减少5分钟左右，由原来的170分钟减少到165分钟左右。GDP（国内生产总值）增长状况使所有人都比较焦虑、劳顿，白领特别是精英阶层只能将看电视的时间减少。与此相关的是，益智类节目和娱乐类节目受到追捧，特别是受到白领的追捧，因为人们每天精神绷得很紧，回家之后需要放松，而不是通过电视受教育、进行学习。所以，通过电视改变心态，改变心理环境，这个趋势在2006年十分明显。

梁：我总的感觉是，2006年中国电视整体缺乏亮点，但也有一些不错的节目，最突出的是《百家讲坛》。《百家讲坛》的成功除了归因于栏目组的创新，还在于央视十套常年恪守"科学品质、教育品格、文化品位"的理念和追求。所以，《百家讲坛》的成功是以频道的成功定位为前提的。这说明电视行业把频道作为市场定位主体进行研究，中国电视才可能走上一条正确的道路。

靳：我觉得《百家讲坛》的成功还在于其实现了深层次传播的理念。比如电视剧《三国演义》《红楼梦》播出后，大众很难弄懂其人物关系，《百家讲坛》选择有中学教学经历的学者来完成大众传播转换，比较容易被观众接受。这样一档节目能够火爆，也反证了电视节目在形态方面前些年过度追求形式而忽视了内容，内容为王尽管说了很久，但是重视不够。

胡：对于这个话题，我们不展开。电视媒体必须重视新媒介，我个人认为目前移动电视、数字电视、手机电视等大都还停留在概念阶段，但是新媒体可以实现全天候收视、自由检索和下载，显然代表着"先进生产力"，市场前景比较广阔。

靳：对于新媒体，我是现阶段的悲观主义者和长期乐观主义者。我认为，不必过高地估计新媒体的影响力，对受众和市场来说，新媒体目前还处于碎片型补充的状况，受众的卷入程度依然很低，它不像电视那样大段地、整体地、成规模地影响着受众。新媒体的影响力目前处于行业风险投资，这是一种市场预期的角逐，新媒体广告的成长性由原来的迅速提高到2006年的迅速回落，说明它发展较快，也说明其社会功能、传播功能、广告承载功能还存在严重缺陷。

我把现在的数字化进程定位在改变人们生活方式或生存方式的层面。在没有其他盈利模式的情况之下，现阶段数字电视的发展模式还没有很好的市场出路。我忧虑的是：目前我们还在用模拟电视的体制、机制，去思考未来家庭数字化生存的事情，这是非常危险的。为什么？中国是最大的发展中国家，如果一刹那全面实现数字化，产业何在？如果把模拟产业全部废除了，一刹那置换数字接收设备，所有东西都买日本的吗？目前的模式制约着中国电视的产业发展，非常令人忧虑。

胡：2007年已经来到，两位对今年中国电视的走势如何描述？身处转型期社会形态媒介板块中的中国电视，比以往任何时候都更为活跃，因此，我们与其说是"预测"今年中国电视的趋势，不如说是对它的一种"期待"。

梁：2007年选秀类综艺节目渐显疲态，在国家广播电影电视总局的强力监管下，荧屏"低俗化"的问题将得到有效遏制。因为，这种自杀式或者掠夺式的资源利用方式已经惹烦了观众。门槛过低，品牌透支，使得娱乐节目丧失了成为频道核心竞争力的可能。文化类、益智类电视节目会出现新的商机，但整体市场份额不会过大。

电视剧的抢购、独播依然会持续，短期效应依然能维持。一些多年恪守定位的频道，将进一步释放其潜在的能量。但是，目前中国电视的自主研发缺乏体系性支撑，原创性优秀栏目很难有新的亮点，电视栏目形态整体老化的趋势将更为明显，克隆海外节目也将风光不再。对于新闻而言，2007年有三件国家大事，分别是十七大召开、香港回归十周年和中国人民解放军建军八十周年。我认为，2007年新闻人对新闻理念和实践的探索会进一步推进。

靳：2007年，体制资本与机制资本的双重制约将使媒体市场的发育进程呈现放缓趋势。电视行业外延式增长已接近尾声，巨大的广告能量呼唤价格体系的整体优化，特别是强势电视台黄金时段广告容量已经处于超饱和状态，迫切呼唤价格增收。

电视市场管理体制在不同区域市场的差异继续存在。湖南卫视等发展较快的地方电视台，其根本的发展动力在于体制资本与机制资本优于其他竞争伙伴，如低成本热播节目的推出、机动灵活的市场模式、相对合理的人才策略等。但是，在管理体制没有改变的情况下，机制优化尽管可以部分弥补体制的制约，但从长远利益来看，体制改革势在必行。

随着中国受众资源国际化分配的加速，中国电视市场化进程直接关系到整个传媒经济板块的发育，直接关系到中国媒体与世界强势媒体的对话能力。中国媒体体制改革的方向应当是坚持权威媒体事业属性的同时，优化其产业属性，使得媒介经济板块具有普遍的资本运作、资产运作和节目市场化运营的能力。2007年，新媒体与传统媒体的竞争会更加激烈。但是，从综合影响力的角度来看，新媒体依然处于补充型竞争地位，新媒体的盈利模式远未真正形成。

胡：我个人认为，2007年中国主流电视媒体将对构建和谐社会负起更大的责任，"文化自觉"意识的唤醒将推动中国电视履行其应尽的媒介责任。由此，公共电视庸俗化的现象将明显改观，权威性、公信力、影响力将有所回升。收视率、收视份额依然被追逐，但是理性的电视从业者和智慧的广告商将共同寻找更为科学的评价体系。

民生新闻将继续升温，并在形态上更加多元和丰富，新闻专业主义的理念也将继续为缓慢的电视新闻改革推波助澜。中央电视台"专业频道品牌化"战略获得的效益成为省级频道响应的理由。省级地面频道除了"四小龙"（浙江教育科技频道、湖南经视频道、江苏城市频道、山东齐鲁频道），"黑马"会继续涌现，"本地"特色和区域传播力依然是其生存之道和制胜法宝。纪录片的大片化创作不会停止，传统品牌栏目如《新闻调查》《实话实说》等的困境也必须面对，若不及时调整，出局也许只是时间问题。电视媒体的新宠——栏目剧将继续受到观众的青睐，新一轮的克隆和模仿将风生水起，观众的审美疲劳也指日可待。

"三网合一"将继续在体制壁垒和行业利益的角逐中步履蹒跚。电视内容的生产者和经营者固然要不断创新、迎接挑战，但2007年的中国电视，把最大的考验留给了政策制定者和媒介管理部门。

综上，2007年中国电视将步入一个重要的调整期，传播内容和舆论环境对健康度的需求明显增强，行业格局在体制与机制的双重制约下不可能获得跨越式的突破，尽管广告总量和增长率仍将提升，但内容生产的格局不会获得显著改善，新媒体继续扮演"追赶者"的角色。2007年的行业调整可能积聚一定的智慧能量、资金能量，并为探究新的市场模式提供机会与可能，但是中国电视的症结难解，而且许多问题会暴露得更为明显。

重塑中国电视的尊严

高峰　胡智锋

对话时间：2008年1月12日

对话地点：中央新闻纪录电影制片厂

对 话 人：高　峰　时为中央电视台副台长、中央新闻纪录电影制片厂厂长

　　　　　胡智锋　时为中国传媒大学文科科研处处长、教授、博士生导师，《现代传播》主编

整 理 者：顾亚奇　时为中国传媒大学广播电视艺术学博士研究生

【关键词】中国电视；尊严；纪录片；新影；电视改革

胡智锋（以下简称"胡"）：这是《现代传播》第五次做年度对话，今年正值中国电视诞生五十周年，在这样一个重要的时间节点上，我觉得有必要对中国电视进行一些反思。宏观考察中国电视发展的50年，可以以1983年"四级办电视"方针的提出为界划分为前后两个大的阶段，前25年主要是起步与积累，真正的起飞与繁荣应该是自1983年以后的这25年。在这25年当中，中国电视的媒体形象、社会职能、文化角色发生了很多变化，值得盘点的东西很多，但中国电视从业者和研究者更关注的则是当下中国电视面临的现实问题。今天，我们邀请高峰先生来进行对话，缘于他既具有丰富的实践

经验，创作过许多有影响的电视纪录片、专题片，又有丰厚的学术涵养，且在中央电视台管理层任职多年。作为见证中国电视发展的职业电视人，他对中国电视有着独特的体验与认识。

中国电视失去尊严了吗？

▲ 早期的中国电视，给人的感觉是美好而神秘的。

▲ 中国电视经历了一个从有尊严到很傲慢再到需要维护尊严的过程。

▲ 尊严是双向的，你尊重观众，观众也尊重你，电视做到有尊严地生存是不容易的。

胡：中国电视诞生于1958年，到现在已走过50年，怎么看待中国电视走过的历程？在目前纷乱复杂的媒介环境当中，中国电视存在不少问题，电视荧屏低俗之风就是其中之一。中国电视的文化身份到底如何定位，它将来的格局会是什么样子？回答这些问题，不妨追根溯源，重温中国电视曾经的"光辉岁月"。

高峰（以下简称"高"）：我这个年龄的电视人见证了中国电视大发展的时期，称得上是中国电视的见证者和亲历者。每个电视人都有浓厚的职业情结，总有许多关于电视的故事，有几件事令我印象特别深刻。

在中国电视诞生的早期，对大众来说无所谓电视。有一次，我跟赵忠祥一起去南非出差。赵忠祥对我说，有一天他爷爷问他，电视播音员是干什么的？当时赵忠祥已经当了10年播音员，他爷爷还不知道播音员具体是做什么的，原因在于早期电视机很少。我记得"文化大革命"期间，在一个首长家里看见了电视机，此外很少看到电视机。

十一届三中全会后，中国实施改革开放，是电视发展的一个契机。以前像样的电视栏目不多，这跟科技的发展状况有关，不能完全归因于政治因素。我特别注意到,在中央电视台大事记里,1979年有几件值得注意的事情。1979年1月,央视开办了一个栏目——《外国文艺》,这是一种开放的需要,中国人需要看看外面的世界,以前就只是播报新闻。这一年的10月,又开办了一个栏目——《为您服务》。可见,从1979年开始,中央电视台有了"为您服务"的态度,电视能够说一声"为您服务"已经隐含着一些变化。电视怎么能是"为您服务"的呢?以前它肯定不是,肯定是宣传机构,但是中央电视台在1979年提出了"为您服务",而且办了这个周播的栏目。从那时起,一直到1984年,中国电视尽管在制作手段上不如现在,但从制作理念、制作风格上看,并不比现在落后很多。现在回头看,20世纪70年代末80年代初还是挺值得怀念的,有两件事令我印象特别深刻。当时我还没有上大学,经常到院里一位老处长家看电视,有一天我去时正好在播日本故事片《望乡》,正看得起劲,突然出现日本兵逛妓院的镜头,老处长立刻把电视关了,把我们都哄了出去。另一件事是到一个老领导家看电视,那天播放的是缅怀周总理的诗歌朗诵会,老领导提议大家站起来看。老人一站,全屋人都站了起来,我姥姥当时70多岁了,也站起来从头看到尾,整个屋里充满庄严肃穆的气氛。

对比现在和那时的电视状态,我由此想到一个问题:电视究竟要给观众什么?不管怎么说,早期的中国电视,跟我的精神世界是有一种联系的,电视给人的感觉是美好而神秘的。那时候人们对电视有一种神圣感甚至敬畏感,但现在的电视很少有让人觉得神圣的内容,似乎离人们的精神世界越来越远,日益成为一个信息来源和娱乐手段。现在的电视,哪怕有一个频道让我重温这种神圣和美好也行。因此,我觉得现在的中国电视需要反思。

胡:前一段时间,我写了一篇文章《中国电视传媒人的角色转型》[①]。20世纪50年代到80年代,每一级电视媒体都代表一级党和政府,电视扮演的

---

① 即《中国电视传媒人的角色转型——观察电视传媒与社会关系的另一种视角》。

是宣教者的角色,在那个时候是带着光环的。20世纪80年代末,中国电视开始了一次重大的转型,从宣传者、教化者的角色开始向职业化、专业化的方向转型,电视人创作了一大批优秀作品,包括电视剧、纪录片等。20世纪90年代中后期,我们又开始向市场化转型,电视的角色趋向大众甚至狂欢。老百姓对电视已经从过去的仰视到半仰视,变成现在的平视,有时甚至是俯视、鄙视,电视人的尊严感在下降,一个极端的例子就是"纸馅包子"事件。

高:我在中央新闻纪录电影制片厂(简称"中央新影")第一天的见面会上发言时提出了一个问题:我希望用几年或者更长一点的时间重塑电影的尊严。今天,我想提出一个重塑电视尊严的问题。电视一旦丧失尊严,如何去代表国家主流文化的声音?为什么我要讲小时候看电视的那两个故事?那是一个电视有尊严的时代,我相信20世纪80年代初的中国电视人都有这种尊严感,或者说职业荣誉感。但今天,电视已经在逐步消沉,不得不陷入恶性竞争,其结果带来的是文化品位的降低,为的是获得投资商和广告商的关注。

电视现在的尴尬,在二三十年前是不存在的。30年前,电视是一个绝对的信息控制者,而这些年来随着各种新媒体的发展,人们已经不必在某一个时间段通过电视节目获取信息。电视控制不了信息资源,左右和控制信息的优势没有了,再去做降低自身文化品位的事,就会失去尊严。

我觉得,电视经历了一个从有尊严到很傲慢再到需要维护尊严的过程。过去有一个笑话,某电视台记者到一个县里去报道一个会议,结果这个记者去晚了,会已经开完了。这个记者到了以后就说,谁让你们开会的?重来。这不是尊严,而是傲慢。我觉得中国电视到今天这种需要维护尊严的地步,我们需要深刻地反思,需要有政策性的调整。

胡:尊严是什么?尊严是底线,尊严是严肃,尊严是被人尊敬,而且尊严还在于尊重别人。尊严是双向的,你尊重观众,观众也尊重你,电视做到有尊严地生存是不容易的。观众需要什么样的电视节目?什么时候电视能够获得尊严？当面对一个重大的事件或者现象，观众觉得应该打开电视看电视里怎么说，也就是说在观众的心目中电视应该成为最权威的媒体。

高：但是，今天的中国观众打开电视，发现电视更多的是提供信息或娱乐，很少是提供思想。电视跟其他媒体抢新闻已经没有优势，因为别的媒体可能比你更快，这个时候电视如何树立尊严？特别像中央电视台这样的国家大台，应该传递自己的思想与声音。央视目前开始重视培养新闻评论员，搭建传递自己声音的平台，这样有利于塑造一个国家媒体的尊严。电视的尊严还体现在节目的质量包括技术含量上，做其他媒体达不到的高品位、高品质的节目。如果拿出一两个频道做这样的尝试，打造高端的节目平台，或许更有利于维护我们的尊严，电视将更显光彩。

电视的尊严从何而来？

▲ 让公共的更公共，让商业的更商业，至少能够防止电视的社会美誉度继续下滑。

▲ 如果不能将中国电视的宣传职能、文化教育职能和产业职能剥离开来，就无法形成健康的竞争。

胡：电视怎么能有尊严，尊严从何而来？就电视内容生产而言，现在有一种看法，似乎凡是做公益性内容的或者有品位的节目都赚不到钱，大家总觉得低端的、偏娱乐化的节目可以赚钱。大家判断的标准在哪儿？很多时候就靠收视率这个唯一的标准，收视率意味着广告，意味着赚钱。

高：我主张在评价体系上进行调整，用不同的评价标准去对应不同的节目，将代表电视尊严的节目和其他节目剥离，才不至于陷到收视率这个怪圈里。几千个样本户左右了中国电视收视率的状况，并影响到电视的内容生产。那么，我们的自信心在哪儿？我们的责任感、尊严感及自我判断力又在哪儿？为此，我们把自己套在里面，不知道是在和谁较劲。重塑电视尊严，并不是说要把娱乐性的节目一棍子打死，而是应该让有尊严的更有尊严，让娱乐的更娱乐。

胡：从内容层面看，电视只有提升节目"品质"，才能重塑尊严。何谓电视节目的"品质"？笼统地说，有品质的电视节目应该包括三个要素，即可视性、创新性、提升性。所谓可视性，简言之就是好看。从节目生产的角度看，优质的电视节目首先要求制作技术精湛，制作技巧娴熟，运用视听手段制造出悦人耳目的声像效果，而不是粗制滥造，糊弄观众。所谓创新性，指的是电视节目既不克隆他人，也不自我拷贝，而是通过内容与形式的创新，推动电视节目样态的完善与发展，绝不一窝蜂地盲目跟风与模仿。而提升性则是指电视节目在内容上应该具有文化内蕴与审美品格，好的电视节目应该陶冶人的情操，净化人的心灵，提升人的思想境界。

高：现在电视荧屏的"低俗化"问题，是伤害电视尊严的一个主要原因。在我国，公共电视和商业电视一直未能分开，如果这个现象持续下去，电视很难保证不去降低文化品位以求得生存，如现在某些少儿频道甚至播出许多少儿不宜的广告。如果我们有效地区分公共电视和商业电视，就能让这种状况得到改变，打造出绿色、健康的公共频道。这几年，公共电视和商业电视分流的呼声一直比较高，如果能解决好，即使不能重塑电视的尊严，至少能够防止电视的社会美誉度继续下滑。因此，我觉得这个政策应尽快出台，让公共的更公共，让商业的更商业，这不会影响电视的市场份额。一个频道的品位提高了，广告门槛就高了，一般的广告还进不来，怎么可能没有广告？何况，电视经营的手段并没有被我们用够。

胡：大家觉得高品位、高端的节目老百姓不看，赚不了钱，而低端的节目老百姓爱看，也容易赚钱，这本身就是一个误区。《百家讲坛》赚钱了，很多大片如《故宫》《大国崛起》等也赚钱了，许多主旋律电视剧也赚钱了。这些节目既保持了尊严，也赚了钱。从某种意义上讲，低端的节目相当于快餐，快餐式的赚钱方式很容易丢掉尊严，在丢掉尊严的前提下去赚钱是得不偿失的。

低投入、低产出、低端产品吸引大众化的、一般性的广告，现在看来是一个恶性循环。这种方式显然是一种自杀，走下去很危险。要重塑尊严，首先要从理念上厘清电视的角色，电视职能的剥离必不可少。国家应该考虑拿出较大的投入作为保障，让电视去做一些有尊严、有品位的节目，但是目前还没有一个明确的说法，而且从政府到社会都对电视形成了一个印象，就是电视能挣很多钱，电视人自觉或不自觉地给人留下"炫富"的印象，唯恐别人不知道自己能赚钱。也许，这反而让政府、社会形成了一个对电视行业的错误判断，就是电视行业不需要支持。

高：从电视体制的角度看，20世纪80年代初，中央电视台跟地方电视台尽管是一种非常简单的、线性的关系，但联系特别密切，我认为当时是一种比较好的结构关系。如果顺着那时的结构体系发展，可能中国电视不会是现在这个样子。现在，中国电视的利益关系有三个层级：第一个是中央电视台自身，第二个是各省的上星卫视，第三个是地面频道。三者各就其位，没有相互联系，完全割裂，而且互相竞争，这种竞争趋于白热化，电视的各种利益关系趋于恶化。

胡：在市场没有建立起来，市场主体本身还不明晰，还没有厘清内部产权结构的情况下，搞集团化只能变成翻牌公司。在集团化的旗帜下，大家都想作为一个主体去搏击市场，结果没有形成中国电视的整体合力。体制架构和运行机制基本相似，宣传职能、文化教育职能和产业职能没有剥离开来，中国电视不会进入健康的竞争。在混乱的体制下，大家都想做大，盲目地抢夺市场，反映在内容层面上就是电视内容的同质化。这些年，无论是学习国外还是自己互相模仿，电视的形式和内容本身都缺乏活力与创新力。从观众的角度看，他不管电视台是谁办的，他只看他需要的。他需要什么？我们不妨独辟蹊径，来看一看传统电视做不到的一些东西。我觉得可以做一些这个世界、这个社会所应该拥有的东西，比如净化灵魂的节目，比如帮助我们了解历史真相的节目，比如可以激励国民精神的节目。

高： 电视的尊严还体现在国家利益上，电视要考虑国家利益和国家需要。现在电视成为商业机器，反而损害了国家利益。用国家利益的尺度考量，谁的影响力大，谁的公信力高，党和政府就会给它更大的支持。电视在国家利益保障上、在国家的整体需求上，是不是最值得信任、最重要的媒体，要靠电视自己去作为。

纪录片创作应有战略规划和政策扶持

▲ 从纪录片创作倾向上看，娱乐化和技术崇拜正在走向一个极端。

▲ 中国纪录片应该有"大片"概念，在技术、艺术、思想上达到一定高度，在内涵上做到"史诗情思"的统一。

胡： 接下来，我们一起谈谈近年来的纪录片创作。这里有几方面的原因，一是纪录片乃电视内容体系中文化含量很高的节目形态，这几年中国电视纪录片创作有可圈可点之处，出了不少叫好叫座的精品力作；二是高台一直是纪录片创作的实践者，中央新影又是纪录片制作的主力军；三是纪录片这一节目形态在塑造国家形象、提升媒体品格上都有重要作用。你觉得从国家文化战略的层面看，中国电视纪录片的发展策略应该有什么样的考虑？

高： 我一直在非常冷静地思考这个问题。第一，我认为纪录片的发展不一定非得建立若干个纪录片频道。为纪录片办三至五个频道，但播出的节目是不是都是纪录片，我估计这可能会出现问题。上海广播电视台纪实频道播出的并不全是纪录片，仅强调内容的纪实性，其中包括一些新闻节目。我觉得办一个像国家地理频道这样的纪录片频道的确很难，即使国家地理频道也不是完全的纪录片频道。让一些好的纪录片进入更多的频道中去，这其实是一种较好的发展策略。

第二，中国电视纪录片的发展应该有战略规划。许多纪录片并不是事先规划的，有些甚至是个人行为。这几年，央视推出了一些影响较大的纪录片，比如《大国崛起》，这个片子是央视二套制作的，但它的影响是出乎他们意料的。纪录片在国际交往中对塑造国家形象起着特别重要的作用，中国纪录片的创作应该有一个国家整体规划，来宣传国家形象和文化。但是，有些纪录片一旦政府部门过多介入和干预之后，却又达不到预想的传播效果。

第三，从纪录片创作倾向上看，娱乐化和技术崇拜正在走向一个极端。《故宫》《圆明园》《再说长江》《大国崛起》《复兴之路》等，都是很优秀的纪录片，都花了大量的资金在技术上做文章。我觉得，纪录片真正震撼人心的不在影像层面上，而在思想层面上。

第四，民间的纪录片力量在成长，DV（数码摄像机）的普及使许多人获得了用镜头记录当代中国社会变迁的机会，一些作品表现了主流媒体不太关注的题材，用影像见证了正在发生的历史，很重要，也很有价值。民间的这股创作力量很可贵，但是也有很多问题，政府如何制定规则或者通过行业协会去引导，都是值得我们研究的问题。

胡：技术崇拜和娱乐化倾向就像麻醉药一样，可以暂缓痛苦和生存困境，但不能从根本上解决问题，根本的解决之道还是要在内容上下功夫。纪录片的价值在于内容。如何做到内容为王？对此，我强调中国纪录片应该有"大片"观念，大片就是在技术、艺术、思想上达到一定高度的、厚重的纪录片。除了篇幅较长，主要是内涵上的深和厚，具体说就是"史诗情思"四个字。"史"就是片子放在历史长河中应该是有分量的，应该是见证历史和揭示历史本质的。"诗"应该是诗意的、超越的，达到一定的审美境界，给人带来充分的审美享受。"情"，以感染力和观众达成情感共鸣。最后要有"思"，即思想，应该有思想深度，启迪人的哲理思考。这是所有类型的纪录大片应该达到的标准。当然，真正创作出这类"大片"需要人员、资金、机制的保障。

高：我同意你说的这些。一方面，现在有些纪录片缺乏思想，走向媚俗和堕落，没有尊严了。但另一方面，有尊严的纪录片却可能因为收视率而面临生存危机。是不是那几千个样本户不喜欢呢？这说明，现在纪录片的评价标准比较单一、片面、绝对，要求纪录片承担太多的价值和意义可能遮蔽了纪录片自身的特点和功能。我们不能要求一部纪录片同时具备史料价值、市场价值、社会认知价值，只要这三个方面占据其中两个就很有意义了。对纪录片的各种价值要有所分离，打个比方，同样是体育运动，田赛和径赛肯定是不一样的，我们对不同的纪录片也要有不同的要求，否则我们会一直困惑下去。

当前，我们过多地强化了纪录片的市场价值或史料价值，对社会认知价值强调得不够，关照现实依然是纪录片的重心。但现在，我们的纪录片创作倾向于对历史题材进行一些故事化的演绎，离现实比较远，类似题材的纪录片比较多，老百姓自己的故事反而讲得比较少，这是很悲哀的。电视连自己所依靠的基本群众都忘记了，不去传递老百姓自己的声音，这是电视的悲哀，也是电视尊严的问题，是不利于纪录片健康发展的。

胡：现在，电视批评几乎没有了，中国连一个电视批评的栏目也没有。建立电视批评队伍是非常重要的，它可以使我们的电视更冷静一些。如果有很好的批评队伍和批评栏目，电视的发展可能会更好一些。

高：还有一点特别重要，很多国家设有资助纪录片创作的基金，但我们国家没有。目前，国家资助文化创作的基金用在纪录片上的不能说没有，但很少。《森林之歌》是财政部拨款资助的，但这只是个案。国家应该建立统一的纪录片发展专项基金，规范基金申请的招投标程序，促进纪录片创作的繁荣。

中央新影的新探索

▲ 老故事频道的开办，既为素材的重新加工、播出找到了一个出口，也可以完成数字化转换和科学管理。

▲ 利用影视的所有相关资源去立体经营、立体开发，才是影视发展真正的产业模式。

胡：从电影和电视的互动来看，现在电影经常做一些探索，在影视合流这个大的产业背景下，中央新影的探索对电视行业有什么启发和影响？

高：比较而言，中央新影的资源不算丰富，如果像中央新影这么一个资源匮乏的单位都能够在产业上发展起来，那就说明了一个道理：电视的产业发展应该比中央新影做得更好。如果中央新影成功了，那就对电视有启发和借鉴意义。

胡：中央新影最大的资源是历史素材，现在许多电视台都有一个资料库或者资料馆，资料馆是素材经营的初级阶段。中央新影的"宝贝"就是这些历史影像素材，如何把这些素材激活并变成产业经营的一部分？你有什么考虑？

高：中央新影有一个特别好的传统，就是除了当初制作的成品之外，过去几十年拍摄的那些边角料性质的胶片全都在，过去不能用，现在用起来发现特别好。央视的素材大部分是栏目里已经播出的节目带，这么多年基本的无字幕版节目带入库问题还没有解决好，这是素材经营的基础和前提。央视也有不少胶片，我们也在代管。目前，我们正在将这些素材进行数字转换，数字化之后再建立一个和国外交流、经营的平台，也可以为老故事频道提供素材。

胡：2006年4月16日，两个数字频道——老故事频道和证券资讯频道正式开播。你一直在推行"经营历史"的概念，能否具体谈谈一些战略构想和具体的实施手段？

高：无论电影还是电视，都应该把自己的平台经营好。中央新影有非常丰富的历史资料，但是任何一个资源如果没有被开发利用，实际上还是没有产生价值。以前，中央新影的经营方式主要是出售资料，每年的基本收入也就在100多万元左右，对这样一个大厂来说，实际上是微不足道的，因为这么大一个厂需要更多的钱去维系、去发展。老故事频道的开办，既为素材的重新加工、播出找到了一个出口，也可以完成数字化转换和科学管理。有了老故事这个频道，我们就可以系统地把资料开发出来，并且形成金字塔式的不同层级的开发。这样，我们产生的效益就不是100多万元的问题了，通过这个频道的开发、再利用，中央新影无论是社会效益还是经济效益都有了明显的飞跃。

胡：立体开发对电视来说还处于初级阶段，目前基本上还主要是生产节目，利用影视的所有相关资源进行立体经营、立体开发，才是影视发展真正的产业模式。目前，中央新影正在盖大楼，从产业发展的角度有什么考虑？

高：我们正在盖三个楼，一个用来做电影，一个用来做动漫，一个用来做老故事。大楼盖起来，我们经营的都是中央新影自身的东西，跟别人不一样。中央新影的动漫大厦盖好之后，要做成特色院线专门播放动漫大片。这些年来有很多动漫大片，比如《狮子王》等，我们购买它的播映权很便宜，还可以卖衍生产品。将来，也许再盖一个楼用作纪录片的专门院线。另外，我们现在的办公楼建于20世纪五六十年代，我们在规划将这个老建筑包装成一个历史主题纪念馆，参观者可以在此感受到几十年前的生活氛围，获得身临其境的历史体验。我们未来的目标就是尽快进入资本运作层面，以求获得更大发展。

胡：靠广告赚钱这种单一的产业模式现在已经落伍了，付费电视刚刚起步，尚处于摸索阶段，至于把电视整体的相关资源拿来立体经营，还有很长的路要走。我觉得，央视搬迁应该是一个机会，假如利用这个机会进行规划，把两个大楼中的一个经营起来，把体育、文艺包括演出经营起来，就可能把产业链做起来。

高：我们是央视的一个下属企业，但跟央视各个中心比，我们是相对落后的，甚至和地方电视台比也是落后的，因为我们没有开放的播出阵地，说明我们不在一个共同的、平等的起跑线上。但是，数字电视为我们提供了一个机遇。现在，数字电视刚起步，我们做证券资讯频道，就是要在这个新领域占据一席之地。以前别人没有做过证券资讯频道，我们做了，就可以和大家很平等地去探讨数字收费电视的发展问题了。当然，中央新影的这些措施也都在探索中，但是我们对未来充满信心。

明天向何处去？

- ▲ 概念大于平台，平台大于内容，内容大于需求，这是新媒体目前的状况。
- ▲ 办电视应该以播出为主，而不是以制作节目为主。可以从内部先实现制播分离，整合内部资源。

胡：对于中国电视的未来，你是持乐观态度还是悲观态度？

高：我不悲观，但是也不乐观，因为现在我们不仅面对其他传媒的冲击，而且不得不面对新媒体的挑战。

胡：近年来，很多人认为新媒体将取代传统的电视，我并不这样认为。新媒体的发展前景是好的，但是现实的局限性同样存在，用三句话总结就是：概念大于平台，平台大于内容，内容大于需求，这是新媒体目前的状况。以数字电视为例，概念大家都在说，但是平台比概念少，专门为之生产的内容就更少了，很多内容都是对传统电视节目的集成，就是把传统电视做的节目整合一下。

高：与世界上任何一个大的传媒机构相比，央视都是有优势的，比如我们尚未详细规划体育赛事的经营，包括大型演出也是可以经营起来的。如果这些都经营起来，产业就很大了，我们就会发现不必再完全受制于收视率。我觉得应该确立这样一个指标，就是什么时候广告收入只占央视整个收入的1/3以下，剩下2/3以上是其他收入，包括对经济频道和科教频道的经营等，那时良性的产业链就形成了。

胡：近年来，好多人在呼吁允许民营资本进入电视行业，但是由于意识形态方面的考虑，目前还没有放开。另外，中国电视缺乏退出机制，没有经营不下去就退出的。对于低端频道，行政干预是一个方面，另一个方面就是自生自灭，政府不再给它更多的支持。那么，如何做大整个电视行业，探寻一条建设性的道路，从而加强电视在国家文化战略里的地位，这是我们要考虑的。

高：首先，国家应该压缩电视频道的总量。现在，许多地级市电视台都有三四个频道，省电视台有七八个甚至10个频道。从总量上予以控制，先压缩1/3的频道，然后压缩1/3，应该会有一个明显改观。实际的广告投放量大体是固定的，不会因为频道压缩了广告投放就会减少，但压缩频道数量，整个电视行业的运营成本就减少了，可以把更多的资金用到更少的频道上，节目质量也可以得到提高。

其次，要呼吁国家的政策扶持。前几年大力推广数字电视，我认为是正确的。数字电视之所以没走下来，原因之一就是政策扶持的力度还不够。如果制定政策，把许多传统电视的频道平移到数字电视里，非数字电视主要传播主流文化，剩下的娱乐化或者其他一些节目全都放到数字电视里，我估计各省就会积极推进数字电视。在这几年当中，数字电视要大规模地继续推进，最主要的是要对地面频道有所控制，如果能够控制到卫星频道，就会出现一个良性竞争的局面。目前地面频道还是那么多，收费电视的处境就很尴尬。顺便说一句，目前电视频道尽管多，但个性化服务很差。

胡：减少总量，向数字电视平移，通过专业化和特色化使电视的内容和盈利模式实现多样化，而不单纯依靠广告，我觉得这是非常有创见的观点。也就是说，当下中国电视迫切需要加大改革力度。现在，无论是国家广播电影电视总局发出的一项通知、禁令，还是央视的一个动作，包括播什么电视剧，换什么主持人，小小变动都会吸引社会关注。社会如此关注，你认为电视改革的难点在哪里？

高：现在，电视改革主要还是一个机构调整的问题，这是制约电视发展的一个非常大的障碍。每一家电视台实行的都是一种大而全或者小而全的结构方式，在人事管理已经到了困难重重、山穷水尽的时候，仍然没有改变这种方式。

央视几百个栏目，每个栏目用人都特别难，因为既不能随便用人，人员也不能随便流动，资金发放也不像以前那么方便。这样的结构状态，制约了电视的发展。我们的机制应该更加灵活，只有更加灵活才能做大。目前，央视有1.5万余人，人员管理比较复杂，正在向频道化管理过渡，毕竟频道管理是一种趋势，如果真正做到制作和播出分开，可能会使电视真正走到经营的轨道上。

办电视应该以播出为主，而不是以制作节目为主，这一点是我在办老故事频道时认识到的。老故事频道一年10多个人就办下来了，因为没有必要用更多的人，大多数节目都是买来或者交换来的。我们办的证券资讯频道因为有现场直播，所以有七八十人，这是频道的特殊属性所决定的。如果我们要办动漫频道，也不会用太多的人，估计10多个人就能把频道经营好。

现在，电视台的一个误区在于把制作电视节目作为主业，把播放电视节目作为副业，兴奋点大都放在制作上。我觉得如果把着力点放到播放和播放的效益上，人事结构就能够变活了。我们把握好频道这一播出平台，节目制作商就会找上门来，那我们只做集成商就可以。这是一种赚钱的方式，各个电视台似乎没有悟到这一点,他们把制作过程当作电视台的主要任务,而不是看播放产生的效益。虽然经济效益相同,但是省略了制作环节,成本就降低了,就能有更好的经济效益。央视2007年的广告收入是105亿元,如果换一个方式去经营,能够降低制作成本,岂不更好?

胡: 制播分离现在面临着两个难题。一个是从业者的惯性观念,他原来依托央视的平台,在央视做节目,不能忍受从制作人变成一个经营者,这在观念上需要一个变化。还有一个就是从业者的成就感和尊严感,原先在电视台,他感觉自己是做节目的,他觉得有尊严,现在让这么多的从业者从电视台的员工变成习惯于干活的各种"八级工""瓦匠""工头",难免不适应。身份转变之后,成就感从哪儿来?做"工头"的成就感从哪儿来?他怎么获得尊严?这也是一个问题。长期在一线从事节目生产,突然有一天让他不跟节目打交道,改做采购节目、播出节目和销售节目的工作,这个转型并不是所有人都能适应的,也并不是所有人都能够认同的,这是一个问题。

高: 我觉得可以先从内部尝试制播分离,整合内部资源。比如,对新闻资源的整合,一条新闻可以采用多种样式,供不同的栏目使用。原先,大家为同一条新闻打架,而且还是自己和自己打。能不能建立一个内部的制作和播出机制?这就是频道化改革。

就电视台的制作环节来说,如果按照内容分布力量,将会无限度地扩大,如果按照节目形态来分,品种就新闻节目、专题节目(包括纪录片)、文艺节目及电视剧这几类。我觉得电视台还是应该针对节目品种设立节目中心为好,也就是分成新闻类、专题类、文艺类及电视剧类,再由这几类节目制作机构向若干频道输送节目。内部的制播分离,优点是方便管理,避免重复劳动,人员也会减少很多,运行经费随之下降。中国电视的总体结构应该有所变化,如果在结构上没有变化,电视的发展就会比较缓慢。

胡: 但是,现在央视基本上每一个中心都有自己掌控的频道,中心和频道是混杂的。观念的转变很重要,电视机构内部应该围绕播出的需要设计一套制度来调整结构，把生产节目的观念转化为播出节目的观念，把宣传观念转化为传播观念，在保持电视影响力的同时将精力更多地转向媒体的经营。电视媒体不能只靠本身的产品，关键还是要完成经营的多元化。传统的电视运营方式只是停留在节目制作播出和兜售时段获得广告收益上，这是目前电视最主要的盈利模式，现在应该尽快完成向多元化、立体化的盈利模式转换。

高：现在技术的发展是一年一个变化，我们没有把握住电视最根本的东西，就是从思想层面上树立媒体的尊严，不遗余力地宣传好主流文化，我觉得必须把握好这一点。随着高清时代的到来，有一天电视也许会变成一个非常精致的媒体，16:9的画幅和高清画面对我们的拍摄理念将产生强大的冲击。若干年以后，我们进入高清时代，不仅仅是图像清晰，人们对电视的看法和要求也会不一样，不仅要求有清晰的画面，有立体的声音，而且会要求电视对思想有一定的提炼。在很多年以后，电视也许会成为一个贵族化的艺术，走向有尊严、很高贵的状态。

结束语：获得尊严要靠自身努力

五十而知天命，中国电视走过了50年的风风雨雨。追问"尊严"，彰显的是中国电视面临困境之时强烈的危机感与突围意识。电视重塑尊严，归根结底就是要体现国家利益与观众诉求，让电视传播真正做到以人为本，和观众建立一个平等的关系，既不傲慢，也不过分地迁就。电视真正做大做强，需要人才和资金的保障。以除旧革新的勇气改革机制弊病，才能激发行业从业者的活力，吸纳优秀人才的加盟，而实现经营方式和盈利模式的转变，才能从根本上解决电视发展壮大的资金问题。

不管怎样，重塑电视尊严最终必须落实到内容生产上。新媒体当前，电视内容生产的突破点在哪儿？归结起来至少有以下几点：第一，电视要更主流，在权威性下功夫。强化主流感和权威感，就是要求电视不仅提供信息，而且提供观点，让观众信服和认同。第二，直播日常化，进一步提高传播的时效性和辐射能力。第三，高端化、大制作，让节目在声像、文化、思想层面拉开与其他媒体的距离。唯有如此，中国电视方能乘"文化大发展、大繁荣"的东风，获得新的活力与生机。

2009：中国电视创新对话

刘春　徐舫州　胡智锋

对话时间：2009年1月6日
对话地点：中国传媒大学
对 话 人：刘　春　时为凤凰卫视中文台执行台长
　　　　　徐舫州　时为中国传媒大学电视与新闻学院教授、博士生导师
　　　　　胡智锋　时为中国传媒大学教授、博士生导师、文科科研处处长，《现代传播》主编
整 理 者：张国涛　时为中国传媒大学讲师、《现代传播》编辑
【关键词】中国电视；中央电视台；电视创新；体制改革

胡智锋（以下简称"胡"）：今年是《现代传播》年度对话的第六个年头，2004年我跟刘春一起做的"会诊中国电视"算是一个开端，一系列年度对话在业界和学界都产生了比较广泛的影响。今年，我们又把凤凰卫视中文台执行台长刘春先生请回来，同时邀请了中国传媒大学教授、博士生导师徐舫州先生。刘春先生身在一线，对中国电视的发展有很深的理论性思考。徐舫州教授身为知名电视学者，对中国电视的前沿实践保持着敏锐的观察和体悟。本次对话一方面要对2008年中国电视取得的成绩和存在的问题进行

简要的描述，另一方面要对中国电视2009年新的发展做出前瞻性的预测，期待我们的对话能够为业界和学界提供有价值的观点与素材。

2008："成就巨大，问题成灾"

▲ 机遇特别多，但也是一个非常尴尬的年头。

胡：2008年，中国的大事、喜事甚多，如北京奥运会、"神舟七号"成功发射等，但突发性事件特别是特大灾难也相当多，如年初的南方冰雪灾害、西藏"3·14"事件、"5·12"汶川大地震、三鹿奶粉三聚氰胺事件及年底全球性的金融危机等。这对于国家来说有喜有悲，但对于媒体而言，恰恰是大显身手的极佳时机。到底2008年中国电视媒体的表现怎样，有没有达到大家的期望，这是我们需要讨论的第一个重要话题。

刘春（以下简称"刘"）：2008年，对于做媒体尤其是做电视的人来说，感觉机遇特别多，但也是一个非常尴尬的年头。年底，《南方周末》要评选年度的最佳栏目、电视剧、电视节目等，大家好像想不出什么来。总体上，我认为2008年的中国电视有这样几个特点。

第一，大事不断。由于中央政府的决心，电视在"5·12"汶川大地震报道及北京奥运会、南方冰雪灾害的报道中都获得了比较大的报道空间。在此过程中，中央电视台形成的多个常规栏目打通的"大版块"直播模式得到了领导的肯定，最近经济频道的《直击华尔街风暴》报道也采用了这种模式。

第二，栏目进入盘整期。整个2008年没有出现一种特别火爆的节目、栏目，并且成为学界或者业界所谈论的对象，比如2005—2006年的选秀类节目、2007年的情感类节目。可以说在2008年，电视栏目创作进入了一个盘整期。对于情感类节目，我曾经在江西的一个会上说过，这种节目有很大的道德陷阱，涉及传播的道德界限，比如虚构的问题、隐私权的问题等。情感类节目大多是类型单一的故事，基本上是出轨、杀人或者抛妻等，而且故事中有1/3的人物是虚构的，大部分民众在电视面前处于弱势位置，甚至丑态百出，这就涉及被拍摄者人身权益、隐私权的保护问题。这种在2007年曾经非常火爆的节目类型在2008年遇到了瓶颈，年底时国家广电总局已经开始着手整顿了。

从舆论监督的角度来讲，2008年电视在所有媒体中声音是比较微弱的，集中表现在舆论监督栏目的全军覆没。如果不是2008年的那么多大事件支撑，电视会变得非常难看。在舆论监督方面，电视基本上是跟在网络、新媒体的后面，没有独家报道，没有特别深度、尖锐性的东西。现在，我们已经很少看到《焦点访谈》及监督类的节目了。2008年，央视在舆论监督方面被人记住的只有两件事：第一件是对分众传媒垃圾短信的关注，第二件是对百度排行榜的揭露。而我们熟悉的山西溃坝事件、河北三鹿毒奶粉事件、山西矿难"封口费"事件、贵州瓮安"6·28"事件等，基本上都是通过网络、博客或者其他新媒体报道出来的。现在，老百姓获取信息已经很少通过电视，而是改为网络了，至少我现在获取信息的渠道主要是互联网。除非一件事情惊动得比天还大，电视媒体好像才能获得一定的空间，而在普通的日常事件和突发事件中，它的空间反倒比较小。

在2006年、2007年，我们还看到《大国崛起》《复兴之路》《森林之歌》等几部好的纪录片，但是在纪念改革开放30周年的过程中，我们没有看到特别有分量的、具有历史深度的、具有广泛影响力的纪录片。

在具体节目方面，2008年还真想不到有什么特别突出的。有两个节目可以提一下，但基本上也是模仿的产物：一个是湖南卫视在奥运会期间推出的《智勇大冲关》，将群众性与竞技性相结合；另一个是湖南卫视推出的《丑女无敌》。至于一些老牌节目，或者处于维持状态，或者出现了衰落的痕迹，包括《百家讲坛》《走近科学》《新闻调查》《实话实说》，还有江西卫视的《传奇故事》、江苏卫视的《人间》以及一些选秀类节目。

徐舫州（以下简称"徐"）：看来刘春还是比较悲观的，我看到2008年中国电视还是有一些亮点和端倪。2008年作为电视大年，可以总结为八个字："成就巨大，问题成灾。"

成就和亮点表现在：第一，2008年中国电视开始出现一些向好的迹象。2008年，电视媒体在南方冰雪灾害、"5·12"汶川地震等一系列报道中表现不错，尤其中央电视台新闻频道的直播意识得到强化。直播期间，我给新闻中心每星期写一篇专家述评，关注得比较多。从直播开始时，他们迅速建立新闻快速反应机制，在12月还成立了一个全国电视直播联盟。

第二，整个舆论环境好像比过去宽松一些，特别是电视主流媒体对于网络民意、民营媒体意见的吸纳，关于山寨文化、网络民意、群体性事件的报道至少没有采取以往那种非常武断的禁止性方式。现在是双方进行博弈，最后达成妥协，这其中包括中央台和地方台的博弈、传统媒体和非传统媒体的博弈、体制内媒体和体制外媒体的博弈，这成为2008年中国电视显现的一个主要趋势。之所以出现以上一些亮点，是因为经过五六年所谓"集团化"改革的大弯路之后，到2008年中国电视开始走向正轨了。

至于"问题成灾"，我认为首先是目前中国电视改革的难点一直没有破解，主要是资源配置方面的市场准入体制问题没有解决。资源配置模式、利益分配格局基本上没有变化，由部门垄断、行政垄断造成的体制壁垒还没有打破。现在，国家对电视机构的管理依然是政策管理，而不是法律管理，这是一个非常大的问题。

其次是电视节目的创新动力严重不足。以前的所有创新努力都在屡次尝试中遭遇挫折，搞得现在电视人都没有动力了。北京奥运会过后，电视创新的动力就更不足了，再加上资源配置和体制方面的壁垒没有突破，内部的奖惩机制和创新机制没有得到有效建立，谁也不知道创新动力来自何方。还有一个遗憾是，纪念改革开放30周年的系列特别节目没有达到应有的高度，或者说与大家的期待相去较远，比如对30年间一些重大问题的故意回避，对2008年之后中国下一步改革开放展望的缺失，使得整体上缺乏深度、缺乏亮点。

胡： 我非常赞同二位的上述观点，2008年对于中国电视而言是一个极佳的创新时机，北京奥运会报道极大地提高了中国电视的传播能力和实力，"5·12"汶川地震的报道为中国电视赢得了尊严和荣誉。在这样一个前提下，中国电视做了技术、艺术、传播各个层面的创新尝试。当然，除了这些特殊性事件带来的特殊机会，中国电视日常性的创新的确显得动力不足，这也是我们面临的种种问题的集中反映。

体制和机制改革的停滞不前导致媒体精神的丧失

▲ 制约中国电视创新的核心问题是体制改革的停滞不前。

▲ 把历史里面的蝇营狗苟讲得绘声绘色，这不是媒体人自己的精神追求。

胡： 刚才刘春和徐教授讲得都很尖锐，我的感觉是现在电视人更多地要居安思危。尽管表面上看起来2008年还比较风光，但这种风光的背后原因不是电视自身，而是因为电视把所拥有的媒介优势和事件本身的传播优势综合了起来，比如对于灾难性事件的大型直播，客观上这类事件本身就具有很大的传播影响力，另外还有北京奥运会的电视直播，央视依靠政策形成的政策垄断和资源优势，并最后转化为传播优势。

刘： 这种垄断优势，当然与电视界同人多年来的探索和努力分不开。2008年中国电视在新闻报道方面出现的亮色是基于两个原因：首先是取决于政府层面的开放，是政府力量的推动。其次是巨大的救援和通信压力，冰雪灾害的宣传报道成就了中央人民广播电台。北京奥运会是要向国际社会展示中国的新形象，在新闻报道上不需要许可。

徐： 2008年还有一些亮点是值得探讨的，央视新闻频道原来是没有新闻评论节目的，而凤凰卫视中文台有五六档新闻评论节目，央视显然压力比较大，2008年在这方面就做了一些尝试，比如新闻频道推出了《新闻1+1》，经济频道推出了《今日观察》，尽管有种似是而非的感觉，但这种尝试至少是可喜的。省级电视台在选秀节目、娱乐节目方面也做了一些尝试，如江西卫视的《中国红歌会》既承载主流的价值，又采用了一种新的方式进行表达，宣传效果和市场效果好像都还不错。2008年中国电视节目的问题还体现在名牌栏目的昙花一现、后劲乏力上。这与缺少正常的媒介批评有关，期待2009年媒介批评能有所进步。

刘： 对于这种状况，我认为有三方面的原因。

第一方面是创新机制缺乏。但这不是主要原因，以湖南卫视为代表的省级卫视都有着强有力的创新奖励机制，比凤凰卫视都要好很多，但从总体来看，央视和省级卫视还相对缺乏这方面的体制和机制。

第二方面是与现在的电视考评体系有关。现在，电视基本上以收视率为核心进行考评，这一机制导致电视特别容易急功近利，容易被捆绑得很死。因为任何创新都需要成本和时间，观众有一个接受过程，栏目是需要进行精心培育的，但这种考评机制使得央视和地方电视台很难有从容的心态进行节目创新。

第三方面是我讲得最多的，制约中国电视创新的核心问题是体制改革的停滞不前。随着电视媒体精神的一点点丧失，号称"内容为王"的电视也就越来越缺乏人文关怀、社会视野、新闻意识、社会公信力，一个栏目没有内在的精神气质，长久做下去肯定是不行的。这些意识的衰微对栏目的后续发展是会产生伤害的，某些节目的内容和形式不是不好，但发展到后面就越来越没有价值了，比如一些讲坛类的节目，我很早就说过它不能变成评书，把历史里面的蝇营狗苟讲得绘声绘色，这不是媒体人自己的精神追求！

电视的地位正在衰落，不仅中国如此，国外更是如此。再有一个例子，美国传统名牌电视节目收视人群老化非常严重，比如《60分钟》，平均收视年龄是63岁。这次美国大选，奥巴马为什么当选？其中很重要的一点是利用了新媒体。若中国再遇到灾难事件，随着互联网视频网站的崛起和发展，电视还是不是一枝独秀，我觉得就很难说了。

胡： 中国电视确实需要辨别和把握值得骄傲的原因和需要自身反省的理由。刚才二位说得都很有道理。2008年，中国电视用直播的形式保持了媒体的开放度，体现了中国电视的进步。未来几年，我们还得肯定它，但是这些表面的繁荣真的不能遮掩其自身深层次的问题。那么，2009年中国电视还有什么可以预见的表现值得我们期待？

刘： 2009年肯定是更不乐观的。我从事电视行业很多年，其中制作调查类节目12年，但从来没有感觉到像现在这么大的压力，最主要的也是最现实的就是2009年经济形势的走势给社会带来的巨大压力。

中国电视体制改革势在必行

▲ 困境一方面来自电视的体制，另一方面来自市场的竞争压力。

胡： 中国电视目前面临的困境与整个外部的大环境是紧密相关的。整个世界经济形势和中国经济形势决定了这个行业、事业的管理环境，经济的压力带来就业的压力，带来社会稳定的压力，自然对媒体的管理就要严格一些，媒体就要平静一点，舆论监督、新闻深度报道类节目可能就没有空间了。

刘： 现在，中央电视台和省级卫视、各个省级卫视之间的竞争程度比以前激烈得多，但是最后这两种压力合二为一，使得所有地方电视台最后走到了同一条路上，那就是不约而同选择电视剧、娱乐节目的内容策略，这样做一方面可以避免意识形态带来的管理限制，另一方面可以保证一定的收视率,并在广告市场上占据一定的份额。但这种节目内容策略带来的问题是,观众主体越发被农村妇女、小孩、老年人这三个群体所占据,而年轻一代、知识分子、精英阶层都越来越远离电视,而更多地依赖网络。这对未来的中国电视影响会很大。

徐: 面对这种困境,中国电视的改革势在必行,但这是一个渐进的过程,想通过一个政策在短时间内把局面翻转过来是不可能的,必须基于现在的情况进行渐进式的改革。

第一,电视改革最根本的是改革以资源配置和利益分配为核心的机制。为什么这个省电视台有8个频道,而那个省电视台有10个频道?这是谁来决定的?谁可以取得这些频道资源?这是电视改革的根本,涉及利益的最终分配。资源配置的改革,首先要打破各种媒体之间的壁垒,报纸为什么不能办电视,电视为什么不能办报纸;其次要打破行政区划和部门垄断的格局,比如在一定条件下企业集团可以收购频道资源;再次要对频道资源的功能进行明确的划分,商业频道要在市场上竞争,专业频道才可以收费,这些改革在现在是有可能进行的。在新闻出版领域,新闻出版总署已经启动了类似的改革,提出要在2008年底推出三到五个跨区域的传媒集团,既然新闻出版总署能做这种改革,那么相信广播电视部门也能够做到这一点。

媒体之间的定位与分工不明确,带来了两个直接的恶果。一个是内耗。内耗很典型,电视剧你播两集,我肯定播三集。现在,中央电视台的《朝闻天下》和《第一时间》就形成了内耗。另一个是必然导致"克隆",低水平重复。

刘: 中国电视要发展,最核心的问题是体制改革。这几年,新闻出版行业发展很快,原因是报业进入市场的门槛不高,还允许跨产业办报,市场进入退出机制也相对完善。中国电视曾经也进行了一些尝试,比如旅游卫视、青海卫视等,但整体上的改革没有出现。

徐: 第二,中国电视在管理方式上一直是政策管理,随意性比较大。现在立法问题又是很敏感的问题，但法律肯定是双刃剑，既制约了制作方，又制约了管理方。

第三，电视台内部的创新动力不足。创新力量不是不存在，而是由于以前许多的创新努力都受到了来自各方面的阻挠，结果电视台从上到下对创新就再也没有动力了。众所周知，做创新的成本极高，而且电视台缺乏有力的奖励机制，其创新的努力得不到充分展示和拓展的空间。

第四，现在电视台发展仍然不能避免个人英雄主义的倾向，一个电视台、一个频道、一个栏目的生存与发展缺少体制和机制的保证，往往碰到一个好的制片人或者好的频道总监，节目或者频道就有可能转危为安，反之也是如此。这种问题如果长期发展下去，那么中国电视的长远健康发展的确令人担忧。

用充分的市场竞争推动中国电视创新

▲ 中国电视现在有进步，但进步不够，进步来自竞争。
▲ 中国电视应该建立充分、有效的市场竞争机制，同时应该建立合理的收入分配机制。

胡： 改革必然会有风险，所以我们需要探讨的是在中国特色的大旗下，中国电视能否在理想的改革创新之路和现实的创新可能性之间选择一条成本和风险相对较低的道路，这是中国改革开放的一个经验，也是中国改革开放的一个特点。如果通过立法来维护电视的运作，显然还需要相当长的等待时间。

刘： 这些年中国电视有进步，但进步幅度不够，进步来自竞争。中国电视真正的直播，实际上最初是由于凤凰卫视直播了"9·11"事件，到伊拉克战争时央视开始主动地直播。中国电视在这次"5·12"汶川地震中就经受住了考验。这就说明竞争产生动力，包括徐老师刚才讲到新闻评论节目也是如此。因为没有充分的竞争，所以才会创新不足。我有两句话想在这里说一下。第一句话是充分的市场竞争才会推动电视的进步。现在又到了讨论春节联欢晚会（简称"春晚"）的时候了，其实春晚根本没必要垄断，谁想办就办，谁能办就办，这样央视春晚也就不必承担那么大的责任了。今年的"山寨春晚"不知道会怎样，但对央视春晚肯定会有一定的触动。第二句话是充分竞争的市场中并不一定只有低俗的东西才能通吃。就全世界的互联网媒体来看，没有看到哪一个专门搞黄色小说、八卦的网站会火，反过来看到新浪、搜狐、网易、凤凰等门户网站，大多数内容是严肃的，其影响力也越来越大。

凡是处在竞争充分领域的，都是进步最大的。从电视来说，最突出的就是电视剧，电视剧是电视所有节目类型里面唯一市场化运作的节目。无论早些年受到港台剧的冲击，还是前几年受到韩剧的冲击，但是中国电视剧都能很快地找到自己的定位，利用自己丰富的历史空间，制作出几个精品好戏，再把市场撑起来、做大做强。《士兵突击》《金婚》《闯关东》等都是很不错的戏。还有综艺节目，它跟意识形态的关联不太紧密，也相对有开放竞争的空间，这些年发展还不错。

徐：现在，电视台不但要对政府立场负责，还要对民众市场负责，是对上对下两方面负责的态度。要积极鼓励和提倡创新，所有的创新尝试，哪怕是似是而非的创新，包括新闻频道直播体制的建立、新闻评论节目的建立，都应该积极地提倡。

刘：面对新媒体的崛起，面对创意产业的发展，电视目前不能说完全没有介入，但介入的方式和力度都还有一定的问题。一些电视台现在已经进入电视剧市场，不单作为播出机构，而且作为电视剧的生产制作机构，这对于电视台来说是轻车熟路的。

允许电视台建设网站应该说是一个非常好的机遇，但各个电视台大多数做得像机关网，缺少资本的运作。这两年，央视网有了一些突破。未来媒体的发展，既不能只是网络，也不能只是报纸，未来的媒体肯定是一个整合型的媒体，而不是单一的媒体，电视台把网站做好对其将来发展会有很大的好处。

另外就是人才的竞争。中国电视应该建立充分、有效的市场竞争机制，同时应该建立合理的收入分配机制。但令人失望的是，整个电视机制没有进行充分的改革，导致充分竞争不能实现，创新的动力、活力不足，表现在员工收入层面上就是电视人的收入停滞不前，甚至出现了降低的现象。当年我在《新闻调查》工作的时候，一个月的收入是1.2万元，那个时候优秀的媒体人都往电视台去，但现在还是这个收入就很难吸引优秀人才了。现在，在新媒体工作的年轻人口气都很大，收入至少是月薪4万元，报纸从业者的收入目前也很好。而过去这么多年，电视还停留在以前的那个状态，还是事业单位的体制，根本没有建立现代财务核算体系，连上市的资格都没有。

产业充分发展才能更好地实现媒介的社会责任

▲ 电视产业发展与媒介社会责任的丧失好像并没有必然的关系。

▲ 中国电视产业只有健康发展，才能更好地实现媒介自身的社会责任。

胡：近些年来，中国电视在产业发展方面取得了一定的发展，但是同时产生了媚俗化、低俗化的现象，由此遭到了来自社会各界的批评和非议，这是否意味着电视的产业发展与媒介的社会责任之间会产生必然的冲突？

刘：电视产业发展与媒介社会责任的丧失好像并没有必然的关系。有时候电视产业发展了，媒体才能更好地实现自身承担的社会责任。

我们曾经担心中国的电视剧，它在很长一段时间内都很苦闷，20世纪80年代受到港台剧的冲击，90年代后期受到日剧的冲击，21世纪初又遭遇到韩国情感剧的冲击，不过现在中国电视剧已经通过"制播分离"的改革，实现市场化的运作，充分的竞争保证了电视剧的规模与质量。尤其近些年来，中国电视剧利用中国五千年的文化，利用中国非常开阔的历史，利用中国人的当下关怀，利用中国人的精神追求，或者将这些要素结合到一起，拍出来的戏越来越好看了。中国电视剧能形成这种局面，应该归功于"制播分离"后的市场运作和充分竞争。

胡：现在的电视剧基本上是体制外运转，体制内制作的只占少数。媒体要想承担更多的社会责任，必然需要产业的快速发展。但如何实现产业的发展，一般的人会认为只有低俗的东西才可以刺激市场，才会得到很高的收视效果和市场回报。但是，电视剧的市场发展充分证明，真正占主流市场的恰恰不是低俗的东西。

刘：现在，我们根本没必要谈论中国电视剧是不是格调低下，谁说老百姓喜欢格调低下，这些年的《闯关东》《光荣岁月》《金婚》等都是很主流的。电视剧的道路生动说明我们不用担忧创新不足，也不用担心人才素质低下，最根本的核心是有没有充分竞争的机制，市场决定一切。

徐：每个市场都有自我净化的过程，中国电视也是如此。

胡：看来，中国电视产业只有充分而健康地发展，才能更好地实现媒介自身的社会责任。

突破误区，推动电视节目创新

▲ 讲创新讲多了，讲坚持讲少了。
▲ 寻找中国观众最渴望的或者深层次的需求。

胡：对于改革开放三十年来的中国电视，我个人将其分为以宣传品为主导、以作品为主导、以产品为主导三个阶段。今天，电视节目创新的难度在于宣传品、作品、产品的三种诉求同时存在，又面临着新媒体和文化创意产业的冲击，好像陷入了一个悖论，中国电视是目前最活跃的前沿媒体，但又是特别容易受到市场冲击的媒体。

徐：可以说，电视一方面是先进文化的代表，另一方面又常常是落后生产力的代表。

胡：这些年来，中国电视节目无论在形态创新还是在内容创新上，好像陷入了一种困境。

刘：其实我倒觉得，我们讲创新讲多了，讲坚持讲少了。从创新的角度来讲，改革开放以来中国电视走过了两个阶段。第一个阶段是自20世纪90年代中期以前，更多的是闭门造车，尽管也看到国外的东西，但从电视栏目的形态来讲，基本上是按照自己的理解来做。第二个阶段从20世纪90年代中期开始，以湖南卫视为代表，走的是全面克隆的道路。开始是克隆港台，后来是克隆日本，再后来是克隆美国，最后发现全世界电视栏目的研发基地在欧洲。现在，中国电视栏目从形式上来讲也需要走入第三阶段。

徐：对于所有的创新尝试，我们都应该积极肯定，哪怕是似是而非的感觉，对新闻频道可以充分肯定。

刘：要进行电视节目创新，就要突破两个误区。第一，创新并不意味着完全开放式、多元化。《百家讲坛》的出现是一个创新，虽然实质上只是一个人在讲课，但关键看运用什么方式去讲。第二，改版并不意味着创新。这些年来，凤凰卫视中文台很少改版，一个台的改版创新应该是缓步不断地改良、不断地提升，而且一直要坚持核心的东西。《一虎一席谈》办得很好，每期抓好选题、嘉宾，这就很好，这是我对创新的理解。凤凰卫视中文台现在每天晚上8点播纪录片、专题片，也得到了很好的效果，这也是一种创新。对中国电视来讲，欧美电视节目形式就是一种形式，但在形式背后要有真正的内容追求、精神追求，我们很容易把创新理解得简单化，所以有时候"坚持"是一种更高层次的创新。

徐： 内容创新，主要是直面人生、直面历史，中国的历史多么丰富啊。

胡： 最有生命力的往往是最有厚度的东西。从五千年文化中，中国电视剧找到了自己挖掘不尽的资源。在全球化视野中要坚守中国本土的路线，就是寻找中国观众最渴望的或者深层次的需求。

刘： 历史文化挖掘这条路非常开阔。这几年凤凰卫视中文台走的就是这条路线，在特殊的媒体环境下做舆论监督、直面现实，会遇到空前的压力。但历史文化这一方面，实际的思想力度不亚于报道某一个腐败案件、一场自然灾害，比如最近我们制作了关于陈独秀、李鸿章的节目，以及一些正面事件，如由我一手策划的100多集的抗战题材纪录片、中国远征军题材的节目等。不论是从挖掘传统文化、塑造中国软实力，还是从媒体的生存之道来看，这一方面都非常值得去做。

胡： 在今天的环境中，关于中国电视的节目创新，一方面我们已经很努力也很成功地摸出了一条路径，就是满足当下观众最突出的、最急切的现实需求。近年来，不论是民生新闻还是栏目剧，也不论是《百家讲坛》学术精品的大众化还是《人间》《传奇故事》《走近科学》的故事化叙事，其成功的创新恰恰证明了这一点。另一方面，我们还做得远远不够的就是两位所说的对历史文化的深入挖掘。如何站在新时代的起点上，重新反观历史，汲取深厚的民族文化营养，并予以电视化的呈现，不论是电视剧还是纪录片，或者其他各类节目，都应当拥有相当大的创新空间。这两条路径的有机结合，将使我们的电视内容有可能更好地实现宣传品、作品与产品的有机统一。

中国电视要"走出去"，就要先转变

▲ 以意识形态的面孔、机关的面孔"走出去"，肯定是行不通的。

▲ 一定要按照全球化的话语方式进行传播。

胡：今年，中央电视台提出要做一个世界大台的目标，国家广电总局近些年来也一直在努力推进广播影视"走出去工程"。在全球化的背景下，中国电视如何"走出去"，"走出去"的途径有哪些？

刘：这两年，中央多次提到"走出去"，表明中央非常重视这件事，国家广电总局和中央电视台的措施也是对中央高层精神的落实。我觉得中国电视要真正"走出去"，需要做到以下几点"转变"。

第一是体制转变。以意识形态的面孔、机关的面孔"走出去"，肯定是行不通的，必须采用市场化运作的方式才更为可行。

第二是模式转变。在"走出去"的模式上，不妨可以采用"借船出海"的方式，如收购、并购境外媒体机构等，包括利用凤凰卫视在内的各种国际传播平台及现在已经很成熟的模式开展业务。

第三是观念转变。要及时更新对外宣传的观念，一定要按照全球化的话语方式进行传播，相比于《人民日报》，《环球时报》的声音更容易走出去，在全世界传播，这需要在观念上进行更新。

第四是内容转变。什么内容"走出去"，这很重要。这些年，我们一直在宣传中国文化的形式，而很少宣传中国文化的内容和内涵。每年组织的大型图片展等活动，不外乎两个内容：一个是高楼大厦，一个是诸如少林寺武术、河北杂技、京剧唱腔、京剧脸谱、剪纸等这些中国文化里比较形式化的东西。其实，真正的中国社会不是简单的高楼大厦，真正代表中国的是五千年历史文化的精神和力量。中国应该加大力度投资拍摄关于中国历史的纪录片，至今我们都还没有关于孔子、孟子的优质纪录片。

如果仍然按照以往的对外宣传路线走，恐怕还是会行而不远。如果不在体制上、模式上、思维上、内容上有所创新，只是简单地给现有机构加大资金投入，进行简单的复制，最终结果可能还是根本走不出去。

胡：凤凰卫视中文台在这方面的体验应该是很深刻的。

刘：我们的定位是民间形象、海外媒体、中间桥梁。

胡：刚才提到的是"走出去"的内容创新，我们还要探讨一下中国电视"走出去"的路径创新。

刘：中国电视"走出去"不妨借用一下中国改革开放的两条经验：一个是合资合作，以资本的方式在海外收购外国媒体，以合资、控股方式、全资子公司等方式，利用当地资源拓展中国内容和中国业务；另一个是扩大试点，把试点当作"走出去"的试验田，让它们走出一条路来，积累经验，拓展空间。

徐：路径是一个由外而内，另一个由下而上，再一个由民营到政府，同时充分利用经济把电视推向市场。

刘：凤凰卫视中文台本来不是试验田，由于具有影响力了，于是就成了一个"特区"。

胡：从内部来看，这个"特区"的建立恐怕要考虑一些内容，即怎么样最大限度地规避因设立"特区"而带来的风险，比如如何选点，鼓励政策如何制定，体制和机制放松到什么程度，还要考虑到传统电视媒体和新媒体的关系怎么处理及文化产业的问题。我担心，打着创新的名义、改革的名义放开会出一些乱子，产生新的牺牲品，想要提前规避这种风险，还需要做很多的工作。

如果说2008年的中国电视创新更多地得益于大环境、大背景和大时机的拉动，那么2009年中国电视的创新，除了新中国成立60周年等特殊时机所带来的难得机遇，更多的应当思考多年来面对的创新困境，寻求新的创新动力，开辟新的创新空间，而其中体制机制的深化改革应当更加积极而稳健地推动，充分而健康的市场化、产业化将是创新的最大动力，最集中的创新成果无疑还是电视内容本身，即节目创新。至于节目创新的途径，一方面继续巩固当下当代观众现实需求的满足，另一方面应当从战略上更多地关注历史文化资源的挖掘，推出一批更厚重、更深刻的大剧大片。在中国电视从电视大国迈向电视强国的征途上，"走出去"对于中国电视创新既是巨大的挑战，又是绝佳的机遇。总之，中国电视创新已经积累了50多年丰富而宝贵的本土经验，这是一笔值得珍视的财富，同时在推进广播电视大发展、大繁荣，推动文化大发展、大繁荣，提升国家文化软实力的道路上，中国电视的创新只能不断开拓，不能故步自封。

中国广播影视发展新起点

——2010年《现代传播》年度对话

朱虹　胡智锋

对话时间：2009年12月12日

对话地点：中国职工之家

对 话 人：朱　虹　　时为国家广播电影电视总局办公厅主任、新闻发言人，中国传媒大学博士生导师

　　　　　胡智锋　　时为教育部"长江学者"特聘教授，中国传媒大学文科科研处处长、博士生导师，《现代传播》主编

整 理 者：曾祥敏　　时为中国传媒大学电视与新闻学院副教授、《现代传播》特约编辑

【关键词】中国广播影视；新闻改革；制播分离；国际化；公共服务

胡智锋（以下简称"胡"）：非常感谢朱虹主任于百忙之中参加《现代传播》的年度对话。您作为国家广播电影电视总局办公厅主任、新闻发言人，也是中国传媒大学的博士生导师，这次对话具有非常重要的开篇意义。因为，这期对话是《现代传播》即将改为月刊的第一个对话。通过这一年度对话，我想应当把上一年度广播电视行业重要的事件做一个梳理和盘点，然后对未来做一个前瞻性预测。

新中国成立60年来广播影视的发展

▲ 新中国成立60年来，广播影视发展取得了辉煌的成就，特别是在后30年中发展迅速，广播影视的影响力得到极大增强。

胡：2009年是新中国成立60周年的重要年份，我们注意到朱主任关于新中国成立60年来广播影视的发展已有专门的论述。您能不能简短地对60年来中国广播影视取得的成就进行一个总体的评价。

朱虹（以下简称"朱"）：谢谢，中国传媒大学的《现代传播》是全国广电期刊中学术影响力最大的刊物之一，是广电人必读的一本刊物。

中国广播影视这60年的发展态势总体上是好的。从整个60年的发展来看，走过曲折的道路，也有迅速发展的时期，发展最好、最快的是后30年。根据1982年的统计数字，当年全国广电系统总收入只有88亿元，而且基本上属于财政拨款。1983年，中共中央发布37号文件，提出四级办广播电视、四级混合覆盖的方针，极大地调动了地方发展电视事业的积极性，中国广播电视事业出现了一个翻天覆地的变化，获得突飞猛进的发展。最近一些年，广播影视业的改革力度进一步加大，发展速度进一步加快，整体面貌发生了崭新的变化。从广播影视节目的生产制作量、整体技术水平和规模及实际覆盖人口来看，我国已经成为广播影视大国，广播影视多项指标位列世界第一。

总的来说，中国广播影视的大发展主要有六个方面的成就：第一，广播电视新闻宣传舆论引导力、传播力显著提高；第二，广播影视事业不断发展、公共服务体系建设全面落实；第三，影视作品创作生产快速发展；第四，广播影视产业改革不断深化、产业发展快速增长；第五，加快技术创新，积极开发数字新媒体业务；第六，广播影视国际传播力全面提升，不断加快"走出去工程"建设步伐。

新闻报道理念的提升

▲ 强调新闻首发权，电视直播发展迅速。

▲ 央视改革强化新闻立台理念、专业化和品牌化战略。

胡：让我们聚焦2009年度的内容生产。首先是新闻部分，包括时事报道、金融危机的报道、央视新闻频道改革及民生新闻的发展。今年新闻方面的一些大事件，比如国庆六十周年大阅兵直播、日全食的直播、"7·5"乌鲁木齐打砸抢烧严重暴力犯罪事件等新闻报道，总体上体现了电视直播的魅力。我曾经说过，直播是电视与新媒体比拼的一个撒手锏。在今天媒体竞争中，直播可以使电视做到在大事上不缺席、不失语，这应该是电视媒体特别重要的特质。您怎么看2009年中国电视取得的成绩，还有没有一些值得反思和改进的地方？

朱：中国广播电视新闻的发展速度很快。在中国电视的发展前期，没有直播节目，基本上是录播，有时一条新闻甚至要几天之后才能播出来。

随着国家对外开放的扩大，尤其通过一系列国际国内重大事件报道，电视直播一步步向前推进。如果把美国"9·11"事件报道和"5·12"汶川大地震报道相对比，我们可以看到电视报道方式已发生了巨大的变化。到了北京奥运会的新闻报道，完全是按国际惯例操作的。

近年来，我们开展了一系列重大事件报道，如国庆六十周年大阅兵、"7·5"事件等，这对电视新闻的报道理念、报道方式产生了很大的冲击。实践表明，我们必须创新理念，依照国际惯例，开展重大事件和突发事件报道。国际金融危机爆发后，中央电视台先后推出了《直击华尔街》《华尔街风云》，上海文广新闻传媒集团利用与全球最大的财经电视媒体美国CNBC

（美国消费者新闻与商业频道）合作的资源优势，及时推出各类深度报道，全方位、多角度地展示了此次金融危机的方方面面，实现了全球同步播出。我国电视媒体对国际金融危机及时、全面的报道，不仅为国内观众提供了权威的资讯，还传达了党和政府的声音，增强了人民群众战胜国际金融危机的信心，受到群众的热烈欢迎。

在"7·5"事件中，我们采取了开放态度和公开透明原则，在第一时间允许境外媒体前往采访和报道，产生了非常好的效果。包括关于日全食的直播报道，让群众直接参与到现场报道中来。从这方面来说，直播展现了电视的最大魅力，把电视的优势发挥到极致，极大地提高了电视媒体的时效性、权威性和公信力。中央也多次明确提出广播电视的首发权问题，首发权实际上对导向具有重大作用。这些说明，我们的新闻观念正在发生变化。

中央电视台的改革是2009年电视领域的一个重大事件。此次改革对新闻中心实施了重大调整，对《新闻联播》等节目进行了改版，进一步强化了新闻立台理念、专业化和品牌化战略。此次改革后，央视二套变成专业财经频道，央视三套成为专业文艺频道，新闻频道也突出专业新闻频道的特质。中央电视台现在的新闻中心就是由以前多个中心的新闻节目合并组建的，凡是与新闻相关的节目，包括法制新闻、经济新闻等，全部放到了新闻中心。

胡：的确，电视新闻报道在国内外媒体竞争环境下、新媒体快速成长的语境下如何继续发挥当下第一大众传媒的主导作用？改变观念，以真实客观和满足观众知情权为原则，以改革为动力保障，这是大势所趋的必然选择。央视新闻改革的力度令业内外广泛关注，其效果也是相当显著的。

朱：新闻改革使《新闻联播》和其他新闻节目的面貌焕然一新，收视率大幅度攀升，远远超过预期，实现了社会效益和经济效益的双丰收。比如《经济信息联播》《经济半小时》现在招标情况相当好，其中《经济信息联播》贴片广告价值达357亿元，远高于央视其他栏目；《经济半小时》投标价格达15亿元。改革以后，央视财经频道的总体收视率略有下降，因为《开心辞典》《非常6+1》《咏乐汇》等品牌娱乐节目转到其他频道了，但是广告比例大大增加。什么原因？因为它是专业的财经频道，在财经领域的影响力大大提升，企业界人士的关注度大大提高，影响了有影响力的人。

胡：从大的方向来看，大家确实看到了改革的成就，但是对具体改革当中的一些动作和行为，业内、业外的一些人士也许有不同的声音，或许会觉得如《直击华尔街》这一类的直播，特别是时政性的直播，也还有很多不足。新闻的时效性上去了，但是出现了另外的问题，比如水分大、内容重复，还有就是不敢说话、评论不到位、嘉宾有问题。说到底，直播的设计专业化程度还不高，水平还不够，有些还只是体现了直播的形式，还达不到直播的目标。

朱：你提的这一点很重要。直播最大限度地发挥了电视的优势，但直播恰恰也是最难的节目，对每一个记者、每一个现场主持人的素质提出了很高的要求。因此，要大力提高记者、主持人、编辑的素质，中国传媒大学要把直播作为新闻人培养的重点内容。由于缺乏培养和锻炼，在直播节目中，有的主持人不知道怎么说，有的主持人刚开始说得挺好，但一旦出现新情况，就会出现跟不上或接不上的情况。你刚才讲到了评论不到位，评论恰恰是我们的软肋，评论要求评论人有比较高的素质，旁征博引，厚积薄发。在这方面，我们主持人和记者还有待提高。

胡：人才难得。人才的问题，人才素质的问题，朱主任点到了要害。当然也有体制、机制方面的问题。对于这次央视新闻改版，大家也还是有一些微词的。一个是，这个行为到底是市场行为还是行政行为，是按照市场规律推动的吗？另一个是，改版的效果评价，到底改得怎么样，是改好了，还是存在一些什么问题？包括内部也会有一些意见，比如老品牌拿下，感情上有些割舍不下，各种说法都有。您怎么看？

朱：电台和电视台主要有两大任务：第一是事业发展，这方面由政府主导，包括新闻节目的策划、制作、编播，都由台里管理。第二是产业经营，这方面由市场主导。广播电视是党和政府的喉舌，新闻节目的改革、改版必须由政府主导，目的是把党和政府的声音传到千家万户，把中国的声音传向全世界。新闻宣传节目要做得更好看，最大限度地吸引受众，取得更好的宣传效果。

对于电视剧、娱乐等节目，我们确实要考虑到其市场效益问题。电视节目有生命周期，这是电视节目的规律。再好的节目栏目，时间长了，观众也会出现审美疲劳，如果节目创新不足，那么衰退就会来得更快。

世界著名的电视台每隔一段时间就会调整一定比例的节目。电视节目必须经常变化，节目也只有通过变化和调整，才能满足受众多样化的需求，所以电视节目的调整和变化是很正常的现象。评价电视节目改革，主要看这个改革是否符合先进文化的前进方向，是否符合电视运行的基本规律。目前，中央电视台的节目改革是符合这些标准的，应该给予充分肯定。

胡：江山代有才人出，《新闻联播》和整个新闻频道改革之后使用了一些新人，而《新闻联播》本身，大家觉得刚刚改版的时候有一点儿新的感觉，包括在整个议程设置上、编排上有一些新的东西。但是，最近好像回到老路上去了，到底往哪里改？另外，观众原来期待一些新人能够产生一些新的亮点，包括新的主持人，现在看也还好，但是似乎也没有出现大家特别期待的更大的变化，这也是一个问题。

朱：国外很多播音员的资历都很老，经验比较丰富。但每个国家国情不同，在中国，如果让一个70岁的老人去主持《新闻联播》节目，观众不一定会拥护。我国电视新闻节目的主持人很多都是中国传媒大学培养出来的，《新闻联播》的播音员则全部是播音主持专业出身。《新闻联播》承担着传达党和国家的声音的重担，承担着全国电视观众的厚望和关注，有很多是规定动作。对一个节目来说，让每个人都满意实际是很难做到的。

胡：说到新闻的首发权和媒体公信力提升，我忽然想到，回顾2009年，虽然不如2008年的赈灾报道、奥运报道有突出亮点，但还是弥漫着新的变化。新闻本身除了时政，还有就是所谓的民生新闻。所谓的民生新闻，我们自己也感觉到，就是传统的社会新闻，只是换了一种说法，而从《南京零距离》的起步、发展来看，它的影响力确实超出了我们最初的想象。

在民生新闻这一方面，我们在《南京零距离》创办不久就开始接触、关注，《现代传播》在2003年还专门为该栏目组织过研讨，发表过"个案研究"专辑。2009年7月，我们做了一个民生新闻十年的回顾展评，民生新闻从1999年起步，以黑龙江电视台的《新闻夜航》为标志，还有福建电视台的《现场》，这两档节目都是沿着民生新闻的路子一直走到现在。十年的发展，现在民生新闻可能到了一个非常重要的节点上。到底民生新闻向何处去？《南京零距离》作为一个有影响力的民生新闻栏目，不久前宣布升级，把"南京"两个字去掉，准备从地面频道向全国、国际视野拓展。而同时，中央电视台新闻则大规模放下身段往"下"走。因此，我发现民生新闻就出现了两个趋向：一方面，中央电视台、中央级媒体放下身段往下走，新闻民生化；而另一方面，地方新闻往上走，往全国、国际方向拓展。不知道您怎么判断民生新闻的发展态势？

朱：自江苏电视台《南京零距离》开播以来，民生新闻得到了迅速发展，各地电视台先后推出大量民生新闻节目，在推动电视媒体新闻改革、提高电视媒体影响力和竞争力中发挥了重要作用，比如《南京零距离》是江苏省第一个广告收入过亿元的电视新闻栏目。近年来，民生新闻发展也遇到瓶颈，《南京零距离》开播后，南京地区陆续在相似时段开播了《直播南京》《法治现场》《标点》《服务到家》《新闻地理》等民生新闻栏目，由此引发了一些城市新闻"大战"，同质化竞争日趋激烈，发展空间受到限制。2007年，《南京零距离》在南京市网的平均收视率为8.26%，2008年为7.13%，2009年一季度的平均收视率为6.93%，收视率不断被摊薄。这种情况在全国其他地方也不同程度地存在。

在民生新闻方面，我们不主张有闻必录，有什么报什么。我们总的方针是科学发展，以人为本，真心实意关注老百姓的生活状态，关注群众的冷暖痛痒，关注市民的喜怒哀乐。不要墨守成规，不要满足于现状，不要甘于平庸。播出的内容要有思想厚度，不能什么收视率高就报道什么。

胡： 老百姓有可能是对暴力、色情和所谓改变命运的东西会有期待，但是如果节目为了满足这样一些期待而走向一个极端，就丧失了媒体的责任。当然，目前中国电视还没有到这个程度，但是应以此作为前车之鉴。

朱： 民生新闻不能简单、肤浅地做，应该逐渐从"小民生"向"大民生"转变。要提高内涵和深度，从反映民生转变为反映民情、民心、民意、民风、民俗。同时，要大力弘扬社会主义核心价值观，传播思想、知识、观点和理念，给人以明确的认知和深刻的启迪，在促进人们思想观念转变上发挥指点迷津和舆论引导的作用。这样，民生新闻才会显得理性而有深度、厚重而有分量。

民生新闻创新要通过合力来强化民主监督。要充分调动广大人民群众的积极因素，他们自主、自愿地充当民生新闻的主角，而且他们能够接受，且积极向上。有一些曝光必须存在，但曝光不是简单地把问题报道出来，还得提出问题、解决问题，帮着社会实现稳定，帮着政府解决问题。因为媒体和政府不是对立的，不是简单报道就可以了，民生新闻还必须要为政府补台，提出解决的办法，给予积极向上的力量。有时候，揭露丑恶的东西不仅是为了问题的解决，还是要给人信心、给人希望。

电视剧、纪录片积极发展

▲ 电视剧是当代中国文艺的带头羊，要肯定其积极功能，同时要加强管理。

▲ 纪录片发展形势越来越好，在坚持"品格、品味、品质"的原则下，走向国际。

胡：内容生产的一个重要部分是电视剧。12月9日，中国广播电视协会电视制片委员会将《潜伏》《士兵突击》《我的青春谁做主》等评为2009年最具影响力的电视剧。2009年电视剧总体数量下降了，从产量来讲是理性回落，但从品质来讲总体还是相当出色的。您怎么评价2009年电视剧生产的数量和质量出现的新变化，还有些什么问题？

朱：电视剧是当今社会影响力最大的文艺形式。中国每一个历史时期都有一个最重要的文艺形式，唐朝是诗，宋朝是词，明清是小说，现在文艺的带头羊就是电视剧。为什么电视剧影响最大？第一，电视剧打造了完整的产业链，建立了完善的投资和回报体系，调动了社会方方面面的积极性，繁荣了电视剧的创作。这几年，电视剧基本上保持在14万集到15万集的体量。第二，群众拥护，因为不用花钱，坐在家里就能享受到一道精神文化的盛宴，所以电视剧特别适合中国老百姓，是通俗文化的代表作。

评价电视剧的标准主要是三句话：一是思想精深、艺术精湛、制作精良；二是群众欢迎，具有很强的吸引力和感染力；三是能够经受历史的检验。按照这个标准，近年来电视剧制作机构努力提高产品质量，电视剧制作水平在逐步提高，出现了一大批叫好又叫座的电视剧。

当然，现在电视剧还存在一些问题，第一是创新的动力不足，第二是同质化竞争严重。某类题材挣钱，大家就蜂拥而上。比如《潜伏》一火，大家都做谍战剧，因此必须进行宏观调控。电视剧的发展要有创新精神，要开辟更多的领域。同时，管理部门也应积极创造条件提供支持，不能简单规定某题材不能做，关键是如何表现，以体现积极、健康、向上的精神。

胡：在多年的探索中，电视剧找到了自己的市场规律和艺术规律，抓住了这两个规律，所以深受百姓欢迎。影响是双方面的，正面影响大，负面影响同样大。如最近《蜗居》的影响也是一分为二的，总体上说它触及了当代中国普通百姓的真实生活，这是主要的一方面。但是的确出现了一些问题，不论是自觉的还是不自觉的，或者是对社会的舆论引导、对公众的影响，或者是从主流价值、社会主义核心价值或社会主义安定团结、和谐社会的高度来看，都有可能引发一些负面的问题。

2009年，电视剧做到了直面现实、直面社会问题，这是应该鼓励的，因为做当代的东西不容易，风险也大。但是，怎么样用一种机制和体制的方式来把关，特别是在导向上，用什么样的方式能够在播出的时候或播出之前就能把负面效应遏制住，减少损失。因为一旦开播被停掉，对一部电视剧来讲损失是巨大的，也挺可惜的，这是很大的问题。

朱：对于电视剧，我们一方面肯定它在繁荣文艺创作、满足群众精神文化需求等方面的积极作用，另一方面也要加强管理。这是我们的重要方针。

胡：2009年的纪录片有什么新特点，还存在哪些问题？

朱：纪录片的发展越来越好。从世界各个国家的情况来看，经济水平越低，看电视剧的人越多；经济水平越高，看纪录片的人越多。随着我国经济的迅速发展和群众文化素养的不断提高，纪录片的观众不断增多，纪录片的发展前景非常光明，大有可为。以前，纪录片基本上处于亏损状态。但从2008年开始，纪录片开始赢利，上海广播电视台的纪录片频道已实现扭亏为盈。纪录片《故宫》于2005年播出，到2006年底时，被翻译成6种语言，在全世界100多个国家发行了15万套。纪录片把很多原来沉淀的素材变成宝贝。过去，我们生产的纪录片《周恩来外交风云》，里面有很多珍贵的历史镜头，群众非常愿意收看。2008年出品的北京奥运会纪录片，也取得了良好的效益。随着人们生活水平的提高，看纪录片的人会越来越多，我看好纪录片的发展。下一步，我们要在坚持"品格、品位、品质"的原则下，积极推动纪录片走向市场，走向国际，延长纪录片的产业链，打造具有中国特色的纪录片品牌。

制播分离改革进入新阶段

▲ 制播分离改革要积极推进、谨慎稳妥。

▲ 改革实行先台内后台外。

胡：制播分离是2009年广播电视行业热烈探讨、高度关注的命题。为什么在过去若干年当中没有特别凸显甚至要回避这个问题？现在又是在怎样的背景下大力推动的呢？再有，制播分离的理想构架和现实基础之间的差距有多大？

朱：为什么以前没有提出制播分离而现在提出制播分离改革？原因就在于我们对广播电视的认识加深了。以前，我们把广播电视作为一个整体，看作党和政府的喉舌，是重要的宣传舆论工具，制作和播出是统一的，谈不上制作和播出分离的问题。随着改革的深入，我们发现广播电视业务是分层次、有类别的。广播电视业务可以分成两个部分：一个是播出单位，负责审查和播出节目，把握节目的正确导向；另一个是制作单位，负责制作和经营节目。2009年8月，国家广电总局制定颁布《关于认真做好广播电视制播分离改革的意见》，这是国家广电总局第一次专门针对制播分离改革发布的指导性文件，标志着制播分离改革进入新的阶段。

目前，上海、湖南等地正在深入推进制播分离改革。上海在改革中，撤销了上海电视台等五个播出机构，合并组建了上海广播电视台，同时将政策允许的可制播分离的节目制作业务进行分离，同可经营性资产合并，组建上海东方传媒集团有限责任公司。上海改革模式对制播分离改革有重要的示范意义。上海制播分离改革有四个方面的特点：第一，事业和产业分开；第二，宣传和经营分开；第三，制作和播出分开；第四，结构调整和资源整合。最近，国家广电总局向全国通报上海制播分离改革的做法，供各地在改革中借鉴参考。现在，湖南、辽宁、重庆、四川等地正按照这一思路深入推进本地广播电视改革。可以预见，"上海模式"将在更多的地方被复制。

国家广电总局近日推进制播分离的另一个大动作，就是批准成立中国北京星光电视节目制作基地。目前，已有60多家电视台驻京机构和节目制作机构进驻，初步实现了产业聚集。基地的建成，提供了制播分离后的节目制作场地，将改变电视台单纯的自制自播模式，降低节目成本，提高节目质量，对充分调动社会力量，发展壮大节目内容生产能力具有重要作用，将为制播分离改革提供有力支撑。

胡：刚才我们了解了制播分离的政策导向，那么制播分离的现实基础怎么样呢？

朱：目前，全国绝大多数地区都不同程度地启动和实施了制播分离改革，探索出制播分离的多种途径和形式。如中央新闻纪录电影制片厂、北京科学教育电影制片厂制作纪录片，并将节目卖给中央电视台播出，这是制播分离的一种形式，对电视台来说，叫作直接购买。还有，中央电视台电影频道将部分节目如《光影星播客》委托给社会公司制作，这是制播分离的另一种形式，叫作委托制作。目前，有些数字电视频道吸收公司参与，叫作合作制作。

目前，制播分离主要在副省级以上的电台电视台推进，总的来说范围还不大。但还有很多现实问题有待解决，如制播分离要将原来事业性质的节目制作部门转制为企业，人员身份也要相应地由事业转为企业。这涉及待遇、养老等切身利益问题，改革的难度很大。下一步，我们既要积极推进，又要谨慎稳妥，确保制播分离改革沿着正确的方向取得新进展。

胡：在人事安排上，推进的时候要"老人老办法，新人新办法"，要慎重。

朱：在人员安排上，我们实际上是将离退休的老同志单独安排，还探索实行"530"方式，即距国家法定退休年龄5年以内或工龄达到30年的人员可提前退休。这种方法减轻了所在单位的负担，实现了轻装上阵。我们在推进制播分离时，提出"先台内后台外"，就是为了给转制后的公司提供一定的保护。制播分离改革还为电视台带来了评价机制等多方面的变化。如以前很多电视台都以自制节目多为豪，而实施制播分离改革后，一些节目已经市场化了，购买节目的数量成为评价电视台体制和机制的一个指数。

胡：从内容制作和购买来看，什么样的内容应该放在媒体内部制作？

朱：新闻类节目、时政类节目、访谈类节目，还有如《焦点访谈》等舆论监督类节目，必须由电视台内部制作。其他的节目如娱乐、影视剧可以进行制播分离，从社会上购买。这是大的框架。如气象节目、体育节目，现在很多是节目公司制作，电视台购买播出。

中国广播影视"走出去"

▲ 中国广播影视从以国内发展为主兼顾国际，向国内国际并重发展转变。

▲ 已经超越"让世界了解中国，让中国走向世界"的既定目标，要成为"全球的视角、中国的眼光、世界的窗口"。

胡：2009年新华社牵头做的第四届世界媒体峰会，国家领导人很重视，也有很大的国际反响。现在，中国传媒在"走出去""国际化"方面做了很多工作，那么成效如何？

朱：现在，广播电视"走出去"每年都有新进展。随着中国的发展壮大，广播电视传媒"走出去"已经形成了奔涌前行的新态势，取得了丰硕成果。

新华社开办视频新闻，有利于扩大中国在国际社会上的话语权和影响力。目前，中国长城卫星电视北美平台、亚洲平台、非洲平台、欧洲平台、拉美平台相继建成开播；央视四套、央视九套及央视西班牙语法语频道、央视阿拉伯语国际频道、央视俄语国际频道等频道的节目信号通过卫星传送已覆盖全球，在139个国家和地区实现了节目的落地入户播出，海外用户超过15亿户；在境外的整频率调频电台已达19座，实现了我国对外广播史上的新突破；以东方卫视为代表的一批地方广播电视媒体也纷纷发挥自己的优势和特色，向各国提供节目、栏目和频道，大踏步地走向世界。

广播影视对外传播的成就不仅体现在落地节目和出口产品上，近年来广播影视"走出去"出现了前所未有的变化，主要表现在五个方面。

在指导方针上，从以国内发展为主兼顾国际，向国内国际并重发展转变。中央电视台的19套开路电视节目中就有6套国际节目，地方广播电视也纷纷利用地缘和语言优势加快"走出去"步伐。内蒙古电视台的多档节目落地蒙古国；新疆电台电视台的节目在吉尔吉斯斯坦、乌兹别克斯坦、哈萨克斯坦、土耳其等多个中亚国家落地；广西电视台与泰国、越南、菲律宾、印尼等国电视台联合举办中国广西电视展播周，形成了立体式的"走出去"局面。

在工作目标上，从介绍中国向对世界发出中国的声音转变。随着"走出去"的发展壮大，中国广播影视不再是简单地介绍中国，而是积极参与国际新闻事件的报道，在国际传媒中发出中国的声音，使中国广播电视成为"全球的视角、中国的眼光、世界的窗口"，成为全球倾听中国、了解世界的重要途径。

在发展标准上，从简单学习模仿国外媒体向建设国际一流媒体转变。以央视为代表的广播电视媒体，正在大幅提升全球传播力，致力于建成国际领先的现代传播体系。目前，央视九套正在稳步向中国特色的国际化电视频道迈进，央视四套已经成为全球最受欢迎的中文频道。

在"走出去"的形式上，已从单项发展到多项。现在的"走出去"不仅仅是在国外落地覆盖,还包括购买国外电台电视台播出资源、销售广播影视节目、到国外举办广播影视节展、与国外合办晚会或项目等多种形式。购买国外电台电视台的频道频率和时段是近年来"走出去"的一种崭新形式。

胡: 这就是借力借势、借船出海。按照我们曾有的思路,造船不如买船,买船不如租船。

朱: 是的。另外,面向国外销售广播影视节目进一步扩大了中华文化对海外的影响。2008年,全国各影视机构仅通过参加国际电视节,就向国外销售电视剧1000多万美元。电视剧《李小龙传奇》远销欧洲、北美洲、亚洲等60多个国家和地区,尚未开播就靠销售国外版权收回全部投资。动画片《三国演义》现已销往多个国家和地区。浙江卫视《我爱记歌词》等节目的播出版权也成功卖到了国外。

在运作方式上,从免费赠送向付费收看转变。目前,中国长城卫星电视平台全球付费用户突破10万户,总收入接近2亿元,其中美国平台7.4万户,加拿大平台1.5万户,是北美规模最大、节目最多、订户最广的中文卫星电视服务平台,获得了良好的社会效益和经济效益。这些都表明,广播影视"走出去"正在进入一个崭新的阶段。

胡: 我预测,随着中国国家地位的提高,委托制作、制播分离不仅在国内层面展开,而且可能在国际层面展开,如委托国际媒体制作、购买国际媒体、购买时段等。如果我们完全投资制作,还得用人家的人,借人家的地段,借人家已有的媒体和时段,采用各种方式覆盖,这是一个趋势,效果会更好一些。

朱: 近年来,有的民营企业在国外购买电视频道,但经营比较艰难,一方面是因为投入太大,另一方面是因为我们的投资者原来不是电视行业的。但这种做法传播了中华文化,发展成就了产品品牌,扩大了中华文化在海外的影响,我们对此是积极支持的。但中国企业家在购买国外的电视台后,想要实现既能宣传自己,又实现成功运营,还需要一个相当长的过程。

应当说，我国媒体对外传播的实际与我国的国际地位和实力、与我国文化产业的发展要求、与发达国家媒体的实力和影响力之间还有很大差距。目前，我国的经济总量已跃居世界第三位，正逐步由世界大国走向世界强国的行列，但我国媒体在国际舆论中的影响力仍然偏弱，硬实力和软实力失衡。我国文化产业正在快速发展，文化产品日益丰富，迫切需要走出国门，拓展海外市场。但和中国对外经济贸易出超相比，中国的对外文化贸易则是严重入超，进口与出口仍然是6∶1的比例，存在着严重的"文化赤字"。我国传媒在海外的规模、实力和影响力还不大。世界500强企业中，有8家传媒企业，但没有一家属于中国。这些都要求我国广播影视必须适应世界传媒的发展趋势，在"苦练内功"的同时，进一步扩大"走出去"规模，积极参与国际竞争，不断增强实力，提高竞争力，建立与我国国家地位和综合国力相匹配的广播影视国际传播力。

下一步，我们要继续推动构建现代国际传播体系，扩大电视海外整频道落地工作，发展中国长城卫星电视平台，积极参加世界电影节展，大力推动影视文化企业和产品"走出去"。我们的目标是，在可以预见的将来，形成多层次覆盖、多语种播出、多方式落地的环球广播电视格局，节目影响力大大增强，市场竞争力显著提升，国际市场份额明显增加，使中国广播影视成为世界传媒领域有重要影响力的媒体，成为世界各国了解中国的主要渠道，成为中华文化走向世界的主要载体。

进一步推动广播影视公共服务体系的建立

▲ 加快构建结构合理、发展均衡、网络健全、运行有效、惠及全民的广播影视公共服务体系。

▲ 一是广播电视应该成为新媒体的主力军；二是广播电视应该成为中国文化产业振兴的领头羊。

胡：2009年，国务院颁布《文化产业振兴规划》，以高清为代表的新媒体数字电视进入新一阶段的发展，包括民营资本、国外资本部分进入电信产业，您如何看待这种发展态势？

朱：《文化产业振兴规划》是国家出台的第十一个产业振兴规划。它的颁布，充分体现了党中央和国务院对文化产业发展的重视和支持。《文化产业振兴规划》作为国家的战略性规划，意味着国家将有大量的资金、项目、具体的政策支持，这对文化产业来说是一个很大的利好消息。

新媒体目前发展迅猛，在收入上已经超过了广播和电影。2008年，广播收入60亿元，电影收入80亿元，而新媒体的收入远远超过这个数字。新媒体的下一个目标是电视，曾有人说五年之内新媒体打败电视，我认为这是一个趋势。但在中国，五年之内达不到，需要更长的时间。当然，电视人应有危机感和紧迫感。电视是当今社会的第一媒体，这个地位是没有争议的。但是从发展趋势上看，新媒体的发展速度比电视更加迅猛。现在，很多年轻人不愿意通过传统的方式收看电视，而是喜欢上网，喜欢通过互联网收看电视剧和电视节目。这些年轻人成为社会的主流人群后，我们社会的风向就会发生改变。

胡：现在，网络的影响力越来越大，越来越多的年轻人倾向于在网上看电视。另外，通过网络反过来关注电视也是一个趋势。因为与其他渠道相比，网络的影响力是那么大，包括对电视节目的评价、点击率。

朱：针对这个趋势，我们强调广播电视要成为新媒体的主力军。广播电视在发展新媒体上有其他媒体不可比拟的优势。第一是行业优势。中央已经明确，广电是互联网视听节目等新媒体行业的主管部门，发展网上视听节目必须由广电主导。互联网、电信等都是新媒体节目传输的方式。第二是内容优势。媒体竞争说到底是内容的竞争。新媒体的迅速发展需要海量的内容支撑，这正是广播影视的优势。一方面，广播影视通过盘活传统的海量节目资源，努力满足多种数字播出平台、多种数字接收终端的需求。另一方面，广播影视能够深入研究新媒体受众的分布和收听收视习惯，生产出更多适合新媒体传播的视听产品。中央电视台和中国电影集团公司在2009年初的极短时间内，就生产出手机电影、手机动画片上千部。第三是人才优势。新媒体的发展需要强大的人才支撑。广播影视在长期的发展中，培养和锻炼了一大批新闻宣传人才、节目制作人才、工程技术人才、媒体管理人才，这是新媒体发展最迫切需要的核心人才，为新媒体储备了一个庞大的人才库。第四是品牌优势。广电作为"国家队"所产生的"国家品牌"，具有强大的公信力和影响力。广电和新媒体结合，其品牌优势延伸到新媒体，使广电的优势转化为新媒体的优势。借助广电等强势媒体的品牌，做出自己的影响力和特色，是新媒体提高自身竞争力的最佳选择。正是依托电台、电视台强大的行业、内容、人才和品牌等优势，近年来以央视网为代表的一批广电媒体网站实现了重大突破。

胡： 从国家层面来看，广播电视在内容制作上有传统优势，有这么一支素质很高的队伍和监管机制，从广电切入，对国家信息安全、稳定也有好处。在这种情况下，应该有些什么样的政策和办法去落实广电公共服务？

朱： 目前，广电系统正在加快构建结构合理、发展均衡、网络健全、运行有效、惠及全民的广播影视公共服务体系。主要是实施了三大工程：第一个是广播电视"村村通"工程，第二个是西藏、新疆等边疆少数民族地区广播电视覆盖工程（简称"西新工程"），第三个是农村电影放映工程。

广播电视"村村通"工程从1998年开始实施，目前已实现了行政村和50户以上自然村村村通广播电视。下一步要全面实现20户以上已通电自然村通广播电视，基本解决广大农村群众收听收看多套广播电视节目难的问题。

"西新工程"自2000年实施以来，大大加强西部少数民族地区和边疆地区广播影视基础设施建设，从根本上改变西部和边疆地区广播影视基础设施薄弱的状况。目前，"西新工程"的实施范围已从最初的西藏、新疆增加到宁夏、吉林延边、广西、云南等地区。下一步，我们将在巩固已有建设成果的基础上，充分发挥现有广播电视发射台站的作用，增加覆盖节目套数，在部分少数民族广播电视节目覆盖还存在空白的地区，利用多种技术手段，扩大广播电视的有效覆盖。

农村电影放映工程从国家"2131工程"脱胎而来。我们在实施中，注重将市场运作与政府推动有机结合，实行"市场运作、企业经营、政府购买、群众受惠"，从根本上解决农村电影可持续发展的关键问题。2005年，国家广电总局在浙江台州和广东佛山推进农村数字化放映和院线制改革试点取得成功，随后在全国开始推广。截至2008年底，已在全国建立数字电影地面卫星站54个，各级财政和院线公司购买数字放映设备13496套，放映范围已经覆盖全国30个省区市的228个地市、1589个县、1.5万个乡镇、27万个行政村，占全国覆盖面的三分之一。下一步，我们将加大推动力度，力争在"十一五"末期基本普及全国农村电影数字化，基本实现"一村一月一场数字电影"的新目标。

胡：实际上，广播电视媒体延伸到了整体的公共服务体系。

朱：是的，三大工程既是公共服务，也对开发农村这个潜力巨大的文化市场具有推动作用。建立公共服务体系，最大的问题是要保证长期通，关键是要建立长效机制。为什么有些地方的公共服务出现滑坡，原因就是后续配套没有跟上。所以，我们现在正在推动建立完善长效机制。我们要求，要把广播电视公共服务体系建设纳入地方各级政府工作的重要议事日程，纳入地方经济社会发展和社会主义新农村建设的总体规划，纳入公共财政支出预算。同时，继续推进县对乡镇广播电视的垂直管理运行体制建设。

胡：如果总结您刚才的观点，是不是可以用两句话形成这样一个判断：一是广播电视应该成为新媒体的主力军；二是广播电视应该成为中国文化产业振兴的领头羊。可不可以这么说？

朱：可以这么说。现在，文化领域公认广播电视的影响力最大，效益最好，服务最受欢迎。

2010：中国广播影视产业发展意义重大的一年

▲ 2010年对广播影视业是具有重要意义的一年，我们将在改革和发展方面有更大的动作。

▲ 广播电视改革要有新的突破和作为，以实际行动很好地完成"十一五"的结尾和"十二五"的开篇。

胡：您对2010年的中国广播影视发展有怎样的期待？

朱：2010年是"十一五"规划的最后一年，也是"十二五"规划出台之年，既是结尾，也是开篇。因此，2010年对广播影视业是具有重要意义的一年，我们将在改革和发展方面有更大的动作。

第一，认真落实《文化产业振兴规划》，着力发展以电影、电视剧、影视动画为重点的内容产业，着力发展有线电视网络产业和广播影视新兴业态，积极鼓励符合条件的广播影视企业上市融资。配合出台《关于促进电影产业繁荣发展的指导意见》；加快推进国有大型电影企业上市，积极推动中国电影集团公司上市；在电影行政管理职能划转后，指导各地进一步理顺关系、加强管理、搞好服务、推动发展；推动国有电影制片企业股份制改革，建立现代产权制度，改造成国有控股的股份制企业；深化院线制改革，以规模化连锁经营为方向，重点支持国有控股院线建设，着力发展规模院线、特色院线、数字院线、跨区域院线、农村院线，加强县级电影院建设，提高国产影片市场占有率。

第二，积极推进经营性节目制作单位转企改制，省级电台电视台所属尚未完成转制的电视剧制作机构在2010年要加快转企步伐；深入开展制播分离改革调研，密切跟踪《关于认真做好广播电视制播分离改革的意见》贯彻落实情况，总结经验，发现问题，适时召开制播分离改革座谈会，深入制播分离改革；积极推进央视网借鉴商业网站经营方式，建立现代法人治理结构，不断提高竞争力、增强影响力。

第三，认真落实《关于加快广播电视有线网络发展的若干意见》，加快有线网络整合步伐，2010年5月开展全国网络整合情况督查，2010年底基本实现"一省一网"；加快有线电视数字化整体转换，到2010年，直辖市和东、中部地区地市以上城市要实现有线电视数字化，东、中部地区县级城市和西部地区大部分县级以上城市基本完成有线电视数字化；加快大容量、双向交互改造，到2010年底，全国大中城市城区有线网络平均双向用户覆盖率要达到60%以上；积极推动有线网络运营单位转企改制，加快省级网络公司现代企业制度建设和股份制、公司制改造步伐，支持有条件的省网络公司跨地区重组扩张，做大做强。

第四，按照中央行政管理体制改革的部署，推动广播影视管理机构和播出机构管办分开改革，管理机构和播出机构实行职能分开、机构分设、财务分离，领导分开任职，不相互混岗；推进省级以下电台、电视台合并，促进广播电视资源共享；进一步加强市县广播电视改革发展调研，适时召开专题座谈会，听取各方面的意见和建议，研究提出进一步推进市县广播电视改革发展的意见。

第五，进一步明确广播影视公共服务的质量标准、指标体系和考评体系；加大"五个纳入"落实的推动力度；统筹卫星、无线、有线等各种技术方式和手段，积极推进广播电视"村村通"工程；继续实施"市场运作、企业经营、政府购买、农民受惠"思路，大力推进农村电影放映工程；深入推进"西新工程"。

第六，积极支持央视网抓好国家网络电视台的建设，创新体制机制，整合资源，做强做大；积极推动中国移动多媒体广播（CMMB）的市场发展工作，形成规模优势，在CMMB终端开展移动多媒体多业务，并形成全国运营体系，打造国家移动多媒体广播运营机构。

第七，在节目创新方面要有更大的步伐，在2009年底再推出15个典型节目形态，要树立一批整体创新的节目品牌。

因此，2010年，我们要在改革创新方面、在内容节目创新方面、在"走出去"方面、在事业产业发展方面都要迈出更大的步伐，取得更好的效果，以实际行动很好地完成"十一五"的结尾和"十二五"的开篇。

胡：感谢您从政策、全局的高度对中国广电媒体在过去发展、未来前瞻方面给我们带来非常精彩的读解和点评。2009年，新中国成立60周年，回望中国广播影视60年的发展，尤其是改革开放30年的成就，我们充满骄傲和自豪。2010年，我们将步入21世纪的第二个十年。随着中国在政治、经济等方面国际地位的日益提高，"文化软实力"已成为影响国家进一步发展的重大命题。中国广播影视在提升国家文化软实力，推动文化发展大繁荣，做强做大文化产业，为百姓提供优质文化服务等方面必将承担更加重要的责任与使命，期待中国广播影视在改革创新中建立更大的功业。

新十年新起点：中国广播电视的观察与思考

——2011年《现代传播》年度对话

王云鹏　时统宇　胡智锋

对话时间：2010年12月14日 15：00—19：00

对话地点：北京广电国际酒店三层1号会议室

对 话 人：王云鹏　时为中国国际广播电台副台长

　　　　　　时统宇　时为中国社会科学院新闻与传播研究所研究员

　　　　　　胡智锋　时为中国传媒大学文科科研处处长、教授、博士生导师，《现代传播》主编

整 理 者：曾祥敏　时为中国传媒大学电视与新闻学院副教授、《现代传播》特约编辑

【关键词】 新世纪十年；中国广播电视；新媒体；国际传播能力

胡智锋（以下简称"胡"）：《现代传播》从2004年第一期开始，每年开篇做一个业界与学界的对话，邀请业界领袖、学界代表性人物对中国广播电视的现状及未来进行分析探讨，至今已经持续7年了，本年度邀请了中国国际广播电台的王云鹏副台长和中国社会科学院的时统宇先生。2010年是21世纪第一个十年的收官之年，2011年又是"十二五"规划的开局之年，这

是承上启下的一个很重要的节点。

今年的对话主要是两方面内容：一是对十年来中国广播电视传媒发展的总体印象和评价，并对2010年年度广播电视传媒的发展进行盘点；二是面对未来，围绕如何提升中国广播电视传媒的传播能力，包括内容生产、国家战略、技术、政策、人才培养等各个方面，谈谈问题、思路和想法。

新世纪十年中国广播电视发展的基本特点

▲ 新世纪十年，中国广播电视经历了改革探索、曲折反复、飞速发展的摸索阶段，其发展的基本脉络是从慌乱到镇定：前五年是慌乱，后五年是镇定。中国广播电视传媒仍然在探索一条具有中国本土特色的生存与发展的道路。

时统宇（以下简称"时"）：这十年，中国广播电视从慌乱走向镇定，或者称为淡定。刚进入新世纪的时候，中国广播电视整体比较慌乱，差不多持续了四到五年之后，开始走向镇定。慌乱表现得最明显的是：中国加入WTO（世界贸易组织）——狼来了。当时给人的感觉是，只要中国加入WTO，中国的民族工业、民族产业、文化产业都将面临巨大的挑战和危机。

中国广播电视界比较流行的话语是：做大做强，传媒大鳄，中国传媒是小舢板，等等。中国广播电视在刚刚进入新世纪的时候，在体制、机制、节目的生产播出等方面都表现得比较慌乱。我从一个研究者的角度来考虑，如果从体制和机制及产业方面来讲，中国广播电视进入新世纪的前五年是中国广播电视历史上最乱的时期。这种乱表现在，正如有的专家曾经形容的：产业化的是是非非，集团化的反反复复，有线、无线的恩恩怨怨，局台合一的打打闹闹，网络整合的忽忽悠悠，等等。

这种慌乱具体表现在，时代公司和华纳兄弟影业公司合并以后成为传媒界的庞然大物，而中国广播电视都是非常分散的个体户，小舢板没法跟传媒大鳄、超级航母对抗，于是急急忙忙地进行集团化。对于中国广播电视的集团化，早在前几年我就说过，它是以失败而告终的，教训非常深刻。用行政捆绑的做法去"做大做强"，其心态和做法都带有非常多的主观意志和行政主导。这种慌乱有认识方面的一些问题，也有不了解情况的一些问题，最重要的一点是中国广播电视这几十年的一些遗留问题，比如"四级办广播电视"遗留下来的问题，"管办不分"的问题等。

2005年以后，中国广播电视逐渐走向镇定。国际大背景是美国爆发了次贷危机，中国广播电视在经过了四五年慌乱期后，大家开始逐渐明白，最根本的还是应该踏踏实实地做好自己的事情，以不变应万变，仍然是内容为王。还有一个关键问题，大家逐渐看到了困扰中国广播电视界发展的克隆问题、低俗问题，更多的是本土问题。

总的来说，中国广播电视在新世纪前十年探索出了一条具有中国本土特色的生存与发展的道路。而在这条道路上，包括中国广播电视的集团化，教训多于经验，失败大于成功，具有必然性和不可逆转性。重要的是，这些经验教训对中国广播电视今后的发展是大有可借鉴之处的，是我们的一笔宝贵财富。

胡：时老师作为学者，评价开诚布公，非常清晰地描述了新世纪前十年中国广播电视发展的基本特点。

王云鹏（以下简称"王"）：对于新世纪这十年的广播电视历程，我概括为改革艰苦探索且曲折反复、事业产业并行又快速发展的十年。新世纪初，面对国外媒体的急切进入和国际传媒集团的兼并整合，我们很着急，在思想还不统一和思路还不成熟的情况下，就实践先行了，结果出现了反复的情形，集团化改革就是这样的。为什么大家后来说广电集团化是"四不像"，就反映出这个问题。大方向是明确的，觉得我们必须要进行改革，并通过改革做强做大。但是在怎么做的问题上，我们没有想得很成熟，也可以说带有试的成分，所以出现了反复的情形。

今天，要评价新世纪十年的广电改革还是要慎重。在这个过程中，有领导机构的决策，有学者的热烈讨论，还有一线广播电视人的积极尝试和艰难探索。因为广电领域的改革、文化领域的改革，都和政治体制改革有十分密切的关系，受到政治、文化、社会等多种重要因素的制约和影响。在当时经济体制改革不断深化的背景下，在进入新世纪的历史阶段和关键时刻，大家都非常急切地希望改革，中央领导又号召我们做强做大。在这样一个背景下，广电人还是响应号召，在体制机制的改革或者创新中积极上路、勇于探索，具体的改革模式也是多样的。回过头看，总的来说，中国广播电视改革时间比较长，"摸着石头过河"的过程非常艰难。当然，在十年来国家经济社会持续快速发展的大好形势下，中国广播电视在事业和产业两方面仍实现了比较快速的发展与增长。

胡：王台长为我们提供了一个经历者的视角和观点。刚才时老师描述了整个中国广播电视这十年从慌乱到镇定的状态，我特别认同他的描述。时老师分析了国内和国外两个背景，中国加入WTO后"狼来了"的这种压力，现在还令我们记忆犹新，20世纪90年代后期到21世纪初的研究文章中，WTO好像是脱离不开的话题。这是广播电视发展所受到的外部压力。

从内部来看，十四大之后，国家一直在快速推进产业化，从经济领域一直延伸到社会生活的其他领域。在这种背景下，电信和网络本来就有一定的市场化基础，而电信又一分为三，快速地改革推进，一下子把盘子做大了。这是内部压力。

广电行业的主管领导包括高层领导，肯定看到了中国特色社会主义市场经济快速推进的步伐，在宣传文化上不能坐以待毙，必须要整合力量、迎头赶上，必须得把自己内在的产业、产能、效能激发出来，否则要做大做强是不可能的。所以在这个前提下，推进广电产业化的目标明确了。我觉得我们的高层和主管部门在宏观上、战略上的基本判断是正确的，看到了国内和国外的这种压力，必须做的战略选择就是做大做强，其动机、目标包括想象和期待都是没有问题的。

如果不推动改革，我们不可能有今天的成绩。2005年之后之所以开始镇定，是鉴于我们相对成熟的内容产业，包括整个广电产业发展的格局和层面，尽管有一些问题，但确实还是比头几年要走得更坚定和更明白。

王：我们今天大概能够看清楚一些的就是这个发展脉络和思路。2003年，默多克访华，在一次演讲中，我问了一个问题：作为同行，您对中国的广播电视也非常熟悉，您怎么看我们眼下方兴未艾的集团化改革？他回答得非常简洁清楚：你们目前不是什么集团化的问题，而是企业化问题。他的意思是说，没有解决企业化的问题，集团化还提不上日程，因为集团化是一个产业领域的问题，而不是一个行政和事业领域的问题。企业集团化是资本兼并，现代化的传媒集团理应是市场上传媒企业的集合体，是通过资本融合、兼并和控制的媒体企业集团，是母带子的关系和系统。实践也证明，事业体制和行政手段也可以做大，但是要在竞争激烈的传媒市场上真正做大做强，还是要按照市场规律来操作。十年来的艰难探索和曲折反复，使我们今天比较清楚地看到了这一点，从而有了新的认识。吸取已有的经验教训，今天我们又在进行制播分离名义下的事业企业分开又共存、一体并行的探索，在进行传媒事业机构名下的企业集团的尝试，这与以前的集团化相比是一个进步，但结果如何还要由实践来检验。

胡：刚才，王台长用"艰难探索、曲折反复、快速发展"概括这十年中国广播电视的发展道路，我认为很准确。20世纪80年代之前，中国电视是以"宣传品"为主导，艺术性较弱；90年代，开启了探索广播电视独特传媒艺术、个性的"作品"阶段，出现了符合电视自身、符合中国电视本土观众需求的一些独特的形式与观念；90年代后期，随着整个中国广播电视体制的改革推进，内容生产方面进入了一个以市场为导向、以观众诉求为标准、以"产品"为主导的阶段，整个电视节目类型包括新闻、专题、电视剧、纪录片、电视文艺等几乎都进入所谓的产业化。产业化之后获得了什么？泛娱乐化，新闻也娱乐化，专题也娱乐化，一切都娱乐化。衡量标准就是收视率加广告效应。但是，我们也要看到这是一个巨大的进步，首先让老百姓的话语权越来越高、越来越大，参与度越来越热。以前，老百姓说花钱"买个爷"回去，天天教我。现在，广播电视在不断满足老百姓的娱乐诉求。娱乐化和产业化是这十年中国广播电视最大的景观变化。

中国广播电视媒体的新格局

▲ 中国广播电视媒体已到了"春秋战国"时代，在激烈竞争的态势下，也出现了一些问题。其中，低俗与创新能力欠缺仍然会影响中国电视未来十年的发展。

时：中央电视台的影响力仍然很大，但是现在中国各地电视竞争非常厉害。中国广播电视格局在各地电视台上星时很是热闹了一阵子，不少人流露出一种担忧：中央电视台的竞争对手太多了。但中央电视台时任台长杨伟光有句话表达得特别清楚和淡定：广播电视以不变应万变的最重要一点是内容为王，甭管多少星、多少台，老百姓只能看一个台，就要看节目质量了。

中国广播电视特别是电视媒体这十年的一个巨大变化和进步，就是中国电视传媒的市场化、产业化甚至商业化步伐的加快，这是我们始料未及的。十多年前，中国电视节目市场远远不像现在这样发达。中国电视节目比拼的两种主要类型是电视剧和综艺节目，这两类节目的市场化、产业化、商业化程度最高。以电视剧为例，十多年前海派、粤派、京派电视剧三足鼎立时，《情满珠江》《英雄无悔》《外来妹》等绝对都是由中央电视台首播，没有现在的首播剧、独播剧、自制剧之说。现在中央电视台之所以遭遇挑战，首先是因为其播出的一些电视剧影响不大，而地方台率先播出的如《激情燃烧的岁月》《金婚》《黎明之前》等大受欢迎。

我们在面对地方卫视逐鹿中原、狼烟四起的格局时，评价其积极意义的同时，确实也有我们的焦虑，尤其是2010年胡锦涛总书记提出的抵制"三俗"之风之后。由于片面追求收视率，2010年的相亲节目、养生节目、情感类节目出现了一些问题。另外，地方卫视出于对排行的过度热衷，产生了恶性竞争。尤其是2010年的几个相亲类节目给大家上了实实在在、非常生动的一课，大家看到了在肯定市场化和产业化进步的情况下，应如何避免泛市场化、泛娱乐化、泛产业化，很值得我们从另外一个角度进行反思。

反过来讲，还印证了我们在回答第一个问题的时候提到的，困扰中国广播电视行业尤其是中国电视传媒发展的两大问题，现在看来非但没有得到较好解决，而且愈演愈烈。第一，低俗。第二，创新能力欠缺，带来克隆成风。这两大问题仍然会困扰中国电视未来十年的发展，我们仍然没有找到特别切实的、行之有效的治理路径。因此，如果评价这十年中国广播电视尤其是电视的生存格局和环境，应该是喜忧参半。

王：我感觉这十年中国广播电视也是在飞速发展，跟我国经济的高速发展相似，突然感觉频道、频率和节目多得过剩了。

这十年，因为网络等新媒体的崛起，广播电视的新闻节目在题材、内容方面更加广泛深入了，在传播环节上也更加即时和互动。新媒体的兴起加速了各媒体对新闻报道的竞争。新媒体的信息发布更加便捷而广泛，传统媒体不报道或报道速度稍慢一些，网络能将信息传至千家万户，因此传统媒体就可能游离于全社会之外，这是一个尖锐的挑战。但是，这反而刺激了传统新闻媒体，尤其是中国广播电视新闻节目的快速提高与发展。当然，广播电视的各类节目在这十年都有很大的进步与发展，内容更加丰富多彩。但也确实出现了一些突出的问题，如低俗、克隆、泛娱乐化、片面追求收视率等。我认为，广播电视在新世纪这十年的历程既反映了我们这个社会的高速发展，也折射出这个社会的功利与浮躁。

胡：一个"繁"，一个"杂"。十年干别人一百年的活。这其中必然有一些问题的出现，也是我们在发展中亟须调整、总结和解决的问题。

中国广播电视传媒的体制机制改革

▲ 2010年，中国广播电视传媒体制机制继续深化改革，但是对改革的评价应该是谨慎大于乐观，改革还应更深入。

胡：2010年，中央电视台全面实行机制改革，全员竞聘，频道制改革，这对中央电视台来讲是大事，对全国广播电视媒体来讲也是一个重要的问题，两位怎么评价这次改革？

时：对于中央电视台的全员竞聘、频道制改革，我认为谨慎比乐观占的成分大一些，还远远不是要大唱赞歌的时候。为什么？中央电视台这些年来，包括每年11月8日的广告招标，广告收入年年攀升，这当然可喜可贺。但是，对于整个中国电视来说，中央电视台更重要的任务是体现国家大台的中国风格和中国气派，如何体现党的十七大报告提出的"用中国特色社会主义共同理想凝聚力量，用以爱国主义为核心的民族精神和以改革创新为核心的时代精神鼓舞斗志，用社会主义荣辱观引领风尚"。因此，中央电视台的最大任务是引领，引领中国电视尤其是节目市场的健康发展。

回顾一下历史，中央电视台在引领中国电视健康发展的10多年历程中，有《焦点访谈》对于舆论监督类节目的引领，有《新闻调查》对于深度报道类节目的引领，有《实话实说》对于中国谈话类节目的引领，甚至稍后一点儿，有《讲述》《走近科学》《探索·发现》对于中国故事类节目的引领等，都是起到了标杆作用。而这些年，真的说不出中央电视台有哪些节目具有这种引领作用，这是我感到比较失望的。中央电视台能否无愧于国家大台的称号和形象，最重要的不是完成了频道制或全员聘任的改革，而是是否落实在节目创新创优方面，是否在新形势下书写了内容为王的新篇章，进而承担起对于整个中国电视节目生产、播出、社会效益和经济效益的引领作用。

对于这次中央电视台的机制改革，有的专家说，这是中央电视台在补前十年的课，有的甚至说是在还前十年的账，这些说法虽然有些苛刻，但是从一个意义上来讲是有道理的。我想到一个例子，在1992年邓小平南方谈话以后，1993年、1994年，《焦点访谈》《实话实说》《东方时空》《新闻调查》对于中国电视节目发挥了大规模、大范围的正面、健康、积极引领作用，中央电视台的体制改革、人事制度包括人员招聘改革是为电视节目创新创优引领服务的。尤其是《东方时空》用工制度的改革，在当时对整个中央电视台及中国电视业产生了巨大的推动作用。因此，2010年中央电视台人事制度、结构方面改革的效果到底怎么样，最终还是要落实到内容为王，包括节目创新程度、质量和对于整个中国电视节目的引领层面。总之，实践是检验真理的唯一标准。体制、机制的改革成功与否，检验的标准不是体制和机制本身，而一定是节目内容的生产和创新，这是我的基本观点。

不过有一点，我觉得中央电视台对于整个中国电视而言承担着正确舆论导向和文化担当的职责，特别让我感到兴奋的是马上要推出的中央电视台纪录频道，我觉得舆论好像对这方面的关注不太多。作为专业研究者，我们应该特别给予关注，因为它关乎整个电视节目舆论导向正确与否、文化含量是否厚重等。我认为这是中央电视台2010年频道改革当中最大的亮点。

王：谈到中央电视台2010年的一系列改革，我觉得还是在事业体制范围内、按照中央对事业单位改革的部署进行的，而且结合了中央电视台的特点和情况进行改革和创新，起到了积极的作用。如人才脱颖而出，对员工的激励和岗位要求都增强了。

怎么评价2010年广播电视的体制机制改革？频道制改革和频道专业化对于我们是一个启发，还有一个启发就是推动电视剧制作单位和出版社转企。为什么一定要转企？因为事业体制范围内，生产力的挖掘和发展已经没有潜力和前景了。转制的代价和成本也是相当大的，难度也很大。但是中央看准了，决定必须要转，事业的体制与机制已制约了它们的继续发展，只有把它们转变为企业，完全推向市场，才能变为产业，才能按照市场规律在自由竞争中做大做强，这项事业才有希望。

为什么要进行体制机制的改革？是为了解决原来体制机制下无法解决并已严重制约发展的长久难题。而目前仍长期困扰广播电视健康发展的一些突出问题，要求和呼唤广播电视行业加快推进和深化拓展体制机制的改革。比如，擅自开播频率频道问题，滥播乱放广告问题，"三俗"成灾的问题，克隆成风的问题，等等。针对这些问题，头痛医头，脚痛医脚，反反复复，屡禁不止。恐怕病根还是体制机制问题。参照2010年体制机制改革的成功经验，频道制改革和频道专业化启发我们，可以对广播电视频率频道进行分类管理的改革，就是对频率频道进行公益性为主还是经营性为主的定位，从准入、运营、财税、监管、惩处等方面制定不同的相关配套政策。公益性的，国家政府给予保证。经营性的，严格依法办事，可生可灭。不再一身两面，占着事业体制、市场机制两方面的利，又难以或并不尽到两方面的责任与义务。电视剧制作单位和出版社转企启发我们，可以扩大转企改革和深化产业改革，通过股份制建立健全现代企业制度，奠定广播电视传媒产业大发展的基础。

胡： 两位谈得很透，已经超出了原来的预想，从频道专业化和中央电视台内部改革，延伸到全行业市场化，从事业到产业，从市场化到适应市场产业需要的企业化，再到法制化。

2010年中国广播电视的年度热点问题

▲ 2010年中国广播电视业的热点是灾难性报道、电视剧重拍、婚恋交友节目。

▲ 广播发展沉静、稳健，电视发展略显浮躁，创新和责任仍然是发展的要义。

胡：关于2010年的（电视）热点节目，我个人感觉有这么几个热点：灾难性报道、电视剧重拍、婚恋交友节目。

时：关于电视剧重拍，仍然感觉是喜忧参半。所谓"喜"，大概从两三年前开始，中国影视有一个特别可喜的变化——高举信仰的旗帜，如《潜伏》《黎明之前》《人间正道是沧桑》《暗算》等，这种信仰表达特别好，而且收视率和广告收入都不错。重拍电视剧中，如《红岩》《洪湖赤卫队》《永不消逝的电波》等都是中央电视台播出，也是属于翻拍、重拍，这些作品不管广告和收视率怎么样，翻拍红色经典是2010年电视剧的一个可喜现象，高扬主旋律，从信仰角度重新出发。

所谓"忧"，是新版《红楼梦》的评价非常负面，收视率和广告也不如预想的那么好。现在又在大张旗鼓地要翻拍的《西游记》《水浒传》，还有金庸的作品等，这让我感到特别忧虑。热播电视剧在几年之内就翻拍，反映了中国电视剧原创能力的匮乏。

关于灾难性报道，我想说一说广播对于我的启发。十年当中，我们很少说到广播。20世纪最后十年是中国广播处于弱势，在一定程度上被边缘化的十年。但是，进入新世纪以后的中国广播的发展，在相当程度上，我认为要超过中国电视，有收视（听）率和广告收入增加的具体事例来支持这个判断。如果从广告增幅来考量，中国广播广告的增幅要高于中国电视广告。在新世纪的十年，中国广播打了一个漂亮的翻身仗。让我们感慨的是：在广播灰头土脸的那些年，什么时候听到中国广播人说我这日子没法过了？我经常表扬中国广播，人家在十年当中踏踏实实干自己的事情，而且干得很精彩。

在2010年的重大突发事件当中，广播对于新媒体的重视和利用非常到位。比如说上海"11·15"特别重大火灾，央广网最后干脆就播微博，这种信手拈来的资源实在是太丰富了，而且物美价廉。在2008年南方冰雪灾害中，湖南郴州断电了一个多星期，谈什么电视，媒体就剩下广播了，这算不算"沧海横流，方显英雄本色"？在这一点上，我们应该给予广播特别的肯定和称赞。尤其是"中国之声"，更是可圈可点。

婚恋交友节目是2010年的三大收视热点之一。2010年婚恋交友节目，以《非诚勿扰》《为爱向前冲》为代表，确实受到社会各界包括舆论的批评。我们说一种节目不行比较容易，但是中国电视有个毛病，经常倒脏水的时候把婴儿一起倒掉，说某个节目不行，就整个节目类型都不行。《非诚勿扰》现在还在播，收视率也不错。我们是否在坚持正确舆论导向和文化担当的基础上，有一种允许犯错误和改正错误的机制？江苏卫视的《非诚勿扰》从一定程度上来讲，给我们提供了允许犯错误、允许改正错误的例子。喜忧参半，也可以用到婚恋交友节目上。

十年回顾，有一个非常重要的背景一定要提到，这就是中国新闻政策和文化政策的发展变化，其中应该特别提到胡锦涛总书记的几次重要讲话。对于新闻传播的一些提法，可以说是有重大突破和创新。比如重大突发事件，要提高时效性、增强透明度，第一时间发布权威信息；对新媒体的重视；对西强我弱舆论传播格局的基本判断；等等。这些讲话，中国广播电视应该给予充分的重视。2010年的灾害性报道也好，时政新闻也好，民生新闻也好，在很大程度上都遵循了胡锦涛总书记的要求。比如弘扬社会正气，通达社情民意，疏导公众情绪，开展舆论监督，保障人民群众的知情权、参与权、表达权、监督权，胡锦涛总书记对于四种权利进行了明确表达，特别是在2008年、2009年两次中央级媒体的重要讲话，一次是2008年在人民日报社考察工作时的讲话，一次是在2009年新华社承办的世界媒体峰会上的讲话，胡锦涛总书记的讲话中透示出的理性、务实、平和、从容的风格和基调，特别值得我们重视。

王：广播的复兴，有广播人的努力和坚持，事实证明新媒体的出现不能完全取代传统媒体。广播抓住了两个机遇：第一，抓住了汽车人群。有车的人群大都是社会的主流人群，是社会的精英人群。广播抓住了有车人群，就拥有了最有能量的社会受众。第二，抓住了传统媒体和新媒体的融合。做得成功的广播，都把新媒体融入其中，扩大了信息来源，提高了传播效率和覆盖能力，实现了传播方式的不断现代化。抓住了这两个机遇，广播迎来了新的发展期。

对于相亲节目，我觉得有一个定位问题，因为相亲、爱情、恋爱本来是神秘、神圣和很私密的事情，要把这个事情拿到大庭广众之下，分寸的把握就变得非常重要。另外，相亲节目是真相亲，还是假演戏真娱乐，这一点首先要明确，否则就忽悠了所有的人。

胡：婚恋节目基本上是以婚恋的名义，实际上做的是娱乐节目。两位说的一个共性东西，就是年度两个关键词——创意、责任，现在问题都出在这里，创新能力匮乏，焦虑，正如王台长所说的"浮躁"，这是大的社会背景。从行业角度讲，原创能力匮乏，显现出我们在创意上的尴尬。

因为这样一些原因，行业自身发展过于快速，以至于我们来不及沉淀，来不及思考，来不及回味，所以我们就谈不上所谓的"原创"。我想在这样的状态当中，谁都来不及也不敢沉淀，沉淀几年，跟不上潮流，就翻页了。克隆、抄袭，包括经典重拍，为什么这么热？因为成本很低，这是创新要付出的代价。如果要沉淀，那么就意味着在市场上很难站住脚，付出的代价将是相当惨重的。

为什么大家高度评价广播？因为广播更沉静，我们看到了它在浮躁当中的稳健。电视也有积极的层面，比如公益晚会的社会动员，但是也有过公益性募捐变成台上光数钱的问题，过分关注谁捐多少钱，这是导向问题，把公益性活动做成捐款活动，显示出另外一种浮躁。

婚恋交友节目面对剩男剩女这个社会现实，反应速度很快，有积极意义，包括节目创新，在引进的基础上有了较大程度的改造，有创新价值，也算难能可贵。但是，有些电视节目的确触及了底线。允不允许出错，从大的程度来讲，错是很微小的。除了这些，我们首先看创意问题。创意匮乏，原创力弱，为什么？这里有社会原因、行业原因、成本原因、代价原因等。

另外，与创意相关联的就是责任。党和政府办的媒体，不论你怎么说，这就是你的职责，你如果没有这种责任感或没有能力来担当这个职责，就是你失职。正如刚才王台长所说的，在法律上和行业管理上，现在当然还没有所谓的准入退出，那将来有没有可能？如果触及底线，对于社会造成巨大危害，这种责任用什么方法来承接？现在，只能靠自觉和道德。

责任更要紧。在经济领域里，做传媒创意产业，犯点错，出了问题，还是能容忍的，毕竟为了所谓的赚取更大利益。但是，如果在道德层面，在对社会有所担当，甚至对人类有所担当的时候，如果丧失责任，应该说是不能饶恕的，或者不能容忍的。当然，现在还没有严重到这种程度。至于说无害，是不是可以睁一眼闭一眼？我们已经把责任底线拉得很低了。

回过头看十年整个的节目生产状态、内容生产状态，其核心就是两个关键词。第一是怎么创新，创新需要平衡最大利益诉求和为创新所应该付出的成本。如果大家都不创新，连中央电视台都不带头创新了，刚才所说的引领何在？第二是责任，创新不能走向极端。

新媒体与传统广播电视媒体的融合

▲ 新媒体与传统广播电视媒体是融合关系，传统广播电视媒体借助新媒体获得新的发展，舆论引导新格局已经显现。

胡：近几年来，新媒体已经表现出强大的影响力，给传统广播电视媒体带来了巨大的冲击，请两位评价一下当前及未来新媒体与传统广播电视媒体的关系。

王：我认为，当前和未来新媒体和传统广播电视媒体是一种融合的关系。新媒体本身具有一个特点，作为单独媒体出现的新媒体，其实也是新兴的综合媒体，或者叫多媒体。正如话剧、电影是艺术门类中的综合艺术一样，作为新兴的传播渠道和表现形式，互联网媒体和移动多媒体涵盖了文图、影视音、动漫、游戏、广告、互动、购物等各种传播内容和形式，所以是综合媒体。

新媒体的开办，不同于传统媒体，比如报社不能开办广播，电台和电视台也要分开办。这次新媒体的出现，无论中央政策也好，社会推动也罢，还是传统媒体的自觉，是大家都来办，而且鼓励传统媒体开办新媒体。因此，从政策到实践，新媒体和传统媒体都是融合的。传统媒体通过迎接、参与、融合，发展为新的综合媒体。传统媒体和新媒体互相融合、互相支撑，形成你中有我、我中有你的局面。而且，资源更为节约，力量更为集中，覆盖更为广泛，传播更为有效，优势更为明显。中国国际广播电台正是通过与新媒体的融合，比如开办了互联网媒体国际在线，迅速从长期保持的43种语言广播扩展为61种语言的新媒体传播。

时：关于新媒体，有两种认识格局：第一，新媒体的蛋糕有多大。2010年中国广播电视的关键词之一是三网融合。我的观点是，没有利益和体制的融合，三网融合就是一个传说。为什么？把电视广告市场和手机短信市场做一个简单比较，中国电视人累死累活，其广告收入远不如全国人民一起发短信带来的收入。手机摁出来的收入，比电视广告收入要多得多。而且，你什么时候听说过电信把手机短信的盈利当回事？第二，更重要的现实格局是舆论引导格局，或者叫新媒体舆论引导格局，给传统广播电视在传播资源上带来的新空间。我们得承认，在新媒体铺天盖地的情况下，广播电视媒体在一定程度上被边缘化了。现在，我们更多的是要向新媒体学习，利用新媒体资源，才能完成党和政府交给我们的形成舆论引导新格局的任务。舆论引导新格局是什么？大家正在探索、摸索，但有一点是肯定的，舆论引导新格局不可逆转。

胡：三网融合是大势所趋，对于传统广播电视媒体来说机遇与挑战并存。由于这种融合可能产生出若干新的业态，而全世界都处在融合媒体的探索中，由此带来的国家信息安全及新旧媒体的利益格局等问题非常复杂，一言难尽。但有两点可以肯定：第一，技术发展必然冲破和影响现有的传播方式及相关制度安排，对此应从容应对。第二，应当以人为本，如果能给受众带来便利和满足，就应积极推动。

提升中国国际传播能力

▲ 中国国际传播能力的建设与提升十分必要，又非常迫切；相当给力，要长期坚持；应尽快完善，并不断加强。

胡：随着中国国力的加强，中国国家形象的对外建构成为中央高层重点关注的问题。国务院新闻办公室启动了国家形象宣传片的拍摄工作，中央级媒体如新华社、中国国际广播电台、中央电视台加强了对外覆盖能力和报道能力。两位能否对中国国际传播战略构想进行一下评价？

王：关于中国国际传播战略构想，近年来党和政府高度重视，专门提出了提高国家重点媒体对外传播能力的规划和部署。我在中国国际台工作，在对外传播和国际传播的第一线工作，对此有更真切的感受。

关于这个战略构想和规划部署，我的观点是：第一，十分必要，又非常迫切。为什么？因为我们的对外传播能力及国际传播力还非常弱，与我们大国的地位、在国际上的作用和影响力很不相称。国际台经常接待来访的各国代表团、参观团、培训班等，当了解了国际台对外传播的发展情况和现状后，外国朋友常表现出意外的惊讶，同时希望我们把中国的广播、电视传送到他们的国家去。因为，很多有关中国的事情，他们听到的和看到的都是西方传媒的报道，有很多都是歪曲、攻击性的报道，他们也不全信，可又听不到看不到中国自己的报道。这给了我们很大的刺激。所以，我们非常欢迎和拥护国家关于加强国际传播能力建设的决策，并要加倍努力、加紧工作，早日实现和落实中国国际传播战略的构想与具体部署。

第二，相当给力，要长期坚持。按照国家的支持和要求，国际台要在多方面开展提高对外传播能力和国际传播力的建设。一是境外落地播出。通过合作建设和市场租用，在海外设立落地播出的中波台或调频台。二是本土化制作。要在有落地播出中波台和调频台的地方，通过合作或委托的形式，建立本土化的节目制作室，在当地制作播出适应听众需求、有针对性和贴近性的节目。三是英语环球广播。我们将实现对全球不同地区的多套每天24小时不间断播出的环球英语广播。四是华语环球广播。我们将实现对全球不同地区的多套每天24小时不间断播出的环球华语广播。五是多语种环球广播。六是新媒体建设。不仅有国际在线网站，还将开播中国国际广播电视网络台，即CIBN，面向全球播出。七是技术设施建设。这是一个宏大的目标与任务，必须长期坚持，才能尽快并逐步地实现。

第三，应尽快完善，并不断加强。在包括税收等方面都要尽快改进和完善相关政策和措施，在海外落地播出和本土化节目制作的公司化开拓和创新方面，在海外媒体的购买、参股、兼并等方面，都需要相关政策和具体措施的有力支持。

胡：王台长的描述非常全面。可见，提升国际传播能力要分析国际传播环境格局，制定恰当的战略规划，更要积极努力地主动建设。这要从硬件和软件两个方面都做出努力。王台长主要从广播媒体的角度谈到了中国国际传播能力的提升，那么电视媒体应有什么作为？

时：中国电视十年来"走出去"的步伐也在加快。加强我国电视对外传播的战略意义在于：第一，是实现跨世纪宏伟目标的需要。进入新世纪，国际形势正在发生深刻的变革，世界多极化和经济全球化的趋势正在深入发展，科技更是日新月异，综合国力竞争日趋激烈。跨入新世纪后，为了实现改革开放的深化与创建和谐社会的新的奋斗目标，中国需要全面地了解世界，也需要让世界更好地了解中国，以创造和保持一个良好和谐的国际环境。第二，是为了更好地展示我国良好的国际形象，进一步扩大对外开放的需要。要让世界更全面、准确、及时地了解中国的历史、现实和发展，了解中国的国内外方针和政策。第三，是维护民族尊严和国家统一的需要，是反击西方对我国进行"西化""分化"，扭转西强我弱的舆论格局的需要。

这些年来，中央电视台开播了多条多语种的国际频道，一些有实力的地方电视台也在北美等地实现了落地，2010年中国新华新闻电视网正式上星，我国的一些影视剧和纪录片也在国际市场上崭露头角。一个负责任大国的良好国际形象的塑造，离开了电视形象是不可想象的。我们必须看到，和中国高速铁路已领先世界相比，中华文化"走出去"的步伐还显得比较慢，中国电视任重而道远。

中国国际传播面临的问题

▲ 目前，中国媒体的国际传播主要面临四个问题，分别是覆盖薄弱、内容老套、针对性差、人才缺乏。

胡：目前，中国媒体的对外传播有哪些主要问题，中国国际传播能力的提升还需要在哪些方面加强？

王：目前，中国媒体对外传播最主要的问题：一是覆盖薄弱，二是内容老套，三是针对性差，四是人才缺乏。

关于覆盖薄弱，前面已经提到了。西强我弱是目前的现实状况，要改变这种现状，需尽快地扩大国际传播覆盖面。关于内容老套，用对内传播的思路指导和开展对外传播和国际传播是不对路的。中国国际广播电台这几年也在适应海外落地播出的需要，改进节目的内容制作和编排，但仍需改进。比如我们在非洲塞内加尔落地播出后，我国驻塞内加尔大使馆来电祝贺，但一个星期后又来电话说，你们的一些节目内容不太适合于当地听众。几千公里甚至上万公里之外的传播，距离太远，如果传播的内容缺乏针对性，谈不上适应性，就难有吸引力。落地播出或进入当地的广播电视网络之后，还有融入当地社会和媒体市场的问题，还有与当地丰富多样的广播电视节目相竞争的问题。人才缺乏问题仍十分突出，尤其是非通用语专业毕业又能胜任新闻传播工作的业务人才奇缺。另外，负责对外传播和国际传播的单位与部门，差不多完全依靠有限的工资，缺乏创收来源与津贴补贴，工资待遇与其他国内媒体比相差较大，因此既吸引不来也留不住优秀的人才。再就是驻外记者与我国外交人员的待遇相差较大，严重影响了外派记者驻站工作的积极性。

胡： 王台长这四点讲得十分到位，可以说是击中要害，那么现在有什么设想和措施来解决这些问题？

王： 要加快对外传播覆盖网络建设，尤其是落地播出和进入当地广播电视网络与市场。要加快节目的本土化制作与播出，通过委托制作或建立海外节目制作室，制作本土化节目，制作当地人需要的节目，解决针对性、适应性、融入性的问题。同时，加快对外传播和国际传播的内容创新，国家宣传管理部门对于国际传播宣传口径的指导和要求也要和对内传播不一样。支持改革并加快完善对外传播的产业政策与措施，支持对外传播和国际传播的公司化运营。要尽快研究和解决对外传播和国际传播工作人员待遇低、吸引不来也留不住优秀人才的问题，参照同等级别与能力水平的国内媒体人员待遇，不断提高和拉齐对外传播工作人员的实际待遇，并尽快解决驻外记者与我国外交人员的待遇差别，以保证我国驻外记者队伍的稳定和人员素质的不断加强。

国际传播人才培养

▲ 加快国际传播人才培养，充分发挥和提高现有人才的作用，切实培养国际传播专门人才。

胡： 目前，国家积极加强国际传播人才的培养，比如清华大学、中国传媒大学等几所高校的国际新闻传播人才后备班建设在紧锣密鼓地进行。那么，对于国际传播人才的培养与建设，我们需要有哪些切实有效的途径和措施？在后备人才的培养方面，我们还应该有哪些措施？

王： 关于国际传播人才培养的途径与措施，第一是形式方面。应有扎实且实用的学历教育，注重外语和应用学科门类的学历教育。与国外交换学习应该变成常态，现在好像正逐步走向常态。在国内外的实习要有组织、有实效、有考核，纳入学分，现在的实习都是学生自己联系的，恰恰这一块需要我们重视，目前是薄弱环节。研究生教育要求学生必须有实践经历，教育形式可灵活多样。学科专业有适当的方向性，适合于将来从事某个行业或语言地区的专门报道工作。第二是内容方面。要掌握一门专业外语，而且精深，不精真的不行。英语必须拥有一定水平，因为这是目前最国际化的工作语言，否则难以胜任国际传播这个工作平台。要接受国际传播的系统学习和专门训练，外语是必备的基础工具，国际传播是本职和专业。还要有新媒体或媒体管理、经营的专业学习与训练，这是目前国际传播十分紧缺又迫切需要的一类专门人才。

胡： 非常感谢两位为《现代传播》2011年年度对话所贡献的思想、理念与观点。新世纪以来，中国广播电视媒体面临的压力最大，面对来自政治、市场、社会、文化的需求，面对来自新媒体的挑战，面对行业自身激烈的竞争。中国广播电视媒体如何实现生存、发展与繁荣？我们欣喜地看到：中国广电人坚持在困难中探索，在探索中创新，在创新中发展。期待这些探索创新为中国广播电视未来的发展留下宝贵的经验。

价值重构：中国传播研究主体性探寻
——2011年《现代传播》年度对话

[加拿大] 赵月枝　胡智锋

对话时间： 2010年12月27日

对话地点： 中国传媒大学5号楼《现代传播》杂志社会议室

对 话 人：赵月枝　时为加拿大西蒙菲莎大学教授、全球传播政治经济学加拿大国家特聘教授、中国传媒大学教育部"长江学者"讲座教授

　　　　　胡智锋　时为中国传媒大学文科科研处处长、教授、博士生导师，《现代传播》主编，教育部"长江学者"特聘教授

整 理 者：张志华　时为中国传媒大学电视与新闻学院讲师

【编者按】 本文为中国传媒大学教育部"长江学者"特聘教授胡智锋与教育部"长江学者"讲座教授赵月枝关于中国传播研究的学术对话。在本次对话中，两位"长江学者"在全球视野下围绕中国传播研究的现状、问题、特征及发展趋势进行了深入探讨，提出了不少一针见血、启人深思的理念与观念。

胡智锋（以下简称"胡"）：今天，两位"长江学者"要做一番关于中国传媒学术的对话[①]。一位是毕业于北京广播学院（中国传媒大学前身），现在世界知名的华人传播学者赵月枝教授，一位是本人，与中国传媒一起成长，做中国传媒研究的本土学者。我们恰好是有中国传媒大学背景的两位"长江学者"。

赵月枝（以下简称"赵"）：我很高兴有机会跟国内的学者做深度交流。

胡：从国际视角和本土视角，我们怎么看待中国传媒学术的现状和问题，及其在全球视野当中的地位、经验和发展的可能性？同时，这个对话也是《现代传播》"名刊工程"中的一个亮点，我们始终以推动传媒学术为己任，用对话的方式来激发学者对传媒学术发展提出比较客观的看法。

众声喧哗与价值危机

胡：与中国社会一样，中国的传媒正经历一个超速发展的阶段，带来的传媒剧变及传媒学术剧变也是令人始料未及的。

按照传统做法，我们会做很多理性推演，要做调查，用科学的方法来选择对象，细细揣摩，再经过若干年的积累，慢慢形成一个观点、一种说法。而现在，传媒学术和传媒的变化速度一样快，很多事情都让人感觉来不及，还没有确定好方向，新的潮流又来了。无论是世界的变化、中国的变化，还是传媒的变化、传媒学术的变化，都非常匆忙。在这种匆忙当中，整个传媒学界呈现一种众声喧哗的状态，也呈现了一种失语的状态。

原来可能会有潮流引领者，会有权威者和跟随者，形成流派或学派，但是现在越来越难了，都匆匆忙忙的。有很多方法、很多论文、很多著作，可谓汗牛充栋，但是又感觉似乎没有说清楚。

[①] 赵月枝的《"向东看，往南走"：开拓后危机时代传播研究新视野》是此对话的一个相关话题背景。该文发表于台湾《中华传播学刊》，2010年第18期。

赵：其实，众声喧哗和失语的背后，是危机。国内传播学是在当年新闻学的基础上嫁接西方尤其是美国实证主义传播学繁衍而来的，当年新闻学的基础理论是马克思主义新闻理论。改革开放以后，尤其经过20世纪80年代"新启蒙"运动、"告别革命"，马克思主义新闻理论曾面临危机。记得当年在学校时，我们一方面批判资产阶级新闻的虚伪性，另一方面又把《纽约时报》当作标杆，把客观性当作目标，认为我们的媒体更多的是宣传，而《纽约时报》是客观的。

胡：是专业主义。

赵：当年的马克思主义新闻理论被我们自认为是僵化、教条，没有说服力的。同时，我们引进了以美国为主流的传播理论及其实证主义研究方法。虽然实证主义研究方法本身好像不考虑价值层面的东西，是科学的，但实际上它隐含的理论前提是美国自由主义的价值体系。如霍尔所论，实证方法所假定（assume）的价值观即美国在20世纪五六十年代的"冷战"意识形态，是不被讨论的一种"共识"。用这样的意识形态共识来理解刚才您所说的中国现在千变万化的传播现象，的确是力不从心。

我们面临的境况是，传统马克思主义理论已经不能解释改革开放之后的一些新发展，以美国为主导的西方实证主义研究方法所假定的理论框架面对中国的现实又力不从心，这导致了我们当下的危机。与此同时，我们确实引进了各种西方批判理论，但是西方批判理论从法兰克福学派到后现代主义也有其具体的语境，我们怎么样把它们跟中国的现实结合，也是一个挑战。

胡：刚才您提到一个问题，就是怎么看我们的理论武器。理论武器的后面是价值观，没有价值体系的支撑，就没有核心。

赵：没错，任何理论与方法的后面都有一套价值观。被我们认为是主流的美国的实证主义研究方法，假定"二战"后美国社会比较稳定，没有剧烈转型，更没有大规模的社会冲突，基本价值已经被承认，没什么可讨论的了，是在这个基础上来进行实证研究。当然，越南战争和美国国内民权运动的崛起很快暴露了这种前提价值假定的迷思和霸权性质。这30年来，中国经历了这么巨大的宏观转型，我们自己的价值观还在形成过程中。当我们不问价值而盲目套用别人的理论与方法时，就有意无意地假定了别人隐含的价值。

胡： 西方对中国影响比较大的三个理论资源，第一个是马克思主义新闻观，是中国化的马克思主义。其理论武器是辩证唯物主义和历史唯物主义。从德国古典主义基础上衍生出的科学社会主义，经过了列宁和斯大林，经过了毛泽东，支撑它的价值观是革命价值观。

赵： 反封建和反帝、反殖、反资一起进行。

胡： 通过革命来寻求人类解放。这套东西我们拿过来，结合了中国的新闻实践，衍生出中国化的马克思主义新闻观。革命的价值观与党性、人民性这一整套的范式是一个对应关系。

第二个是自由主义和实证主义，又是另一种范式。自由主义对应的是实证主义，它的价值观是自由主义和现代化理论。经过资产阶级革命、资本主义扩张、资产阶级积累大量财富并遇到危机，"二战"后欧美社会比较稳定，允许不同的主义来为稳固其社会状态做研究。

赵： 只能说，自由多元主义（liberal pluralism）意识形态里面有不同的社会主张，但不可能多元到让共产主义者掌握话语权。经过两次大战后，欧美社会比较平稳，自由多元主义成了"共识"，在这个前提下来推行实证主义研究方法，仿佛社会意识形态问题解决了，可以隐而不谈。

胡： 在学习和引进一种西方的研究方法时，我们更多的是看到技术层面的问题，而忽略了理论来源、深层次的价值观问题，如果缺乏深层次的理解，我们的方法论就是缺乏生命力的。根深才能叶茂，不见得非要去把西方的树根挖过来栽到中国，这是徒劳的。中国经验告诉我们，真正的培植还要在自己的国土上，要根据自己的土壤和环境来栽种植被。

赵： 就这棵树本身，我要追问，它是充满生机的希望之树，还是千疮百孔的病树？西方资本主义早在马克思时代就已经展示了它的危机和矛盾。资本主义发展到现在，它的不可持续性应该说是不言而喻的。我们甚至要进一步追问：这是一棵为人类遮风挡雨的庇荫之树，还是流着毒汁、结出战争恶果的灾难之树？

胡：是要打一个问号。

赵：更要打一个叹号！正因为这样，所以我们要创新。这个创新不仅是为了中国自己，而且是为了人类的未来。从美国次贷危机到现在陷入债务危机的欧元区五国，再到生态危机，西方也在寻求出路。事实上，自《共产党宣言》问世以来，就已经不再是资本主义能否持续的问题，而是应该有什么样新的制度来替代它。现在，这个问题更迫切了。

胡：第三个是西方的批判学派，建构于资本主义后期，对从现代到后现代转型过程出现的种种弊端进行自我反思、自我批判，形成改良主义理论，它的价值观是改良的。

赵：马克思主义诞生于欧洲，它的传播在政治地理上有两条线：一条红线到了苏联和中国；另外一条是在西方内部。也就是说，马克思主义的解放话语在世界上分成了两支：一支以20世纪的苏联革命和中国革命为主导，在不发达国家形成与革命相关的理论与实践。在媒体领域，这体现为党报理论与相关实践。另一支是西方知识界把马克思主义思想延续了下来，从法兰克福学派到后结构主义及与之相关的"自治主义的马克思主义"等流派，西方马克思主义思想体系比较复杂。改良成了政治诉求，其部分原因是，如列宁的帝国主义理论所示，西方马克思主义学者所在的西方国家处于世界资本主义体系中可以通过强权和国际劳动分工剥削边缘国家及其人民的位置，阶级冲突没有达到暴力革命的地步。但是，西方马克思主义在西方语境内一直没有放弃马克思主义人类解放的愿景。从这个角度来看，马克思主义最基本的解放价值诉求在西方和东方都得到了表达，只是表达方式不同。

讲到东方的马克思主义理论与实践，有一点很重要，那就是中国模式与苏联模式的不同之处。政治学者林春认为，中国共产党在追求解放的实践中，在不断探寻与苏联不一样的东西，那就是群众参与。

胡：我们探讨价值观的问题，就是为今天中国的传媒学术正本清源。我们要清楚，在中国自身发展进程当中，在我们的新闻传播实践和理论中，马克思主义人类解放理念其实是一以贯之的，体现在我们的传媒实践中，特别是群众性、人民性，具体包括群众参与的方式，实际上是反科层、反专制、反精英主义的。

中心与边缘，霸权与挑战

胡：我多次说过，对任何一个媒介来说，收视率和广告收益都是重要的，是所谓的赖以生存的物质基础。但是，我始终强调一句话："态度决定一切。"也就是说价值观是最根本的。如果一个媒体没有一种核心价值来支撑，它就失去了方向和目标，再好的技术也无能为力。对于传媒学术来说也一样，如果没有一个核心价值去支撑，无论用什么样的方法可能都是奇技淫巧，就不可能充满激情，也不可能沉淀于理性。这种学术是缺乏活力的，只是为了完成一篇报告、一个项目，为了得到更多学术资源，而不是带着长远的设想真正去解决问题。

赵：我比您更激进一点，不是没有价值观，而是有意无意甚至稀里糊涂认同了别人的价值观。因为任何一种理论和方法的背后都有一种价值观，所以即使你不去讨论价值观，也会通过理论框架和方法的选择把其背后的价值观有意无意地带进来。结果就是橘逾淮为枳，不仅浪费资源，而且南辕北辙。

胡：比如，这些年我们引进了若干个所谓"后"学，似乎很时尚，但是慢慢发现其实某一种学说可能就是某一个学者个人的视角，也未必在西方学术主流中得到广泛认同，也未必见得就如何，很有可能是在一个偶然机缘下被我们碰到，就被奉为神明。

赵：这说明我们不自信，总是问什么是西方主流。某种理论可能在西方不是主流，我倒不担心这一点，只要这一理论立得住。刚开始被认为是异端的东西有可能代表着未来的走向。如果我们承认中国在开拓一个新的社会形式，是在探索中国特色的社会主义道路，那我们为什么非得迎合西方主流？为什么西方主流就应该是我们的主流？为什么明明知道西方模式建立在过去的殖民扩张和现在的美帝国体系之上，我们还要跟西方主流结合？所以，"是不是西方主流"这个问题本身就体现了我们没有自主性，没有主体意识。

胡：中国的传媒学术界有两个现象特别有意思，一个是所谓"理论"，另一个是"国际化"。只要说到理论，特别是传播学，就认为中国没有理论。比如做论文，根据中国传媒的实践，花大力气做了一个经验的梳理，就会有人问：你的理论呢？如果博士论文里没有西方的传播理论，那就不是理论。这个现象很普遍，认为非西方不理论，中国自己总结出来的不是理论。所谓"国际化"，只要提到中国跟国际接轨，就拿美国和欧洲作为参照，再看看我们中国，结论必然是如此落后、如此差劲。这是两个非常突出的问题。在我们的研究方法和价值观里，其实有一个深层次的问题，就是对本民族、本土的成就和经验的漠视、不自信，包括对我们自身的新闻传播、广播电视研究的经验梳理。

赵：我们把自己的经验放在割裂的西方理论中去检验，认为西方有理论，而我们只能提供经验，好像理论就姓西。

胡：我们要建立自己的知识范式。

赵：我们习惯去承认西方知识的普遍性，再把中国经验放在里面。实际上，任何一套知识体系都是以本地为基础的，包括中国革命和建设在内，任何社会运动和社会实践都有不同的知识，都有不同的理论资源，而不是西方就是理论，中国只提供经验。关于这点，我本人也一直在抗争。有学者说：我有一套有关资本逻辑的普遍理论，你来提供中国的例子。我说：对不起，不是这么回事，资本主义逻辑跟中国社会结构有一个磨合的过程（mediation）。不能把资本逻辑抽象出来，把它本质化，然后说中国只提供经验。

胡：按他们的说法，中国只能作为例子，知识体系和范式都是西方的。

赵：这本身就是西方中心主义的一种表达。

胡：而且，这种问题在中国知识界特别是传媒学术界很普遍，因为传播学更多的是引进的，我们已经习惯了认可"全球知识、本地实践"的观念，有意无意地就把自己矮了三截。

赵：这是话语霸权的集中表现。在这种情况下，我们怎么赶超，即使发表更多的文章又如何？再多，也是处于人家的框架之下。所以，要反思以西方为中心的知识论，也就是认识论。什么是知识，谁的知识，不同知识体系之间的权力关系如何，我们要反思清楚。正如您刚才所说的，当我们有意无意地认为西方有理论、我们有经验的时候，实际上我们就不是这个游戏中的平等玩家了。

胡：我们已经上了圈套。

赵：对。再举个例子，几天前我在国内讲课，讲到中国"走出去"的时候，我说"走出去"很重要，但是还有一个"谁的声音走出去"的问题。比如《英雄》这部电影是"走出去"了，但我认为"走出去"的是秦始皇的视野，而孟姜女的视野并没有"走出去"。课后，马上就有学生反问：美国有吗？可问题是，如果我说美国没有，是否就万事大吉，问题终结了，历史终结了？当然，在这里秦始皇和孟姜女的视野只是象征性的符号。但问题是，为什么要拿美国作为一个评判标准？这里面是否隐含着美国代表"先进文化的前进方向"这一前提？在好莱坞的意识形态中，灰姑娘和《漂亮女人》（Pretty Woman）的视野是主流，我们的花木兰也被挪用（appropriate）

了，但我们不能指望有更底层的孟姜女的视野。孟姜女代表被压制的阶级和民众，而且是女性。

胡：这很典型。我想这种发问不仅学生会有，而且相当一部分学者也会自然地问美国有吗？或者问你的理论是哪里的，是西方哪一派的？如果不是，他马上会质疑：你"国际化"了吗？与国际接轨了吗？

赵：当我们说"接轨"的时候，我们想的是纽约的摩天大楼，想的是与美国的中产阶级接轨。但是，我们忘了美国中产阶级所依附或者其能够形成的内政和外交条件。在内，美国有自己内部的第三世界。在某些州的一些贫民社区里，一个黑人男性在成长过程中进监狱的机会比进大学的机会还要多。对外，美国占有帝国的位置，在全世界设立那么多军事基地，可以先扶持某政权，再把它推翻。我们的一些知识分子，凭着自己的经验和想象就要跟美国中产阶级接轨，但忘了它是一个整体的社会结构中的一部分，是一个世界体系中的一部分。

胡：在学术上也一样，我们也参照所谓的与"国际接轨"。大学排名，我们要进世界一百强，实际上是想进入一个体系，变成那个体系中被西方认可的一个案例。

赵：对。资本主义在英国最先形成以后，整个资本主义世界体系（world-system）只能有一个中心。当英国形成资本主义以后，它把其他国家卷进来，不可能有另外一个中心。你跟想象中的美国中产阶级接轨了，成了跨国消费精英的一部分，但是谁在这个过程中被牺牲了，成了失地的农民和下岗的工人？从方法论角度来看，这是一个线性思维（linear thinking）和关系性思维（relational thinking）的区别问题。

胡：所谓"国际化"更多的是一种想象，这种想象把西方的话语和知识体系当成真正的知识，当成全球普遍的知识，这样一来我们只能是它的案例，这就是典型的所谓"全球知识、本地经验"观念的体现，无非就是把西方或者以美国为代表的某种理论当成唯一的理论资源，或者是让中国学术与这样的理论接轨，作为它的注脚，这样才叫"国际化"！这在今天是一个非常要命的问题。

赵：我们的学术还有深深的"殖民学术"印记。

西方与中国，解构与重构

胡：中国在慢慢融入世界，如果说经济上的全球贸易、跨国资本流动还可以接受的话，那么文化上的"洋务主义"或许对我们的文化和学术是伤害最大的。

赵：从政治经济学的视野来看，社会的经济、政治、文化是分不开的，它们互相建构。从某种角度来说，我们学术的这个情况实际上与经济改革后大规模依靠国外资本是相关的。所以，在这样的语境下如何获得自己的学术主体性，是一个很重要的问题。

说到中国学术的主体性，不是说要本质化中国，要在中国和西方之间画一条线，而是我们要有自己的关于世界普遍主义的辩解，要有自己的世界视野。我们的学术要挑战西方中心主义，不是为了弘扬东方主义和中国文化本质主义，而是以另外一种普遍性来与现在占主导地位的普遍性进行一种对话。从中国的立场出发，但是要有世界眼光。

实际上，中国与西方的对立很多时候是人为的，是构建的。我们所说的西方现代科学，在许多方面得益于东方知识，是文明交融的结果。毕竟，现代数学所依附的数字是阿拉伯数字。

胡：所谓云计算，0和1这两个最基本的数字是阿拉伯世界创造的。

赵：因此，我们一方面要挑战西方主导的知识霸权体系，另一方面又不是提倡文化相对主义和"文明冲突论"，而是要在更高的人类解放的层面来批判和挑战现行的资本主义文化霸权。

地理上的西方是资本主义文化霸权的发源地和主体，工业文明是从那里发展起来的，但这只是一个特殊历史条件下的产物。所以，在这个语境下，挑战西方，更具体地说是挑战现在仍由西方主导的全球资本主义及其知识霸权。当然，这个"西方"早已存在于我们中国人的心里了。当中国学生问"美国有吗"时，西方已经在他自己心中。

要挑战西方，同时要解构西方，不能把西方本质化，只当作地理概念来理解。马克思主义也是在西方产生的，马克思主义之后，新的马克思主义、批判理论和所谓各种"后"学里面的进步内核都包含解放的诉求，所以西方也存在挑战西方霸权的资源。另外，在西方还有被压制的原住民，他们一直在与西方资本主义价值体系进行抗争。

要解构西方，同时要解构东西方二元论。在经济一体化语境下，早就是中国有西方，西方有中国。从跨国公司的运作到我们自己想象中的作为价值规范的美国，资本主义现代性价值体系的霸权无处不在。

胡： 在谈到全球和本土的时候，有两个极端倾向。一个是以西方为中心，应该说近几百年以来基本上是以西方为中心，经济、政治、文化都是如此，马克思主义诞生以来的世界变化，以及整个民族解放运动，还是没有在根本上颠覆西方中心。另一个是极端的封闭，以自我为中心。这两种倾向都很危险。狭隘的西方中心主义已经造成很多恶果；狭隘的民族主义过于封闭，不接受世界，不接受其他民族和文化。所以，对于以西方或者以美国为中心建构的理论和国际化，我们要批判；对于狭隘的、封闭的民族主义或者文化本质主义，我们也要说不。

"全球知识、本地经验"隐含着非中就是西、非西就是中，我们要解构它，消除二元对立。我们可能要反过来说，一个丰富的世界由多种知识建构，由全球各种在地知识建构起来。其实，我们应该推动在地知识的建构，这是为了建构新的知识体系。

赵： 新形式的世界主义。

胡： 我们把不懂西方叫作无知，把懂西方叫作有知，这是问题。但是，仅仅以本土作为一个封闭的场域，也是问题。

赵：实际上，我们要的是一种有历史视野、有中国立场、又有国际眼界的知识。不是把中国和西方对接，而是在国际结构里理解中国、理解西方，来构建批判性的世界主义。

我刚才说过，我们所说的"西方"意指在西方占主导地位的资本主义现代性。所以，我更愿意说，我们要超越的是资本主义现代性。从这个角度来说，我们要构建的是另外一种现代性，或者说一种后资本主义的现代性，一种超越了中心与边缘、剥削与被剥削关系的新的人类共同体。

胡：我们的理想核心价值是追求人类解放的终极目标。具体在运行过程中，体现在我们的政治经济领域，强调的是尊重、平等的主体，突破二元化的对峙，即或东方或西方、或全球或在地的简单狭隘单一中心和单一本质，实现多种在地、多个中心、多个主体同时并进的世界主义。

赵：还有一点，要知道自己的知识结构与什么样的权力结构相关，这是一种有反思性的知识体系。

胡：谈到这种有反思性知识体系的建构，我们要建构的体系是一个真正的无所谓有知或无知，不是简单的二元对立。我觉得欧美其实有一批具有世界主义情怀的学者，他们非常令人尊敬。比如已故美国历史学家斯塔夫里阿诺斯，有人说他是最伟大的历史学家。他的《全球通史》在任何时段都没有简单地把欧美作为唯一线索，而是平行看。他在各个民族之间的关系建构中，试图构建真正的人类历史和全球历史。他说受材料的限制，受思想的限制，历史上任何历史教科书免不了以西方为中心，而他努力在建构打破以西方为中心的、还原历史真相的全球通史。

赵：所以，我们肯定要相信是有世界史，有人类史的。讲到西方理论，刚才我们说，有人坚信非西方不理论。实际上，这里的"西方"还需要进一步解构。以我熟悉的传播政治经济学理论为例，因为斯麦兹和席勒等学者的论著在北美用英文出版，我们就说这些理论是"西方理论"。其实我认为不是，因为他们的理论中早就融入了对东方和南方的关注、对全球反帝反资实践的总结。实际上，斯麦兹的学术思想受到了毛泽东思想的影响，他早在20世纪70年代初就到中国研究中国的传播理论与实践。席勒文化帝国主义理论受了非洲反殖民理论和这一理论实践者弗朗兹·法农等人的影响。席勒在"二战"期间被派到北非当兵，亲眼看到了西方殖民主义给当地带来的压迫，这对其理论的形成也产生了重要影响。

从这个角度来说，他们的理论不是任何本质化语境中的"西方理论"。这些理论融进了他们对自己本社会的批判反思，也包括对越南战争这样的美国海外战争所带来的灾难的反思。他们之所以有这种批判精神，是因为当年有中国和越南这样的国家在探索另类的现代化，也就是超越资本主义的现代化，或者可替代资本主义现代化的全球实践。

即使美国主流学者阐述的现代化理论，也是以第三世界为观照的。现代化理论实际上与"冷战"结合在一起，是希望把当时没有进入社会主义体系的一些第三世界国家拉到资本主义阵营里面的一种理论，目的在于维护西方的利益。但与此同时，其意识形态的"工作对象"实际上是西方之外的"第三世界"。

胡： 现代化理论是有核心价值的，但是我们往往只看到表象。

赵： 我所知道的传播政治经济学领域的开拓者们，都观察与分析了非西方国家反帝反殖的民族解放与社会革命实践，并在这个基础上进行了理论总结。所以从这个角度来说，这些理论不是纯粹意义上的"西方理论"。当然，这不代表这些理论没有体现出这些身居西方的学者的局限性。正因为如此，中国学者加入理论对话就显得尤其重要和迫切。

胡： 是的。应当摒弃非此即彼、或东或西的二元对立思维，尊重相互交流、相互融合的多元化、多样化的理论学术探求。恰如生物多样性保证了人类自然生存的良性生态一样，学术探求的多样性也会有利于人类社会文化生存、精神生存的良性生态。

中国传播研究的学术定位

胡：面对从范式危机衍生出的方法和价值的关系、东方和西方的关系、全球和在地的关系，以及有知和无知的关系，其实我们有一个共同的认知，那就是我们需要建构一个真正全球意义的非本质主义、非二元对立的新的知识体系。这种知识体系建构不论是出自哪个国家，建构的知识体系应该是普遍主义的，越是民族的越是世界的。

赵：也就是说，这里存在特殊和普遍的辩证与具体历史关系，不是本质主义的国粹，也不是抽象的普遍。

胡：中国新闻传播学界目前面对中国传媒发展的多种层面，如刚才讲到的"走出去"，属于政府行为，目的是提升文化软实力，提升国家传播力。在政策层面，我们也会有一些具体的推动，比如振兴国产电视剧、动画片，推动三网融合，推动国产纪录片发展等，所有这些政策层面的推动其实已经不是单一的中国化的东西，可能参照了日本、韩国这些相对发达的亚洲区域的实践，也可能参照了欧洲和美国的一些经验。这些东西在我们的政策体系中、在我们对传媒的观察和传媒经验的梳理过程中，已经变成一个你中有我、我中有你的状态。

起始于中国的传媒实践和传媒经验，采用多种来源的知识所建构的未来中国传媒学术，我想它应该自觉地建构一种全球知识，以中国为起点的，适应于全球的普遍经验，既是中国知识，又是世界知识，基于中国经验，但是超越了中国经验。

赵：对，正如我前面已提到的，要有历史视角、中国立场和国际眼界。而且，中国本土也有追求解放的实践，我们有很多经验，我们有自己的批判理论与实践资源，不仅已经影响了世界格局，实际上也已经或正在被人借鉴。

我们既有五千年的传统，也有150多年追求民族解放和社会解放，并创立自己民族国家的经验与教训，这个过程很曲折。我们先是反帝反殖，创立了一个多民族的现代民族国家（nation state），而不是欧洲那样单一民族一个国家的方式。在进行社会革命的实践过程中，中国一直在反对官僚主义。我们曾经不仅希望从"资"中解放出来、从"帝"中解放出来、从"殖"中解放出来，还要从官僚主义里面解放出来。可以说，中国革命具有更彻底的民主精神，有更普遍的社会基础。我们有某些在特定历史条件下的激进民主尝试，当然也有惨痛的教训。但是，不要因为有教训而不总结经验。

我刚才也说到，在传播学界，斯麦兹被毛泽东的矛盾论、中国的传播理论和政策所吸引。可是，为什么到了现在，我们反而认为非西方不理论，而且往往把西方学者作为"大师"请到中国来宣讲他们的理论，而不是与我们一起平等地讨论世界共同面临的问题？新一代中国新闻传播学人在理论创新方面的确任重道远。

胡： 从全球视野来看，我们很容易走向民族虚无主义状态，要不盲目自大，要不妄自菲薄。刚才说到越是民族的越是世界的，不管是鸦片战争以来，还是新中国成立60年来，有经验，也有教训，我们必须历史地去看，要去总结我们的历史经验，去规避我们的历史教训，不能因为自身问题，而去拥抱想象中的西方中产阶级的美好图景。与此相关，面对今天传媒的走势和传媒学术的走势，我觉得我们应该给予一些辨析，比如在学术诉求上，我们的学术到底为谁说话？是为精英专业主义说话，还是为普罗大众说话？政策设计是面向公共的社会，还是面向一小部分既得利益集团？这是很重要的立场问题。

赵： 是为了提高收视率而娱乐百姓，还是为百姓说话，或者更为重要的是，百姓是否能有自己说话的平台？

胡： 我开篇就说到了，大家很急躁，很匆忙，于是不断呼唤创新，传媒的创新和传播理论的创新时时发生。回过头来看，似乎也没有感到我们在创新。其实，我们经常是为了技术，而丢掉了我们的核心价值。我们的目标在哪里？方向在哪里？有两种指向非常重要。一个是传媒要生存，自己养活自己。我们经常说，做大做强。这个路子应该是跟文化产业的规律相接轨的。另一个是在社会效益的诉求上，应该是以公共服务作为核心诉求，因为我觉得简单的意识形态宣传不能代表大多数，简单的精英表达更不能代表大多数。应该确立公共服务价值取向，确立大文化产业生存发展做大做强的目标。

赵：中国媒体在做大做强、向时代华纳等西方媒体看齐的时候，我们要提醒自己，我们跟西方应该是不一样的，时代华纳是资本主义的媒体机构。

媒体如果以收视率为目标，就背离了我们自己宣称的价值理念。一个很重要的问题是，我们媒体的生产目的是什么？媒体在做大做强的过程中，如果自身成了市场经济下的利益集团，目的就是为了收视率的话，我们就有理由问，这还是社会主义国家的媒体吗？如果是社会主义国家的媒体，那么生产目的应该是为了满足人民群众的文化传播需求，而不是为了更多地获取利润。当然，牟利和满足民众的文化传播需求有某些结合点，市场在某些方面能够提供某些需求，但是如果只通过市场满足需求，那么更多方面的需求是市场提供不了的，尤其那些没有购买能力的民众和那些挑战市场权力关系的观点，广告商不青睐这些群体和这些观点。

与此相关还有一个问题，我们学术生产的目的是什么？很多年前有人问我，中国加入WTO之后，中国媒体怎么办？我说，先别问中国媒体应该怎么办，因为这是把我定位于媒体策略发展部的研究者了。从另一个角度来想这个问题，我们需要考虑的是，中国加入WTO之后，中国的传播生态会怎么样？也就是说，我们应该更多地站在社会的立场来考虑在WTO的语境下媒体会传播什么样的内容和价值，我们应该构建什么样的媒体制度来捍卫与倡导什么样的价值。可能是因为学界的许多研究资助来自媒体，所以我们把自己定位成媒体的战略发展部，想着如何按资本逻辑和所谓的"市场规律"做大做强。在社会主义体制下，媒体跟教育和医疗都是社会的公共服务体系。更确切地说，媒体是一个社会定义自己价值的系统，是不同社会成员表达自己和创造意义的场域。媒体本来具有这么重要的文化和政治意义，却把它们沦为牟利工具，不但本末倒置，而且会在价值宣扬方面南辕北辙，因为市场机制本身不是价值中立的。自由主义新闻观有其合理的内核，但是当年的马克思主义新闻理论有一个内核也十分值得我们去重温，那就是马克思主义的新闻自由在定义上是包括媒体免于成为资本牟利工具的自由。当然，资本也不一定都以私人资本的形式出现。

学者定位非常重要。我们是学者，要站在公共立场上。然而，在不平等的社会里，公共性又与阶级性密不可分。不少学者们有意无意地把自己摆在了一个专业主义的、阶级中立的立场，想着如何构建这样一个公共领域。不过，这个公共领域大概听不到普通民众的声音，只有"公共知识分子"自己及其认同或想象的"中产阶级"的声音。当然，公共立场也不一定非得是国家的立场，如果只有国家的立场，那还要学者干什么？总之，学者应该有一个相对独立的定位，同时，这一立场又是与其他权力主体在社会共同价值体系下形成的良性互动结构中的一部分。

胡：这里有两个概念：一个是公共服务，公共服务的建构要面向全社会；另一个是公共知识分子。刚才我对于中国传媒未来蓝图的描述，实际上是基于公共知识分子的立场或视角，设计公共服务的目标，不是设计政府的宣传目标。我们的传媒机构和传媒学术都应该有这样的诉求，为更广大的民众服务，提供公共服务。

现在，中国传媒学术的定位和走向要建构新的知识体系。在价值观层面，对应做大做强，我们需要公共服务产业。它不等于精英知识分子狭隘的小咖啡馆公共领域，而是面向更广大的民众，更为多元化，为多个阶层民众服务的一个体系。

赵：中国社会科学院的卜卫教授长期做与妇女儿童相关的媒体研究，但她的研究往往不被主流传播圈承认，说是太边缘。卜卫倒有自信，说：我研究一半以上的人口，还边缘吗？说实在的，这不是卜卫的遗憾，而是中国传播学的悲哀。刚才我们说到在国际层面有中心和边缘，在国内层面也一样，好像国内所谓大写的传播研究就是把研究对象定义为都市中产白领男性的研究，其他研究农民工、妇女尤其是与农民有关的传播则是边缘。中国至少有一半人口是农民，而我们国内有几个学者是做农村传播研究的？当然，这些研究被称为"农村传播研究"，而以中产白领为对象的研究却不被命名为"都市中产白领传播研究"。

胡：它不需要。正如过节，被授予节日的往往是弱势群体，如妇女节、儿童节。

赵：我们的传播研究观照的是什么？研究妇女、儿童、农民，就要被单独命名。可见，我们的传播研究隐含着都市中心主义和中产阶级的学术立场。

胡：不需要命名的实际上暗含了一种理所当然，本质上就是都市中产阶级学术立场。

赵：很多人的都市中产阶级研究都暗含着一个历史线性逻辑，就是中产阶级一定会变大。但是，当下的"蜗居""蚁族"等现实证明中产阶级不是越来越大。而且，美国社会的中产阶级也面临危机。当然，研究都市中产阶级没错，因为这一阶层毕竟存在，只是要从一个关系思维的视角来研究。在特定的国内国际政治经济结构中，某些人成了中产阶级，必然意味着某些人成了农民工。

虽然我们离不开概念和各种宏大叙事，但我对线性思维和孤立的类型思维（categorical thinking）时刻保持警觉，我提倡关系性思维和辩证思维。没有中国就没有西方，没有西方就没有中国，没有中国的农民工就没有中国的中产阶级，没有中国的农民工也没有美国的沃尔玛。

思想解放与后发优势

胡： 未来中国传媒学术要考虑的第一个问题就是价值观问题。要基于全球视野中的中国经验和中国历史，来建构真正的中国经验，然后以中国的立场来表达，为全球知识体系贡献中国知识。具体到传媒学术本身，应该有独立于政府和媒体机构的公共知识分子的学者立场，为公共服务描绘蓝图，为所谓做大做强，以独立的状态去创造知识。实际上这是一个命题，就是中国立场、中国价值。

赵： 与此同时，考虑的是全球视野中的中国。要考虑中国问题，必然要考虑中国在资本主义世界体系中的位置，这必然是世界的。也就是说，要从中国被卷入全球资本主义体系这一基本前提出发，来考虑中国农民工的境遇。当然，这不是说不分析中国本国的政治经济结构和具体的工厂劳工境况。正如市场力量和国家力量总是在特定历史过程中相互构建一样，不同层面的分析并不互相排斥。

胡： 第二个问题是研究方法论问题。所谓质化研究和量化研究的方法论已经本末倒置了，其实都是手段。今天还要强调科学主义和人文主义的结合，谁也离不开谁。

赵： 现在国内传播学界有一种焦虑，看看人家的社会学做得多好，政治学又做得如何如何，我们怎么这么没出息，尤其有些博士生很焦虑。我认为，传播学是新的学科，而社会学、政治学等是比较传统的学科，发展历史比较长，在学术殿堂中的身份和地位的确比传播学高。但是，我认为传播学是很有前途的学科，因为我们有跨学科的研究取向，既研究人文领域又研究社科领域。在社科领域，我们有条件和必要在汲取政治学、社会学等传统学科的理论与方法资源的同时，避免与超越它们各自的局限。传播学代表着学术发展的未来方向，我们也不是注定浅薄和拾人牙慧。

胡：人文和社科结合，科学主义和人文主义结合。

赵：对，我们要探索社会科学方法和人文主义方法、历史逻辑和理论逻辑相结合的一种研究。事实上，这是我们唯一的出路。因此，我们应立足于自己的学科，使它作为"后发者"在下一波的范式革命中后来者居上。

胡：与中西方对比一样，用传统学科的标准来看我们传播学，觉得很弱小，很自卑，但是我们不要那么去看，换一种视角来看，这种社会科学和人文科学的结合、质化和量化的结合，恰恰是传统学科不具备的方法论优势。

赵：传统学科有可能会压制创新，而传播学没有这个负担。

胡：反而有活力。在方法论方面我们非常开放，代表着未来。

赵：关键是我们要自己解放自己，包括从那种轻易贴左右标签的自我束缚中解放出来，并在随时随地保持自我反思性的同时，对任何党同伐异的个人学术权力政治冲动保持警觉。人文知识到了这个阶段，东西方要融合，不同学科间的界限要打破，这么一来，我们反而成为在一个新的时代、更符合时代要求的解释世界的一个领域，所以我们可以后发，可以有制高点。我觉得，传播学有这个天时和地利。至于人和，除了学术共同体的构建，我觉得学术自信很重要。要有自己的学术主体性。在北美，我很幸运。除了传播学者，汉学家中的政治学者、社会学者、历史学者都来找我探讨问题，因为他们需要有关中国的传播学分析，所以我个人没有这种焦虑。我觉得我们自己应该有信心，因为在现在的信息资本主义或者网络社会的时代，社会科学不能没有传播视野，其他学科没有传播视野，这是它们的盲点和悲哀。但是，如果我们自己贡献不出像样的东西，要不在媒介中心主义的狭隘框架里自娱自乐，要不忙于媒体产业发展与战略部门该做的活计，那是我们自己种瓜得瓜，种豆得豆。但是，我们也没有理由妄自菲薄。

胡：从世界学术发展来看，以传播学为代表的传媒学术研究是一个综合各种各样优势的前沿学科。我们应该有自信，看到我们不仅对传媒学科本身，而且对整个人文学科、对整个社会而言，都是在创造开辟新的道路。

中国的传媒学者面对西方传媒学术应该有自信，要依托中国经验，建构中国知识来做世界性的贡献。

文化复兴的理想与现实

——2012年《现代传播》年度对话

仲呈祥　胡智锋

对话时间：2011年12月14日

对话地点：中国传媒大学

对话人：仲呈祥　时为国务院学位委员会艺术学科评议组召集人、中国传媒大学艺术研究院院长、著名文艺理论家

　　　　胡智锋　时为教育部"长江学者"特聘教授，中国传媒大学文科科研处处长、传媒艺术与文化研究中心主任，《现代传播》主编

整理者：杨乘虎　时为中国传媒大学传媒艺术与文化研究中心执行主任

胡智锋（以下简称"胡"）：站在2011年的岁末回望，这一年可谓大事频发，可谓多"变"之年。环顾全球，本·拉登时代的终结、利比亚战争与卡扎菲政权的颠覆、苹果设计人乔布斯的辞世，都留下了无尽的话题。环顾国内，"十二五"规划开局之年，建党九十周年，辛亥革命一百周年，让2011年具有了特殊的时间节点意味。党的十七届六中全会的召开，建设社会主义文化强国战略纲领的推出，更是赋予了这一年开启文化强国新纪元的深刻内涵。

为此,《现代传播》2012年年度对话特地邀请了国务院学位委员会艺术学科评议组召集人、中国传媒大学艺术研究院院长、著名文艺理论家仲呈祥先生,围绕十七届六中全会引发的文化热效应,探讨中国文化发展的热点话题。

文化复兴:文化强国的时代宣言

胡:党的十七届六中全会是新时期以来第一次以文化发展为主题的重大决议,《中共中央关于深化文化体制改革 推动社会主义文化大发展大繁荣若干重大问题的决定》(简称《决定》)的推出,是今后一个时期国家文化建设的纲领性文献,对于当代中国文化发展具有重要的战略性意义和长远价值。我的理解是,这是中国向世界发出的文化崛起宣言。不知仲先生您如何理解?

仲呈祥(以下简称"仲"):十七届六中全会关于文化发展的决议,确实意义重大。这是党中央在国家发展的重要战略机遇期,为了引领中国人民继续推进改革开放和现代化建设,促进人的自由而全面发展,所制定的一项高瞻远瞩的伟大决策。如你所言,建设社会主义文化强国的宏大战略设想充分表达了中华民族文化复兴的自觉、自信与自强。

回望历史,新时期以来,党的工作重心由以阶级斗争为纲转移到以经济建设为中心,这是新中国历史上的一次伟大转折。以阶级斗争为纲,在中国共产党领导人民夺取政权的历史进程中有其必然性,但是新中国成立之后继续执行阶级斗争为纲,它的弊端已经被历史证明,发展到极端,使中国陷入了一场十年浩劫。邓小平同志高瞻远瞩,实行了重大调整,提出了以经济建设为中心,引领中国走向物质富裕的小康社会建设。伴随着历史行进到21世纪,要推动中国社会的全面协调可持续发展,必须正确处理好发展经济同发展文化、发展政治、发展社会及建设生态的协调关系。所以,党中央就提出了科学发展观,坚持以人为本,全面协调可持续发展。

应该说,十七届六中全会精神是科学发展观在文化领域的贯彻与体现。为什么要以高度的文化自觉和文化自信,着眼于提高民族精神素质和塑造高尚人格,坚定不移地发展社会主义先进文化?强调高度的文化自觉,就是因为某些地方、某些人在发展社会主义先进文化上不那么自觉,比较盲目;强调高度的文化自信,就是因为有人对中华民族的优秀文化不那么自信,甚至自卑;强调着眼于提高民族精神素质和塑造高尚人格,就是因为有的地方与部门工作的着眼点只在GDP上。

胡:放眼全球,国际政治话语权、经济领导权的竞争已经越来越倚重于文化的竞争力、影响力、传播力。中国特色、中国模式、中国道路如何能赢得世界的认可?中国文化价值如何能获得全球的赞赏与认同?事实已经证明,仅仅依靠经济实力是不够的,还需要文化的感染力、说服力和引领力,方能在世界民族之林塑造中国良好的国家与民族形象。现在看来,面对中国成为世界第二大经济体的现实,别说世界没有足够的心理准备,就连中国自身也都没有充足的心理准备和文化准备,与中国政治、经济地位相匹配的文化自觉与自信还十分缺乏。文化软实力偏软,文化短板效应突出,使得国家形象受到诟病。

所以,对于社会主义文化强国战略的时代背景,我的理解就是"需要与选择"的关系,这是一个历史发展的需要,也是一个时代的文化选择。经历了建立革命政权、政治建设、经济建设,历史发展到了需要建构与这个时代相对应、符合全民族和整个国家发展需要的社会主义先进文化。所以,它是中国共产党发展社会主义先进文化的一个文化宣言,是当代中国的文化选择。

仲:人类发展的历史,尤其是当代历史,已经反复证明:和平时期国家与国家、民族与民族、地区与地区的竞争,归根到底是文化软实力的竞争。作为战败国,"二战"后德国、日本一贫如洗,但是没有多长时间,两国都重新崛起，进入了世界强国之列。什么原因？文化的力量！德国出现过马克思到康德、黑格尔等一批大思想家，有着反思的民族传统，对法西斯的反思是相当深刻的。正是依靠文化反思的软实力，很快实现了东德、西德的统一，快速发展起来。日本虽然没有那么深刻的反省，但是这个大和民族有着武士道精神，注重凝聚舍生忘死、国家利益至上、民族不可辱的精神气质。这种文化软实力通过日本遭遇海啸地震后国民沉稳镇定的精神状态得到了充分的展示。

众所周知，钱学森留下一个著名的"钱学森之问"，追问为什么中国培养不出创造性的世界级杰出人才？他不仅是大科学家，而且是大思想家、大哲学家，是站在20世纪末、21世纪初人类科学思维和艺术思维交汇的顶峰，来思考人类面对的新课题。我认为，"钱学森之问"的深刻性在于，揭示了文化发展需要哲学观念的注入，只有让科学思维与艺术思维结合，才能够推动文化的可持续发展，才能促进每一个人自由而全面的发展，才能培养造就左右脑一齐开发、智情商齐头并进的复合型创新人才。

胡："钱学森之问"，既是一个现实问题，也是一个哲学命题。"二战"后德国与日本的崛起充分证明了，一个在军事上失败的民族，可以凭借文化的软实力再次崛起。那么，一个在经济上获得成功的国家，是否就一定会获得文化的胜利？可能未必。如果没有清醒的文化自觉与坚定的文化自信，确实很难塑造一个让世界敬重的伟大民族形象。中国为全球其他国家提供了大量的生活消费品，为什么没有得到应有的尊敬与感谢？中国曾经向世界各国输出那么多的医疗队、工程队，救死扶伤、修路架桥，为什么没有获得期望中的价值认同与文化欣赏？可能根上还是文化的症结，因为我们物质产品与精神产品的文化附加值都不高。

仲：刚刚离去的乔布斯同样是一个值得关注的科学家，他与钱学森虽然分别身处世界的西方与东方，彼此却有相通之处，从事科学却都酷爱哲学。当全世界都在称道苹果技术的时尚魅力，因为他的设计不仅注入了科技思维，而且注入了艺术思维和人文关怀，乔布斯却说愿意用苹果全部的技术去去换和苏格拉底共度的一个下午。显然，他将苏格拉底当成人类哲学智慧的大师加以尊崇，人固然要爱知识，但是更需要智慧，智慧比知识更高级。乔布斯苹果系列产品的成功，正是以哲学智慧连接起了科学思维与艺术思维。他成功的源泉即心灵密码，乃是哲学。

有人说，上帝丢下三个苹果，第一个被夏娃摘走了，于是造就了人类；第二个苹果落在牛顿头上，人类进入了机械时代；第三个苹果被乔布斯接到了，手机新媒体的时尚文化打开了时代大门。这样的联想与联系不无道理，也给了我们深刻的启示：在如何理解文化的重要性及怎样推动文化建设的认识层面，哲学意识的树立与灌注非常关键，因为哲学管总，是人类的智慧学，哲学通则一通百通。马克思主义，是科学的智慧学，也是坚持先进文化前进方向的艺术美学和美育的思维灵魂。

胡：从人类自创的时代、机械时代、当代文明的历史进程来看，不管是夏娃、牛顿，还是乔布斯，三个苹果的拥有者都在不断印证：人类是靠文化的力量不断提升自己，而不仅仅是靠自然的力量。人之所以为人，关键还是人类能够创造一种引领自身的文化，文化一旦被创造出来，其核心的精神价值必然会对人类自身发展产生一种巨大的推动力。所以，高度重视文化的作用，让文化的力量为民族与国家的和平崛起提供深厚的底蕴与有力的支撑，十七届六中全会描绘了一条文化复兴的理想之路。

文化生态：文化氛围的破坏与文化宝塔位置的颠倒

胡：回到现实，生态问题越来越威胁着人类的生存与发展。相比而言，精神文化层面的文化生态问题同样复杂和迫切。文化的多样性正在被单一化，传统文化被边缘了，文化精神被娱乐了。

一些流行艺人成为艺术的代言人，获得了市场利益集团的认可和追捧。相反,一些老艺术家、老文化人毕生苦心追求与塑造的文化艺术形式,轻而易举地就被市场所冷落、边缘化,甚至消亡。从当前中国文化生态的现状来看,如何认识十七届六中全会精神对于匡正文化生态的指导性意见?

仲:现任全国政协副主席和中国文联主席的文化部老领导孙家正曾经在一次会议上说,改革开放以来经济迅猛发展,国家富起来了,老百姓兜里有钱了,这是好事情。但是,如果富起来的13亿人都挤在一条道上,开着高速车追逐GDP,那就难免撞车、翻车,那就很危险。[①]联想到2011年发生的高铁撞车事故,那不仅仅是当前经济生态的一个偶然事件,也是中华民族精神生态的一种折射,发人深思。

文化是人类的一种生存方式。在地球上,唯有人才创造文化。完整意义的人,是一方面为一定的文化所塑造,另一方面又创造有别于传统文化的人。文化有多种定义,根据我的体会,文化的第一要义是营造氛围,一种启迪智慧、熏陶灵魂、提升素质的氛围。为什么至今大家走过北京大学朗润园的时候仍然会不由自主地放轻脚步,因为那里面当年住着宗白华先生,怕打扰了老先生思考问题,这就是一种看不见摸不着的、尊重学者的文化氛围。

但是,毋庸置疑,这些年这种文化氛围被破坏了,被功利、世俗所浸染。我不是怀旧,但是学习雷锋的时候确实不是这个样子。中华民族历来是讲究道德的,但是此刻为什么会出现这样的怪现象?人的道德的沦丧、精神的恍惚,都是文化氛围出了问题。

胡:此言很深刻,道德滑坡确实造成了当前诸多令人匪夷所思的种种怪现状,从2岁女童接连被多辆车碾过的举世哗然,到跌倒老人敢不敢扶起的社会大争论,还有网络上诸多事件等。我们发现,一个素来重视道德修养的民族,无论是个人私德还是社会公德和职业道德,都在严重地滑坡!看来,匡

---

① 仲呈祥.仲呈祥演讲录[M].北京:作家出版社,2013.

正文化生态，首先要从重建文化生态的环境系统入手，营造积极的文化氛围。

仲：营造健康向上的文化氛围，我的理解是要从构建民族文化宝塔做起。民族文化是一个宝塔，文化宝塔底座有一个底线，只要不解构、消解、反对中华民族的主流价值取向，只要符合中华民族的伦理道德底线，就都有一席位置，塔座越丰富、越多样，塔身就越厚实、越坚固。塔尖应选择那种经过历史和人民检验的、真正实现"有思想的艺术"与"有艺术的思想"和谐统一的艺术精品。位于塔尖上的应该是一个时代人类的文化偶像，起着引领人类精神航程的灯塔作用。像钱学森这样的文化偶像，不仅有丰富的知识，还有高于知识层面的智慧，智慧之光可以照亮精神航程；更可贵的是，他们常常留下一些人生哲理，滋养后世。每一个国家与民族，都应该有代表了民族生存方式和精神形态的文化，互相平等，无所谓高下之分。各民族的文化只有越丰富、越多样，这个世界才多彩、才有趣。

我之所以用"民族文化宝塔"做比喻，是想说明当前文化建设的紧迫性。文化建设的自觉和自信不是空话，它是有时代内涵的，坚持引领还是放弃引领，是评价民族文化自觉与自信的重要标志。如果按照实用主义的观点，谁的收视率高，谁的票房高，谁的发行量大，谁就是爷，那么，电视节目锁定收视率，电影争夺票房，出版物吹捧码洋，唯物质指标是天经地义了？！精神指标呢？这必然会带来一系列的文化问题。在市场"看不见的手"的作用下利用强势媒体，把本来只有资格在塔底座里面占一席位置的娱乐明星强行推到塔尖，而把本来应该立于塔尖、引领文化的真正大家挤到塔座，甚至推出塔身，连位置都没有了，文化宝塔中的位置就这样被颠倒了。我不否认娱乐明星在提供人类娱乐文化当中的贡献，我要问的是：一个民族文化宝塔塔尖上的偶像人物从鲁迅这样的大家滑落到娱乐明星，这其间的文化落差和精神落差究竟有多大？！

胡：当下文化生态的改进，贵在自觉。这里面有两种情形，一些人是无知者无畏，缺乏自知之明；而更多的人是明知故犯，为了票房与收视率，为了捍卫本企业、部门的利益，明知有可能毁坏生态、败坏品味，但是依然我行我素，这种情形更需要警醒。

仲：文化化人，艺术养心，重在引领，贵在自觉。通过文化提高人的素质，通过艺术提升人的境界，让高素质、高境界的人去推动和引领社会经济全面协调可持续发展。这才是科学发展观的题中应有之义。文化化人，悄然无声，艺术养心，滋润万物。文化是流淌在一个民族肌体内无处不在的软实力，需要长期积累，水到渠成，不能操之过急，违背规律，万万不可急功近利地让文化直接去化钱。文化化钱，以牺牲人的素质为代价，将来低素质、低境界的人就会把积累起来的物质财富吃光、花光、消费光，这是完全背离科学发展观的。

文化生态是一个民族文明程度的主要标志，千万不可小视。我们应该营造什么样的文化生态？在我看来，应该是一种沉稳的而不是浮躁的、深刻的而不是肤浅的、幽默的而不是油滑的、典雅的而不是媚俗的民族文化心理。文化自信，归根到底，就是要对"各美其美、美人之美、美美与共、天下大同"充满自信，就是要以充分的自信力为国家、为民族营造出一种健康向上、繁荣兴旺的文化生态环境。而优良的文化生态环境是涵养一个国家、一个民族文化软实力的丰厚土壤。

体制改革：公共文化服务错位与文化产业价值迷失

胡：文化生态问题的出现与发展，究其深层原因，应该是与我们现有的文化体制机制相关联的。十七届六中全会之后，深化文化体制机制改革与文化大发展大繁荣的逻辑关系越来越清晰了。在您看来，提升中国文化的生产力、传播力与影响力，需要文化体制机制在深化改革方面重点解决哪些问题？

仲：我想，文化单位的体制机制改革不是简单地换块牌子的问题，关键是改革成效的考量，有没有出人才、出作品？如果挂着体制机制改革的招牌，结果却违背了文化与艺术生产的规律，不能出作品，没有出人才，这不是真正意义上的体制改革，也无法实现文化自强。应该遵循文化的规律进行改革与创新，离开规律可能就会适得其反。

现在某些地方公共文化服务成了政府对民众的一种恩惠和措施，效果如何？修了很多基层文化工作站，但是建、管、用的衔接没有到位，十来间房子，一个读书室、一个棋牌室、一个多功能厅，桌子上常常都是灰尘，这能行吗？公共文化服务不能仅仅把人民群众当成文化的受惠对象，首先要尊重他们是文化创造的主人才行。群众创造文化，比如延安人民是秧歌文化、安塞腰鼓的创造者。我相信随着历史的推进，我们肯定会摸索出一条既把握文化的功能又遵从文化规律的道路，去践行文化工作者的时代担当和历史重任。

胡：2011年，美术馆、图书馆和文化馆免费开放，成为国家公共文化服务体系建设的亮点，受到了广泛的赞誉。但是从公共文化服务体系发展水平来看，服务主体与服务对象之间的供需错位与不足的矛盾依然突出。所供未必是所需，群众急需的往往得不到供给；政府提供与大范围的、广泛的群众诉求相距甚远，供应不能满足需求。我认为，文化的发展与繁荣一定是以人为本的，是以激发人民群众文化创造力为基础的，是以提升群众文化幸福感为诉求的。公共文化服务的体制机制改革应当极大地尊重来自人民群众自发的文化艺术创造，任何"送"和"给"都不能替代群众自发的、草根的主体性力量。

仲：现在，我们把文化分为文化事业和文化产业。但是，事业与产业究竟怎样划分？并没有清晰化。提供公共文化服务的可以称为文化事业，但不能说不提供公共文化服务的就是文化产业，不能简单地二元对立。过去，把文化简单地从属于政治，用政治思维取代文化思维来把握世界，吃了苦头。现在市场经济条件下，要防止从一个极端走到另一个极端，把文化包括艺术简单地从属于经济，用利润思维取代审美思维来把握世界，同样是错误的。一说到文化事业，就不考虑经济效益，不计成本投入；一说到文化产业，目标就是赚钱，就不考虑社会效益。比如在电影界就有一种倾向，一说到主旋律，就是拿政府奖的，不计成本，不考虑有没有艺术感染力；一说到商业片，就是赚钱的，想着如何去打"擦边球"，不考虑提升民族精神素质，其实都是这种二元对立、非此即彼的单向思维的结果。

可见，文化体制改革需要高超的政治智慧和雄辩的思辨能力才能够完成，需要吸取借鉴中华民族优秀文化传统中"执其两端""取法乎中"的兼容并包、辩证和谐的思维营养，从哲学层面上彻底摒弃那种简单的二元对立、非此即彼的单向思维方式，代之以科学发展观所坚持的全面、辩证、发展的思维方式。

胡：无论是文化事业，还是文化产业，最重要的是在体现文化价值的前提下发展，而不是丢掉文化。产业价值不是单一的经济价值，产业效益也不是单一的经济效益，将经济效益的GDP确立为产业发展的主要目标，甚至是唯一目标，正是今天中国文化产业发展面临的最大的问题。可以说，没有文化精神灌注的文化产业只是为利驱使的文化工业，没有文化价值引领的文化产业提供的只能是文化的廉价品，甚至是废品与毒品。

仲：如同教育不能产业化一样，在市场经济条件下，文化应该可以有产业，但不能完全产业化。公益文化、学术文化就更不能产业化，不能简单地套用经济规律去运作文化产业。即便是文化产业，也应该履行文化的功能，践行文化的担当，尊重文化的规律。不能因为是文化产业，就连文化的规律都不要了。文化产业首先是文化，其次才是产业。举个很简单的例子，有些文化创意产业园，因为是文化创意产业，政府就给批占了一大片地，但是仔细看，只有一小块儿地方沾着文化，一大片都是在搞房地产开发，这是实情。于是，就形成了商人要地皮，地皮就是GDP；支持拨地的官员要政绩，政绩能够变仕途；学者要课题，课题能够升职称。三者加起来就演变成了不少地方的"文化创意产业"景观。试问，这样的文化产业能接受得住历史检验吗？

胡：十七届六中全会在论及文化产业发展时，格外强调要将社会效益放在首位，社会效益与经济效益并重，要求以高度的文化自觉、文化自信来进行文化建设，推进机制体制改革，观念决定了路径选择。

仲：文化自觉是费孝通先生近一个世纪人生经验的结晶。他提出了"各美其美、美人之美、美美与共、天下大同"的"十六字经"。其中有三层含义：一是要继承弘扬中华民族的优秀文化；二是不能关门闭户，要学习借鉴美的东西；三是在改革开放的现实土壤上将上述两种美交融、整合、创造出既有民族特色又有时代特色的社会主义先进文化。

我的理解是，要做到文化自觉，第一要自觉地认识到文化的功能。文化的功能是化人，是提高民族素质，塑造高尚人格。第二要自觉地把握和遵从文化规律。文化如水，长期积累，水到渠成，唐诗宋词每一首都是精心写出来的，不是打造出来的，更不是运动出来的，不能采取运动的方式进行文化建设。只有自觉地认识了文化的功能，自觉地把握了文化的规律，才谈得上自觉地践行文化的时代担当。现在的问题是，对文化功能认识模糊，对文化规律不遵从，如何谈得上践行文化职责？如果文化上不自觉，盲目地违背规律去空想大发展、大繁荣，搞不好恐怕是大倒退、大破坏，如何取得科学发展呢？

胡：归根结底，文化自觉就是文化主体的自知之明。显然，近些年来，在匆忙对接国际化、追赶全球化的进程中，我们对于民族文化不那么自觉了，对于时代的先进文化不那么自信了。不自觉其实就是一种不自信，有自知之明，方能自信。

仲：我的理解是，文化自信的第一层含义就是要自信于与时俱进的中国化马克思主义的指导作用。这涉及体制机制改革当中的一些理论问题。在《资本论》里面，研究剩余价值的马克思得出的第一个结论就是："资本来到世间，从头到脚，每个毛孔都滴着血和肮脏的东西。"[①]然后，他进一步提出了资本生产的最大原则是"利润的最大化"。马克思还阐述过人类仅用经济的方式来把握世界是不成的，与用政治的、历史的、宗教的方式来把握世界平行的，还应有一种不可或缺的方式，那就是用艺术的方式即审美的方式来把握世界。因为人是精神动物，唯有人有独立的精神家园需要坚守。西方从苏格拉底开始一直到黑格尔，中国从老子、孔子、刘勰开始一直到朱光潜、宗白华，都认为审美的最佳境界就是"超功利"。所以，马克思的结论是"资本主义生产就同某些精神生产部门如艺术和诗歌相敌对"，深刻指出了这种矛盾现象。我们进行的是中国特色的社会主义建设，在实行资本运作进行文化建设时不能忽视这种矛盾现象并采取切实可行的措施加以解决。

文化自信的第二层含义，是要自信于中华民族优秀传统文化的永生魅力。中华民族的优秀传统文化究竟有没有永恒的魅力？它经过现代化的转化之后，能不能成为坚守我们的精神家园的宝贵资源？现在的问题恰恰在于不是顺方向转化，而是逆方向颠覆。比如楚汉相争这段历史，太史公司马迁在《史记》中至少用《高祖本纪》《吕太后本纪》《项羽本纪》加以记载，其间蕴含的重用人才、约法三章、得平民心等历史经验至少仍有借鉴意义。但一部描写这段历史的电影，实际上却把一段波澜壮阔的重要历史戏说成刘邦与项羽两个男人争一个美人虞姬，花了一亿多元，营造血肉横飞的视觉感官强刺激。还滥用所谓的"人性观念"编造出刘邦见战争夺去心爱的美人之后反思，然后诛杀韩信、箭射张良，最后自刎以谢天下的结尾，把历史当成一团泥任意搓捏。这极危险。

文化自信的第三层含义，是要自信于借鉴世界先进文明当中有用的、适合国情民情的东西，这样才能够美之更美。

胡： 文化自信折射出我们在文化艺术生产与传播中的两种典型心态，要

[①] 马克思，恩格斯.马克思恩格斯全集：第23卷[M].中共中央马克思恩格斯列宁斯大林著作编译局，编译.北京：人民出版社，2016：829.

么是媚洋式的自贬，似乎只有如此才能获取国际认可，这无疑是一种文化投机；要么是封闭式的自恋，似乎只有这样才能算得上本土化，这无疑是一种文化自闭。真正的文化自信在于从悠久的民族文化和本土文化中发现和挖掘出具有人类普适性价值的意义与内涵，既保持中国文化的风采和神韵，又能够超越民族与本土，获得人类共享、全球共赏的普适性文化价值。

仲： 文化自信，是一个国家、一个民族、一个政党对自身文化价值的充分肯定，对自身文化生命力的坚定信念。坚持对优秀传统文化和中国共产党领导人民创造的革命文化的文化自信，坚持马克思主义指导思想与社会主义核心价值体系的文化自信，坚持对外来文化实行"拿来主义"的文化自信，都是文化自信题中应有之义。只有坚持文化自信，才能真正实现高度的文化自觉；只有真正的文化自觉，才能坚定文化自信。文化是着意于"化人"，还是急功近利于"化钱"？是着意于养心，还是止于养眼甚或乱心？是着意于引领大众，还是一味迎合世俗趣味？关键在于文化上是自觉还是盲目。文化建设者倘陷入盲目，势必误人子弟；文化领导者倘陷入盲目，势必酿成灾难。而只有既坚持文化自觉，又坚持文化自信，才能真正实现文化自强。

影视创作喜忧参半与历史观美学观偏离

胡：《决定》对于如何全面贯彻"二为"方向、"双百"方针、"三贴近"原则，不断进行创新，创作生产更多精品力作繁荣文化，提出了新的要求。您对2011年中国影视生产与创作在质量与数量、规模与效益方面有何总体评价？

仲： 客观地说，这一年的影视艺术生产与创作喜忧参半，需要宏观调控。其中，电视纪录片生机勃勃，大有希望，但平台太少，影响有限；电视剧趋势总体健康，令人欣慰，但题材跟风，质量堪忧；电影表象繁荣，问题不少。

电视纪录片对于调控在某种程度上失衡了的电视文化生态环境起着举足轻重的作用。纪录片以其文化品位、文化格调与文化内涵，吸引了具有较高文化素养的观众，也以真实可信的影像力量培育了一大批普通观众。所以，知识分子尤其是具有较高人文素养的大学者、大文化家，都对纪录片情有独钟，包括鲁迅先生。他没有时间看故事片，就带着许广平去看非洲纪实的纪录片，原因是"非洲我们是不会去的了，能在电影中了解了解也是好的"。[①]显然，他把纪录片当作扩展自己知识视野的一个窗口。所以，利用纪录片传播知识，提升民族素质，是一种极好的方式。但是，这些年来主流媒体给予纪录片的传播渠道过小，让纪录片发挥作用的空间太窄了。

2011年，这种情况得到了积极的改变，中央电视台推出了中英文播出的纪录频道，播出了一批高水准的中外纪录片，还发起了"影像的力量——让纪录片走进大学校园"等主题活动，逐渐显示出纪录片这一主流电视产品的核心作用。我认为应该加大纪录片的发展力度，纪录片在数量与质量上都需要提升。

胡：中央电视台纪录频道的开播，是2011年中国电视最大的一个亮点，也是中国电视发展进程中具有历史意义的重要事件。纪录频道肩负着建构国家级纪录片平台、留存民族文化记忆、引领纪录片行业发展的重要责任。它对于强化国家对外传播能力、塑造国家形象、传播主流价值、推动文化产业发展、构建文化生态、提升国家文化软实力具有极为重要的意义与价值。频道开播一年间，高品质、高标准、高水平的优质节目受到了海内外的高度评价，不断创造收视佳绩，在浮躁、同质化、低俗化的传媒生态与文化现状中成功突围，体现了纪录频道应有的国家媒体责任与文化自觉。

仲：至于电视剧，应该说十年来的发展是健康的，每年都涌现一批具有一定思想艺术品位的好作品。中国是一个电视剧生产和消费大国，电视剧的

---

① 吴作桥.鲁迅随谈［M］.长春：吉林大学出版社，2007：3.

创作量是最大的，观众群体也是最大的。我认为，当前电视剧的发展重点是控制数量、提高质量，努力造就与电视剧第一生产和消费大国相匹配的、懂得欣赏电视剧艺术的最广大的受众群体。20世纪80年代的时候，我的导师钟惦棐先生提出要创造一门电影观众学，培养一批懂得欣赏电影、初步了解欣赏电影规律的观众群。如马克思所说"对于没有音乐感的耳朵来说，最美的音乐也毫无意义"[①]。同样的道理，再好的电视剧和电影，对于根本对电视剧和电影欣赏规律和基础知识一无所知的受众也是没有用的。

应该承认，家庭伦理剧、都市情感剧关注与满足了当前人们日常生活中的心理状况与情感需求，但是产量过大，一窝蜂地都是婆媳争斗、小两口吵架，就容易出现引导受众陷入如鲁迅当年批评过的"将小悲欢当成大世界"的误区。真正比较宏大的题材还是需要的，尤其是历史题材。现在，如果要求人们都去认真研读司马迁的《史记》，恐怕是不现实的，但是每天晚上通过电视剧引领人们完成历史阅读是有可能的。我想，通过荧屏读点历史，是有需求的，是可行的。

胡：2011年影视生产中"历史题材"持续升温，清宫"穿越剧"一部接一部，革命历史、古装武侠、传奇历史题材继续热销电影市场。但是，从影视产品的呈现来看，情形不容乐观，这些大投入大制作不断创造收视热潮与票房冠军的"历史景观"，不断引发学界和业界关于"历史观"的争论。

仲：影视创作的历史观确实受到了二元对立、非此即彼的极端思维的影响，从过去一度不分青红皂白一概排斥帝王将相、才子佳人的极端，走向违背历史的唯物史观、抬高赞美帝王将相的历史作用和把才子佳人当成审美表现的主要对象的另一极端；从过去一度在历史题材创作中混淆历史思维与审美思维、历史真实与艺术真实的界限的极端，走向随意解构历史、戏说历史、消费历史、杜撰历史的另一极端。比如利用明星的效益，借历史人物的

[①] 马克思,恩格斯.马克思恩格斯全集：第42卷[M].中共中央马克思恩格斯列宁斯大林著作编译局,编译.北京：人民出版社,2016：125-126.

英灵包装明星，通过炒作骗取票房，是经不住历史检验的。再比如，《赵氏孤儿》本来是举世公认的中华民族的艺术经典、中国文化的传统精粹。它提倡人类应像程婴这样的"忠"，反对像屠岸贾那样的"奸"。正如著名哲学家冯友兰先生的"道德的抽象继承论"所深刻阐释的那样，中华民族从中抽象出一个"忠战胜奸"的主题，作为一个永恒的道德理念加以继承与传扬。但是，电影《赵氏孤儿》把这个主题颠覆了，程婴成为小市民"愚忠"的代表受到了嘲讽。

这确实在提示我们要冷静，一个民族对待自身重要历史的正确态度只能是一条，那就是小心翼翼地走近历史的真实，认认真真地领悟历史给予我们的营养，组织自己的艺术家精心塑造好创造历史的人物形象。须知，中华民族的艺术大厦，是靠一部部经过历史和人民检验的经典作品、一个个深入民心而代代相传的经典艺术形象作为根根支柱搭建起来的，倘若容忍某些作品将这些支柱一根根拆卸、颠覆，那么这大厦行将坍塌！中华民族将失去自立于世界先进民族之林的艺术之根。那是多么危险啊！

胡：2011年也是中国电视的一个宏观调控年，国家广电总局的"限娱令"、电视剧广告"禁播令"先后出台。应该说，近几年来中国电视娱乐内容的超量过度生产已经出现了失衡局面，出现了媚俗、媚洋、媚利的突出问题，需要通过调控，使中国电视回到理性发展的轨道上来，回到代表时代先进文化的道路上来。

仲：为什么不准在电视剧中间插播广告，为什么限制卫星频道在晚间黄金时间播出娱乐节目的量？我衷心拥护这两个文件，而且认为是净化当下电视文化环境的有力举措。我不反对娱乐，健康适度的娱乐有益身心，但我反对恶俗过度的娱乐。现在，电视综艺娱乐节目是失衡的，10多家电视台在炒作相亲，几十家电视台在搞才艺比拼。如果承认电视节目承载着当代中华民族的大众审美趋向，那就要重视它的内容调控和方向指引。我们说，如果电影只靠炒作得来的票房来表明它的价值，那这是一个国家电影的悲哀。一部电影票房过亿，就必然体现了精神价值吗？同样，如果电视娱乐节目只靠克隆国外节目，然后互相抄袭、互相指责、恶性竞争，靠收视率的数字游戏来体现价值，来赚取广告费，那这是中国电视文化的悲哀。一个栏目收视广告过亿，就能代表当代中国电视的先进文化吗？！

艺术批评：科学标准与观赏性批判

胡： 说到票房，中国电影曾经以3分钱、5分钱的票价造就了过百亿元的电影票房，今天电影票价高达百八十块了，但是也才过百亿元，真正的优秀国产片占多大比例？这确实是非常严重的结构性问题。以什么样的政策与方式来引领、以什么样的标准与原则来推进中国影视艺术生产与传播？我认为，建立健康有力的文化艺术批评体系就显得极为迫切了。

仲： 批评，在某种意义上是需要与创作保持一定距离的，不能既当运动员又当裁判员，只有冷静观照，才能客观求实。艺术批评体系的建设，首先要有科学的批评标准。恩格斯提出了"美学与历史"的标准，毛泽东提出了政治标准、思想标准、艺术标准。毛泽东在抗日战争时期提出政治标准是第一位的，有其历史的必然性、合理性。这是一种历史性的标准。而恩格斯提出的"美学的历史的标准"是共时性的，他把美学标准放在第一位。我认为美学与历史的标准远比现在五花八门的批评标准要更客观，因为恩格斯的标准是建立在通常情况下的，首先批评对象要经得住美学分析，才是艺术品。否则，很可能是公式化、概念化的，甚至是一篇社论。当然，美学与历史的标准也要与时俱进，要中国化，这才有出路。

其次要营造良好的批评氛围。好的批评氛围就是好处说好，坏处说坏，实事求是。现在是要么发红包、唱赞歌，要么骂声不绝，缺乏入情入理、实事求是的分析。这是氛围的培养问题。

再次要重视批评家的作用。希望组建一个全国性的文艺批评家协会，因为现在缺乏一个贯通文学艺术各个门类、把握民族文学艺术思潮和鉴赏普遍规律的批评家学术团体。只有这样，才能够站在各个艺术门类交汇的顶峰对当下的创作思潮、批评思潮、鉴赏思潮作出宏观的评价。

胡： 就艺术批评体系建设而言，最重要的是标准的确立，标准体系反映着评价主体的立场与价值观。如今，艺术批评标准的规范和随意是比较突出的问题。一方面，传统的定性评价标准的主观随意性过强。另一方面，所谓客观的定量评价标准也暴露出了不容忽视的弊端，收视率和票房的数理统计已经从一个评价标准成为艺术生产的指挥棒。我曾经将之表述为"收视率迷信""收视率崇拜"，相应的也有"票房迷信"，其可信度和科学性饱受质疑。所以，标准的规范与创新是一个亟待解决的命题。

仲： 从评价标准来看，现在是思想性、艺术性、观赏性三个标准并列。过去不重视影视作品的所谓感染力和吸引力，现在开始重视了，是好事，但是换了个词叫观赏性。这固然对于那种一味躲在象牙塔里孤芳自赏、忽视大众审美需求的贵族艺术是一种匡正，但是究竟应当如何科学认识观赏性、清醒追求观赏性，确实还是一个值得辨析的课题。

观赏性这一概念，其抽象的逻辑起点是与思想性、艺术性不一样的。前者的逻辑起点是受众的接受效应，属于接受美学范畴。而后两者的逻辑起点是文艺作品自身的品格，思想性即内容，是作品的历史品格；艺术性即形式，是作品的美学品格，属创作美学范畴。语言学有一基本法则：只有在同一逻辑起点上的抽象概念，才能在一定范畴里推理，从而保证判断的科学性。现在把思想性、艺术性与观赏性放在同一范畴里下判断，容易让人产生一种误解，好像有一种艺术性与观赏性是无关的，那么，不讲艺术性的观赏性是什么呢？那便是"凶杀""打斗""床上戏"之类的视听感官刺激了。理性思维的失之毫厘，势必造成创作实践的谬以千里。在我看来，这是"三俗"的一个理论缘由。

观赏性是一个变量，是因人而变、因时而变的。对于影视剧是否具有思想性、艺术性，我宁可相信时代和人民养育的文艺理论家的判断，而不太相信所谓的收视率培养起来的平庸观众的判断。这不是唯心史观，而是唯物史观。因为前者是人民培养的，从人民中来，他知道群众所思、所想、所感，尊重他的判断就是尊重人民。

胡：引领还是迎合，是文化责任与立场的重要体现。在艺术生产的具体实践中，这种文化责任明确地体现为雅与俗的文化品格之分。我们不否认雅俗共赏的宽容度，但是从引领文化发展的需求出发，更应该致力于雅文化的传播，不赶潮流、不媚俗，自觉地抵制"三俗"。

仲：范畴学和辩证法还告诉我们：什么范畴的矛盾应主要在什么范畴里解决，并关注相关范畴里有内在联系的矛盾。所以，解决观赏性，主要应在接受美学范畴里，一是提高观赏者的素养，二是净化观赏环境。环境不净化就无法解决观赏性问题。把观赏性推给创作者，创作者面对着不干净的环境和素养不高的受众，在市场条件下还要生存，唯一的出路是放弃引领而去迎合，迎合的结果是强化了观众鉴赏心理中的落后因素，污染了鉴赏环境，于是倒过来促成创作者生产格调更为低下的产品，于是就陷入了恶性循环，即哲学上的二律背反。

我们当下正在这种循环当中挣扎。我还是那句话，文化化人，艺术养心，重在引领，贵在自觉。经济只能致富，文化方能致强。要靠文化自觉和文化自信才能走出这个怪圈，才能解决问题。只有通过文化自觉、文化自信，达到文化自强，才能建设与大国、强国地位相称的先进文化，才能使中华民族进一步向世界展示独具魅力的民族生存发展智慧和文化建设策略，使中华民族在伟大复兴之路上前进得更加坚实。

道与法：中国传媒国际传播力提升的理念与路径

——2013年《现代传播》年度对话

苗 棣　刘文　胡智锋

对话时间：2012年12月7日

对话地点：中国传媒大学传媒艺术与文化研究中心

对 话 人：苗　棣　时为中国传媒大学艺术研究院电影研究所所长、教授、博士生导师

　　　　　　刘　文　时为中央电视台纪录频道总监、高级编辑

　　　　　　胡智锋　时为中国传媒大学文科科研处处长、教授、博士生导师，《现代传播》主编

整 理 者：刘　俊　时为中国传媒大学艺术研究院博士研究生、《现代传播》特约编辑

中国传媒国际传播力的提升，是我国构建和发展现代传播体系，提高中华文化辐射力和影响力，促进社会主义文化大发展大繁荣，并最终提升我国文化软实力的重要途径。本次对话是《现代传播》第十次年度对话，对话人将就"中国传媒国际传播力的提升"这一近年来学界、业界关注的焦点与热

点话题，从政策与体制机制层面、内容层面、市场与产业层面、渠道层面、人才培养层面等方面予以解读，探析解决这一难题的理念与路径。

胡智锋（以下简称"胡"）：今天请两位嘉宾来探讨的是中国传媒国际传播力提升的问题，这个问题也是最近几年越来越热的话题。为什么《现代传播》年度对话要在2013年度提出这个命题？我想我们意在回应国家的需求，回应行业的需求，回应学术的需求。

从国家层面来讲，虽然中国已经成为世界第二大经济体，但"硬"的经济实力和"软"的文化实力非常不相称。世界对中国的经济实力刮目相看，但同时对中国、中国人、中国文化、中华文明的认知度却不高，更说不上认同了。从行业层面来讲，我国媒体的数量和辐射覆盖面在全世界排在前列，但是我国传媒的影响力尚处于微弱的状态。在世界各地，不太容易看到或听到中国的形象和声音，就算看到和听到，也可能是较为变形、扭曲或不太正面的内容。从学术层面来讲，我们感到最近几年很多专家学者顺应国家和行业的需求，已开始介入传媒国际传播力提升的研究。近几年国家颁布的重大社科项目，各种学术论坛、著作、论文，还有许多专家学者的言论，都对中国传媒国际传播力的提升给予了高度关注。

我们对本次对话的题目有一个设定，即归结为"道与法"：道是一种原则，一种理念，一种总体思想；而法是一种技巧，一种路径，一种策略。今天的年度对话希望请二位作为业界、学界的代表人物，就我国传媒国际传播力提升的思想与策略，展开更深入、更充分的讨论。

政策与体制机制层面：亟待从单一、平面的宣传思维走向多元、立体的传播理念

▲ 随着我国综合国力和国际地位的提升，国际传播秩序中原本"西强我弱"的状态并未有明显的改观，这是困扰和阻碍中国进一步发展

的重大问题。近年来,国家层面对国际传播问题十分重视,制定并推行了一些重要的政策,提出了一些有益的理念,并对体制机制的改革有所期待。但是,如何让意识形态化的宣传转化成国际社会认可的传播?如何从单一平面的宣教思维走向多元立体的传播理念?我们在意识形态、话语方式、技术标准、市场标准、社会文化等方面都存在亟待解决的问题,这是我们在制定政策、提出理念、改革体制机制时所需要深刻思考的。

胡: 就国际传播而言,用一种政策的方式来推动,这是中国特色。近几年,在提升传媒国际传播力方面,党和国家做了很多制度设计和政策层面的指导。比如十八大报告中提出"构建和发展现代传播体系,提高传播能力",十七届六中全会提出"提高社会主义先进文化辐射力和影响力,必须加快构建技术先进、传输快捷、覆盖广泛的现代传播体系。……加强国际传播能力建设,打造国际一流媒体,提高新闻信息原创率、首发率、落地率"。那么,这些政策是在什么样的背景下提出来的?它们对整个行业在这个领域的实践推动会产生什么样的影响?同时,目前中国传媒的运行体制、管理机制与国外传媒相比,有诸如举国体制、经济实力的优势,但劣势同样明显;怎么通过改革体制机制克服、规避这些劣势,或者变劣势为优势?请二位从这些方面谈一下。

苗棣(以下简称"苗"): 中国通过30多年的改革开放,国力迅速增强,如今已成为世界第二大经济体。当然,要从质的方面全方位成为世界强国,中国还有很长的路要走,这正是今天这一话题的意义所在。

20世纪八九十年代的国外新闻报刊,往往好几天才刊登一条关于中国的新闻,还可能是负面的。但现在,凡是国际上比较重要的媒体,任何一期里都不止一条关于中国的报道。这是因为中国对世界的影响已经非常明显,必然会引起世界传媒的重视。

但是，当前中国传媒的国际传播力确实还非常有限。中国传媒自己的声音，特别是通过自己的渠道传达出来的中国声音，要说是"零"，稍微有点绝对，但是接近于"零"。中国传媒的传播实力和中国的国力、国家在世界格局中的地位严重不符。就这一对关系而言，有的国家其传媒国际传播力是超出它的国力的，比如英国BBC（英国广播公司）从创建到现在有近100年历史了，但英国的国力在20世纪不断地衰落，到21世纪已经算是中等国家，可它世界传播大国的地位仍未动摇。

我国的这种"不符"是由包括历史原因在内的各种原因造成的，这也是国家领导人、传媒业领军人等各方面人士普遍产生焦虑的一个重要方面。近年来，历届的相关领导都非常重视这个问题，这也必然是未来新一届政府思考和解决的重点。

这种重视可以体现在财政拨款方面，比如国家拿出几十亿元的重头资金来扶持、支持或直接兴办相关媒体，同时相关媒体也希望借助国家的重视以提升自身的传播能力。不过，我们虽然看到了希望，但这种重视到目前为止仍然收效甚微，没有起到根本性的变化。总之，今天提出的这个问题，国家、业界、学界都非常重视，而且亟待解决！

刘文（以下简称"刘"）：这个题目是我非常感兴趣的。我记得是1997年时任总书记江泽民访美时在哈佛大学讲过一段话，表达了中国在国际上的国家形象与中国的国际地位极不相符的观点。之后大家都倍感忧虑和危机，如今中国还在这种危机之中，中国在这方面的投入越来越大，虽然不能说这些投入没有效果，但是"性价比"现在来看的确较差。

我先从频道标识的设计解释一下中央电视台纪录频道的国际传播理念。中央电视台纪录频道的标识是一个立方体，我们的初衷是追求立体的国际传播效果。央视通过纪录片的方式，把国际世界还没有了解到的中国各方面的内容呈现出去，最后让国际观众来判断中国到底是什么样的。国际传播中"先入为主"的因素特别重要，你首先看到什么就容易相信什么。固然不能说之前国际观众看到的中国影像是不真实的,但我给你看到的中国除了白色、黑色,还有黄色、蓝色。我们希望通过纪录片,展示中国更多的颜色和更多的"面",以供国际观众判断。把更多的、真实的方面展示出来,就会稀释掉许多国际观众原先对中国的偏颇印象,如拍摄《舌尖上的中国》就有这方面的考虑。

苗: 中国国际传播在政策制定、体制机制改革时,要注意改变理念和策略。我们以电视剧为例,电视剧这种电视艺术形式相对来讲比较雅俗共赏,是一种非常不错的电视产品、传播产品。从电视剧生产量来讲,中国是第一大国。但是,中国的电视剧产品到目前为止只适合在东亚、东南亚一带播出,而不能传播到其他地方,甚至包括非洲都传播不过去。在世界2/3以上的市场中,中国的电视剧基本没有涉足。当然,这其中有很复杂的情况。不过我相信,如果中国能够在观念上更具普适价值和国际性,内容上又非常中国化,再加上市场的营销,我觉得它的市场潜力还是非常大的。

再以外宣片为例。大部分外宣片投资比较大,但传播途径基本上就是中国驻外大使馆开新年招待会时作为背景播放,而在海外电视台很难播出。虽然我们在制作时尽可能地掩蔽宣传目标,尽量做"软"一点的话题,但是由于种种体制机制的原因,还是有宣传痕迹。海外的媒体很容易看出这些宣传痕迹,他们是拒绝宣传的。

我前些日子看BBC拍摄的《资本主义人民共和国》,是讲现代中国的。他们从立场和角度来讲就比较客观,既反映了一些中国的问题,也有褒奖中国的基调。我觉得中国也应该创作一些这样的作品,内容上反映当前中国发展的一些现状和问题,既有积极的正能量,又能较为客观真实地挖掘现实矛盾,多说事,少宣传。随着中国国际地位的提升,国外的观众特别是稍微有层次的观众特别希望得到各种各样有关中国的真实信息。因此,中国传播理念的进一步调整就显得特别重要了,包括在观念上尽量去除宣传理念,在内容上要给大家看真实的中国,在题材和内容的结合上要更立体化,在专业品质上要有所提高，等等。

最后需要说的是，从政策制定和体制机制层面来讲，首先要将所有中国传媒视为提升中国国际传播力的一部分，而不是只有党的传媒才是国际传播力的一部分。我们可以管理、扶植一些有民间色彩的传播媒体，包括网络、平面媒体，甚至广播和电视，进行国际传播力的打造和提升，可能会有所作为。

内容层面：纪录片、电视剧、电视新闻"三驾马车"并举

▲ 在内容层面上，纪录片、电视剧、电视新闻被视作一国传媒国际传播力提升的"三驾马车"。近年来，我国传媒在这三个领域做出了许多努力，取得了一些可观的成果。但是在宏观层面上，我们还存在着输出产品针对性不强、本土价值与世界共通价值融合度不高、以我为主的意识形态主导等问题；在微观层面上，电视剧因题材限制而造成的传播范围有限，电视新闻因视角把握与采编能力不足而造成的传播效果微弱，以及纪录片对选题拿捏的摸索，都是我们需要不断思考的问题。

胡：在内容层面上，纪录片、电视剧、电视新闻是国际传播最主要的三种载体。过去的一年，中国媒体在这三方面取得了突出的成就，比如中央电视台纪录频道在纪录片对外传播中的努力，新闻方面的十八大对外报道，电视剧的对东亚、东南亚、非洲输出等。那么，这三方面在近一两年有哪些代表性成果能作为中国"走出去"战略的标志，以及这些成果为什么能"走出去"？我国传媒在这三个方面的国际传播能力有怎样的高低之分？它们在提升我国传媒国际影响力的过程中尚存怎样的不足之处？它们的传播思路有何

不同？请二位就这些方面解读一下。

苗：我们常说的国际传播主要有三个方面的内容展示：一是新闻传播；二是纪录片，它让一个国家变得"立体"，而不仅停留在平面或点状传播；三是电视剧，有时也包括动漫。实际上，这三方面的内容传播存在非常大的差异。

先说电视剧。中国电视剧在东亚、东南亚有一定影响力。比如越南，越南在历史上基本可以算是处于儒教文化圈，是中华文化圈的一部分，中国电视剧对他们来说比较好理解，所以据我的感观，越南可能是世界上播出中国电视剧最多的国家。我去过两次越南，打开电视机看到的电视剧许多是中国电视剧。越南的电视剧制作能力有限，而且因为条件限制，播的方法还特别奇怪，是同声翻译版：一位配音人员根据画面照着越南语文稿念台词，同时把电视剧原声的音频拉低。而且，配音不分男女声，就这一个人。但就是这样的方式，中国电视剧在那里还有那么大的影响。因此，在一定文化区域里面，中国电视剧还是有影响力的，这种影响力取决于电视剧内容的针对性，这种针对性是文化共通性背后自然而然的结果。当然，这也与国内电视剧整体质量的提高有关系。不过，这些热播电视剧还是有题材限制的，古装戏效果好，现代戏也有一些，但国内觉得很好的一些题材如谍战题材就少一些。

不过，出了东亚、东南亚这个圈，中国电视剧的影响力就不行了，尤其与美剧相比，差距就非常大。美剧除在美国和拉美国家，甚至在欧洲国家同样热播。欧洲国家相对较小，相对来讲很多电视台的市场有限，经费也有限，所以很多电视台的晚间节目，要不就是自己做的低成本演播室节目，要不就是美剧。欧洲绝大多数国家播美剧都会翻译成本国语言，然后配音播出；也有走越南模式的，波兰播美剧就是同声念翻译稿。

中国电视剧和美剧的差距，多出在文化背景、价值取向和对社会关注的差异上，集中体现在题材接受方面，这个问题一时难以解决，所以中国电视剧的国际传播可能得慢慢来。现在看起来，古装剧的"走出去"相对容易。至于现代剧，相对来讲东亚、东南亚以外地区的观众可能更希望看到反映中国现代生活的电视剧，既有意思，能达到观剧的审美享受，同时能了解"神秘"中国的很多情况，毕竟电视剧是反映一个国家现代生活基本状态的非常好的一种工具。所以，中国现代题材电视剧如果做得好，在海外也可能是有市场的。

最后要说的是，如果想实现目标，一是需要我们有特别过硬的拳头产品，二是要看推广，三是要从文化与价值层面思考。中国电视剧的国际传播潜力很大。

刘：我来说说纪录片。中央电视台纪录频道从成立到今天，我们一直坚持一个策略：以外促内。这也是中国纪录片在整体上的应有策略，即首先得在国际传播上打出影响力，再促进国内的纪录片发展。这两年，我们也看到了实际的效果。当前，纪录片在所有中国传媒文化产品中的输出量和影响力还是首屈一指的，只是我们现在还缺乏更多强有力的产品。

考虑国际传播因素时，我们有一个基本的制作原则，主要包括三点：第一个原则是内容选题。要做关注度高的选题，最重要的标准就是要么有影响力，要么有收视率。关于这个问题，我与美国国家地理频道、BBC等媒体沟通过，我们的价值观比较相同。第二个原则是叙述方式，也就是中国一直强调的外宣语态问题，《舌尖上的中国》就是这方面做得很好的实例。第三个原则是专业水平，我们要跟国外的高精专业水平持平。

下面，我着重讲一下内容选题原则。目前，中央电视台纪录频道在选题方面正逐步转变，就数量而言从历史人文类的选题大量往社会类、自然类选题转移。在纪录片种类中，中央电视台纪录频道的历史人文类纪录片一直以来是最强的，社会类纪录片在纪实性的栏目中也还算充实，而自然类纪录片是最弱的。我们在海外评奖的时候也发现，外国同行和专家认为中国做历史人文类纪录片是不错的，在摄像、剪辑节奏等专业品质上与国外差距不大。社会现实类纪录片的主要问题：一是能够涉及的话题太少，而国外对健康问题、养老问题、婚姻问题、童工问题，以及所谓禁忌或者敏感的问题涉及得比较多；二是此类片子多由纪实栏目、民生栏目制作，这多是因为社会类节目投入比较低，现在来看这些栏目很多制作水平不高，选题也比较偏灰色，很难走到国际市场上。在国际纪录片市场上，灰色的内容往往没有市场。作为短板，自然类纪录片是我们现在要努力拓展的。这类纪录片的问题，一是弱在中国自然专家团队跟国外相比有很大差距；二是中国纪录片人很少是专业的动植物专家，我们的摄影师往往是在拍个热闹。这些都是纪录片国际传播的现实问题与拓展需求，因此未来我们要着重平衡选题数量。

其实无论是电视剧还是纪录片，最重要的问题还是选题。如美食话题，中外观众的感受都一样，对于"吃"首先讲的不是科学精确分析，而是好不好吃。以《舌尖上的中国》为例，我们当初选择案例时有三个原则：第一个原则是要选择特定地域的、地道的食材；第二个原则是地道食材要有一个非常自然的食用方式，并且传承群体几代都没有变过，还要有一个现在的传承人物；第三个原则就是这个人的背后一定要有一个完整的家庭，无论是三口之家或几代人，要有人的情感在里面。我们把这个片子呈现出来，得到海外同行和观众的普遍认同，因为这些选题的价值取向，中西方几乎没有差距，这才会有《舌尖上的中国》后来在西方销售时的优秀表现。

苗：我最后说说新闻。中国传媒的新闻国际传播力，较之于电视剧、纪录片而言是最差的。如今，世界的新闻国际传播基本被CNN、BBC占据，连NHK（日本广播协会）的影响力也不行，在这样一种格局中，中国怎么才能够杀进去？这涉及新闻视角与新闻采编能力的问题。

第一，视角与理念问题。其实坚持中国视角是没有问题的，如半岛电视台一直坚持阿拉伯视角，反而取得了巨大成功。新闻总是有视角的，CNN有美国视角，BBC有英国视角，中国视角其实不是问题，关键是用什么方式,怎么把中国的视角表现出来。这其中,一则要第一时间发出独家新闻,况且随着中国在世界的地位越来越重要,世界需要了解来自中国的独家新闻,本次十八大报道就是实例。二则涉及新闻制作理念。真的要能成为一个强势的传播力综合体,不仅要有中国视角,而且要有好视角。中国视角不能停留于过去的宣传至上,而是应该有一个国际社会都能够理解、能够感知,甚至能产生认同的视角。

第二,采编能力问题。现在,中国在世界各地建那么多记者站,但是实际的采编能力同国外优质媒体的差距太大了。新闻采编能力是"硬"实力,这不单是机器设备的问题,主要是人的问题。如何体现第一时间?如何体现现场感?如何体现一个立体的、多层面的信息来源交融?我们还差得很远。中国的一些驻外采编人员制作新闻时,往往从网上拼接、抄袭内容,然后找一个国际新闻事发地一站、一说就算完事。不是第一手材料,不是第一时间采集,在国际传播的效果方面就会差很多。

其实新闻与别的领域不一样,如果"硬"新闻量多,中国视角又是一个大家可以较为感知、理解的,采编质量又能有所提高,那么中国的新闻传媒完全可能首先达到半岛电视台的层面,然后向BBC、CNN靠拢。

最后说一点:世界人民最需要中国传出的东西是什么?是现在中国的真实状态。我们反映的中国现状越真实、越立体、越具体,越有利于国际传播。不管是新闻,是纪录片,还是电视剧,总体上来讲都一样。

市场与产业层面:纪录片、电视剧、新闻领域的国际市场化程度和难度存在差异

▲ 现代社会,传媒在提升国际竞争力时,各种要素如果不能构建为一种产业化的组合和运作模式,必然在很大程度上缺乏内在的生命活力。就当前国际传播而言,纪录片的国际市场化程度相对较高、阻

力较小，电视剧的国际市场化之路有潜质、需耐心，新闻领域的国际市场化之路需要各方转变观念、充满智慧。

胡：现代传媒同产业思维具有密不可分的联系。就市场与产业层面而言，二位如何看待中国传媒在国际传播力提升过程中所需注意的营销手段、价值评估、产业培育、市场预期等问题？

刘：纪录频道成立时的最初发力就是"针对海外"。现在所有的海外节目，首先定位就是要做市场。只有走了市场，让对方出钱买了中国的片子，才可能到海外的主流频道播出。中国之前的纪录片对外宣传，包括其他节目的对外宣传，在很长时间内使用外寄推送的形式。但是，对方认为这些免费送来的带子就是宣传品，内容肯定都是中国想宣传的东西，所以对这些片子一般不予考虑，甚至连看都不看。中国不缺乏优秀的作品，而这些作品一旦走了市场，对方电视台认为作品不错并出钱买了播出权，结果就会大不一样。

当然，这种走市场的思路还需要决策者的支持和内部的协调。我们现在负责两个频道，一个是中国国内看到的"CCTV-9纪录"，另一个是在海外落地的"CCTV-Documentary"，外加央视一套的《魅力纪录》栏目。台里有一个原则，就是保持纪录频道相对"独立"的形象，例如《旗帜》在中央电视台综合频道、中央电视台中文国际频道、中央电视台科教频道都播出了，但在9套纪录频道没有播。这是台领导的策略，对外要淡化意识形态。这种状态有助于纪录频道将来能和国际市场更好地沟通。

同时，为了走市场化之路，特别是走向国际市场，纪录频道从开播时起就对节目按照市场化的原则进行要求，包括频道自制的和国内委托制作的纪录片等。我这里有一个销售数字，这两年纪录频道拍摄的《南海Ⅰ号》《春晚》《故宫》《舌尖上的中国》《超级工程》等10余部纪录片，已经在超过60个国家和地区实现销售。其中，《舌尖上的中国》在海外首轮发行的销售额是35万美元,创造了纪录片海外单集发行最好成绩。这也是央视纪录片第一次以集群的方式发力。从总公司的销售报告来看,由于纪录频道开播以后持续推行纪录片的海外销售方式,2012年纪录频道的海外销售总金额突破200万美元。别看这个数额好像不高,这主要是因为中国纪录片在海外卖的价格不是太高,目前是先靠量打入市场。纪录频道正在筹建自己的传媒公司,将来好的片子直接委托海外团队在国外卖,进一步在市场上形成央视纪录片的品牌效应。

如今,国外同行知道中国政府资金雄厚,也知道中国官方媒体比如央视具有更高的实力和可信度。这是纪录频道通过市场化、产业化进行国际传播的优势。另外,欧美近年经济不景气,他们的各个机构和文化基金对纪录片的投资压缩了大约30%,而我们的资金相对充裕,到账也快,这是频道投资的机会和优势。通过这些投资,我们把央视纪录频道变成如BBC这样的国际传媒的联合制作方,成片在这些频道播出,也就间接扩大了频道的影响。

渠道层面:发挥节展活动与网络传播的作用

▲ 传播渠道是我国传媒国际传播力提升这一链条中重要的一环,它的一端关联着内容生产,另一端关联着接受反馈,功能与意义不凡。当前,我们一方面要关注实体意义上的渠道,如实地举办节展活动等方式的推介;另一方面要关注虚拟意义上的渠道,如网络新媒体的信息传输。

胡:当前中国传媒在国际传播中,特别是新媒体环境下,渠道的作用越来越重要。比如美剧通过网络渠道由外对内传播,就值得关注。外国传媒通过各种渠道走进中国,中国传媒是不是可以通过同样的渠道走向世界?那么，二位如何看待我们在提升传媒国际传播力过程中，传播渠道所产生的作用？阻碍为何？在传播渠道方面有哪些值得关注的理念和举措？

刘：我主要根据纪录频道的发展情况，谈一下如何通过节展这一渠道提升中国传媒机构的国际知名度和中国整体的国际吸引力。

第一，通过节展推介中国的传媒机构。纪录频道的发展除了需要有市场化的准备，还有国际品牌的推广策略。而后者经历了三个阶段，分别是认知阶段、接受阶段和互信阶段。我们通过此三个阶段让海外知道中国中央电视台开办了纪录频道，并能接受纪录频道，还能保持长期的沟通互信。

广泛地利用节展有利于上述三个阶段目标的达成。2012年4月在戛纳国际电视节上，我们冲破各种不利条件，租下了戛纳场馆仅有的三块大宣传展牌中的一个。后半年，我们到任何一个纪录片节展上，参会人员几乎都认得中央电视台纪录频道，因为他们看到过我们在戛纳的大展牌。海外同行对中央电视台纪录频道的认识度提高了，合作就变得便捷。另外，我们还在展会上搞了几个主要的活动，包括开幕式、频道推介会、中央电视台"中国之夜"大型高端酒会、官方午餐会等。这些活动花费不见得多，但是需要做出新意，效果才会很好。节展活动的参与考验着中国媒体推介的智慧。

第二，通过参加或举办大型会议推介中国。最近，我们初步确定下一届的世界科学和纪实制作人大会在中国举办，这是全世界纪录片领域最大的会议之一。每年会上都发布年度报告，梳理全世界这一年的纪录片节目类型和现状。这些在中国举办的知名节展、大会，不仅为海外机构、会议在中国提升知名度提供了机会，也是中国对外展示的重要途径。海外同行需要通过这些机会，到中国亲身考察、体会中国纪录片机构和制作人的成长、当代中国的现状，认知中国文化的价值。

苗：从媒介形态划分的角度谈渠道，网络对于人类社会的发展和改变已经起到巨大的作用，大家有目共睹。如今，美剧、英剧、韩剧、日剧甚至泰剧在网上都能看到数量丰富、相当完整的版本，而且有翻译组的翻译字幕。

但是从输出而言，中国的互联网传播效果还比较微弱。一是网络运作基本上是商业资本运作，国内市场已经比较大了，而且尚没有开发完。二是语言问题是一个关键的阻碍因素，中国人办的英文网络平台较少，也远不如自己的中文平台那么生动、活泼。有一些很关心中国的国外朋友和我说，他们了解中国的信息都是通过海外媒体的转述，中国的信息被转述才能得到传播，直接由中国网络媒体传达的信息非常之少。三是政府还没有足够重视。现在，无论是国家层面，还是经营者层面，都没有把这个问题真正提到议事日程上来，这是我们下一步亟须解决的问题，而且应该有切实可行的举措。

刘：对内来说，网络成为未来影视传播的一种延伸，有利于影视产品的增值。对外来说，网络新媒体技术最大的好处是使传统电视信号的传输更快捷。传统的电视信号需要上星、落地，现在国外多是IPTV（交互式网络电视）。我最近到美国一个华人家庭做客，他们家里可以接收中国长城卫星电视平台，能收到几十个国内频道，还有几百部中国电影、电视剧，价格也便宜。这种新媒体、新技术的传播方式，使中国电视节目信号在海外特别是在华人区的发展非常快，我们需要重视。

不过，我感觉在西方国家，传统媒体播放过的纪录片再卖给网络新媒体的情况不多，他们的受众更愿意在视频网站看到个人上传的个人化内容。这是中国媒体国际传播的一个阻碍。

人才培养层面：以合作带人才，重视项目管理人才的培养

▲ 任何深刻的理念、宏大的目标，都需要人去践行和实现。在媒体国际化建设中，更需要优秀、适宜的人才沟通各个环节、各方利益。从人才培养方式来看，通过购买海外版权、投资海外项目以及请海外团队前来带动中方人才成长，是切实可行的办法；从人才需求来

看，当前我们对具有国际视野的项目管理人才的需求较大，我们的人才培养体系也需重视这方面的缺口。

胡：刚才两位都谈到中国在提升传媒国际传播力时，需要具有更强采编能力、制作能力的人才。其实，传媒国际传播力的提高最终依靠的还是人才。二位在这方面都有广泛接触，那么，中国在相关人才的培养方面有哪些经验？能够切实提升中国传媒国际传播力的人才应该是什么样的？需要具备哪些素质？我们的教育体系与培养途径应该进行哪些相应的调整，以在未来培养出更强大的管理服务人员和从业制作人员？

苗：其实，刘文就是特别好的例子，国际视野比什么都重要。国际视野是怎么形成的？是靠大量的国际交流，大量地见人与谈话积累起来的。当然，不是每个人都能"走出去"积累，那么"请进来"的培训就是很好的补充。比如最近有两个很好的娱乐节目——《中国达人秀》和《中国好声音》，它们共同的特点是：花钱不仅仅是为了买版权，也是为了请海外的团队来对我们的人员进行培训。所以，买版权实际上是期待提升我们自己团队的体质。

这些年，中国媒体整体的国际眼界开阔了很多，也需继续培养，通过调查研究、考察接触，才有真正深刻的认识，才能把中国各方面的传播内容做成世界级的水准。

刘：纪录片也是这样。中央电视台纪录频道现在很重要的任务就是找团队、谈合作。比如奥地利的航拍团队最好，英国的水下拍摄团队最好，我们就请他们来谈合作。投资的目的之一就是靠合作来带动频道的人才培养。同时，频道也需要通过对海外佳作的研究来培养人才，比如筹备《舌尖上的中国》时，我们细致地研究了一些质量上乘的海外纪录片，分析这些片子的格式，来为我们的创作提供结构模式。

我想通过三五年的时间，培养三到五位能胜任国际题材的导演。这些人才首先英语要过关，其次自身的业务能力要好，关键还要有很好的协调管理能力。虽然频道现在各个工种都缺优秀人才，但相对来说编辑、导演、剪辑团队尚可，总量也大，最缺的是项目管理人。我们当前在管理方面往往比较糟糕，比如在项目阶段性预算运用、契约意识、人员管理、原则坚持等方面都有待提高，特别是重点项目的流程管理制度需要加强。具体来说：第一，项目一定要有确定的播出时间，以确定总经费的进度；第二，项目资金一定要分阶段计划，每个阶段分配多少钱需要明确；第三，在总支出中，确定前期与后期资金的基本比例，而且要有一个最高限度。这些都需要很好的项目管理人来负责。我认为，中国的高校教育也可以适度向项目管理人的培养方面倾斜，同时加强影视市场营销、推广人才的培养，因为这都是未来中国迈向国际市场所急需的人才。

结语

胡：最后，在提升中国传媒国际传播能力方面，二位能否再从理念和方法上简单地总结一些基本观点？

苗：中国当前在国际上的地位和中国的传播实力有很大的差距。缩小这种差距的具体办法，首先是政府重视，包括要重视民间的力量；其次是提高中国传媒的传播能力和国际视野，并思考什么样的内容和方式才是世界的；再次是通过优秀的人才运作、有效的运作渠道，特别是商业市场化的渠道，让这些内容"走出去"。经过不懈努力，中国声音才能逐渐和中国的国际地位相匹配。

刘：我想总结三点：第一点，务实的态度。把握游戏规则，务实于内容、产品和国际人脉，同时需要学会互利，这是务实合作的前提。第二点，有效的方式。要判断什么样的方式最有效，而且可以通过总结海外的有效经验来推进。第三点，持续地支持。这既需要国内各方的保障，也需要与海外保持长期有效的合作。

胡：非常感谢苗棣教授和刘文总监给我们带来的关于提升中国传媒国际传播力的一些经验、一些见解、一些思想。这是来自业界和学界的一次互动，一方面表达了中国传媒学者对于这个问题的深思熟虑，另一方面也表达了传媒业者在一线实践中的生动体验和感受思考。我相信这对于业界和学界而言，都具有相当的启示和帮助。再次感谢两位在百忙之中给我们贡献的思想和智慧！

需求与引领：传媒生态与监管服务之变
——2014年《现代传播》年度对话

高长力　胡智锋

对话时间：2013年11月14日

对话地点：中国传媒大学传媒艺术与文化研究中心

对 话 人：**高长力**　时为国家新闻出版广电总局宣传司司长

　　　　　胡智锋　时为教育部"长江学者"特聘教授，中国传媒大学教授、博士生导师，《现代传播》主编

整 理 者：**刘 俊**　时为中国传媒大学艺术研究院博士研究生、《现代传播》特约编辑

2013年，中国传媒监管服务与传媒生态都呈现出了一些新的变化。

进入媒介融合时代，传媒格局的变化需要政府在传媒监管与服务方面积极应对与引领。2013年，国家推行大部制改革，合并成立国家新闻出版广电总局，在网络监管服务方面举措频出，以及在相关领域的施政新思维，让我们看到了国家在新的媒介环境和传媒格局下的探索。

同时，对"电视将死"的正反争论，歌唱类选拔节目的火爆与"限唱令"、加强版"限娱令"的出台，电视动画发展的数量与内容质量之辩，纪

录片的强劲崛起和不易摆脱的诸多困境，电视时政新闻的革新亮点与网络假新闻向传统媒体的扩大蔓延等，让我们看到了中国传媒新发展与新问题同在，这需要政府部门的规范引领和传媒机构的自觉反思。

此外，国际传播、公共文化服务、传媒教育是判断与彰显中国传媒发展现状的关键部位，这些方面的一些关键问题和基本策略也亟待我们厘清和思考。

胡智锋（以下简称"胡"）：今天，很荣幸请来了中国广播影视最高决策部门的领导者——国家新闻出版广电总局宣传司司长高长力先生，一起展开2014年《现代传播》年度对话。

中国传媒特别是广播电视领域有一个"逢三变革"现象，1983年第十一次全国广播电视工作会议直接促成"四级办广播、四级办电视、四级混合覆盖"的格局，在中国广电传媒发展史上具有标志性意义。1993年又有一次大变革，标志是中央电视台的大改革，以杨伟光台长为代表的电视人推动了国家级电视传媒在节目形态、叙事语态、财务制度、人事管理等方面一系列的革新，其中《东方时空》开启了中国电视新闻的新时代。2003年，一方面，以中央电视台新闻频道的开播为标志，电视媒体不断探索符合新闻传播规律的内容生产方式；另一方面，新媒体开始崛起，传统媒体的主流话语权和公共话语空间开始被网络新媒体分割、占据。基于这种情况，当时题为"会诊中国电视"的对话给出的"中国电视的冬天还远吗"的研判，在今天看来的确此言不虚。

本次对话希望对2013年这个"逢三之年"中所呈现的中国传媒新的发展脉络与思路、改革创新的步伐与轨迹进行探讨，重点关注中国传媒特别是广电传媒发展的需求主要聚焦在哪些部位，这些需求又需要怎样的自觉与引领进行回应。

政府对传媒管理与服务的新思维：统筹、放权、服务、改革

媒介融合时代到来，传媒领域不仅在内部呈现出生产、传播与接受端的新状态，而且必然会产生新的需求，需要外部环境对这种需求有所回应和满足。2013年，无论是传媒监管部门的调整与整合、对网络监管有针对性的重视程度更高，还是政府施政走向简政放权、事后监管、法制建设、提供服务，抑或在十八届三中全会背景下对传媒监管将进行进一步调整，都是在中国特殊国情下外部监管环境对正在发展变化的传媒格局的回应。这种回应代表了政府未来在传媒管理中的新思维、新趋势。同时，革新还需要持续探索和坚持不懈。

1. 大部制改革有助于政府传媒管理与服务的统筹协调，提高行政效率

胡：在媒介融合的传媒生态背景下，2013年政府针对传媒监管与服务进行了一次组织机构的重大调整，即国家新闻出版广电总局的成立，这是中央政府大部制改革的重大举措。同时我们看到，国家互联网信息办公室在2013年也频频出台举措。政府在传媒监管方面的新举动，体现了政府的引领作用，是对传媒发展需求的回应。作为司长，您怎么看待这个问题？

高长力（以下简称"高"）：外界议论起原国家新闻出版总署和国家广播电影电视总局的合并，往往只关注机构方面的变化。实际上真正需要关注的，是国家对传媒的管理未来会发生怎样深刻的变化，这和本次机构合并有直接的关系。当然，机构合并和效果显现都是一个过程，现在机构整合还没有彻底完成。

机构整合过程中还有一段插曲。关于机构合并后的名字，曾有热议，有

人提议叫"传媒管理总局",但这个名字超出了合并后机构的职能,因为原国家新闻出版总署和国家广播电影电视总局分别负责平面媒体和广播影视媒体的监管与服务,还没有完全覆盖互联网的管理。国家广播电影电视总局对互联网的管理,只涉及网上视听节目,也只是互联网的一部分,互联网其他一些重要的部分则归属国家互联网信息办公室等部门管理。

机构合并之后,未来可能产生的效益就是行政管理的效率会提高,特别是一些重大管理政策的统筹协调会更加方便。过去,我们在媒体监管与服务时往往"各自为战",对平面媒体、广播电视媒体、互联网媒体的监管有各自的法律体系和管理规范,一些政策之间还存在不相衔接甚至相互冲突的地带,协调起来比较困难。现在,监管工作合并统筹在一个大部门了,其最大的意义在于将来政策的协调性。

举个例子,现在广电业普遍有一个抱怨,认为现阶段对网络和小报小刊管得较松,对广电却管得很严、很死,这会不会导致广电这一严肃、传统、主流的媒体最后萎缩了,互联网和小报小刊却越来越壮大?面对这一疑惑,在机构合并的背景下,未来的政策制定和监管过程会具有统一性、统筹性,这次机构改革能够为这种统一创造好的条件。我问过欧洲一些国家的媒体监管部门一个问题:互联网管理和广播电视管理有什么区别?他们说没有区别,应该标准一致。但事实上,我们现在的标准和管理方式都不太一致,比如对广播电视是系统管理,全系统通过行政的方式管理还是很有效的;对互联网是一种社会化管理,我们设立标准,让其按照标准执行,而它一旦违规,制约的手段非常有限。您刚才还提到了国务院信息化工作办公室(简称"国信办")的挂牌,国信办原来是国务院新闻办公室的两个局,单独设立之后,它的管理功能是加强的,包括对网络大V、网络谣言的治理措施现在已经见到一定的成效。总之,的确有"逢三变革"这个现象,至少2013年在政府传媒管理的体制机制上出现了新的形势。

胡:这里有一个敏感的问题,中国存在地方保护主义,也存在行业保护主义，如今两个机构变成一个机构，在行政资源或管理层级及其他方面，是不是可能导致以往的管理权限降低了，行政权力性的东西被压缩了？如此，两个部门现在的管理者，其个人利益或升迁空间等方面会不会受到影响？那么，他们对这样的改革会不会有积极和正向的支持或者认同？

高： 出版总署和广电总局的合并其实很顺利，外界担忧的很多情况都没有发生。比如我感觉实际人事变化并不是很大，部门合并较多在办公厅、财务、人事等综合部门，业务部门也有一些整合，但真正发生化学反应还需要时日。

2.为改革大局提供舆论和智力支持，并思考宣传管理部门自身的改革问题

胡： 我注意到，2013年的十八届三中全会有两个海内外比较关注的热点，一个是中央国家安全委员会的设立，一个是中央成立全面深化改革领导小组。国家安全和改革都需要传媒的参与。其中，改革是关键词，十八届三中全会提出让市场在资源配置中起决定性作用，这跟您刚才说的我们已经践行的理念是吻合的。那么，随着国家新闻出版广电总局的成立，以及十八届三中全会提出的上述两个最高层的决策，具体到传媒领域，从政府传媒监管和服务的视角来看，我们如何呼应？在国家安全和改革方面，您预测政府未来在引领行业发展中还会发挥什么样的职能？

高： 宣传系统与党和国家所有的工作都密切相连，宣传部门应当在全面深化改革领导小组和国家安全委员会中承担重要职责。任何工作，特别是一些转折性或升级性的工作，比如改革，要求人们首先在观念上实现转变，这便需要宣传先行，以提供舆论引导和智力支持。任何工作缺少好的舆论环境，推进起来就可能出现困难，甚至达不到预期的目标。可以预见，下一步落实十八届三中全会全面深化改革的决定，这是宣传领域一项重中之重的任务，至少要持续到2020年。因此，下一步我们首先要把中央的精神宣传好、

解读好，以纠正中外媒体及社会上的一些错误的解读。同时，广电系统内也面临着怎样落实好中央精神、深化改革、转变政府职能的问题。

宣传管理部门自身的改革，也面临着两难的选择。在中国特殊的国情和体制下，两难选择是什么？在文化意识形态领域确实有一些东西需要前置审批，比如开办影视公司，要有一定的资金和相应的人员；影视制作是大投入，做一部电视剧，没有一两千万元搞不下来。以前也发生过不少拿着项目行骗诈骗的事，还形成很多商业纠纷，甚至制作出一些不负责任的影视文化产品，贻害无穷。所以在改革中，既要放权，给文化产业的经营生产创造好的条件，又必须加强监管，毕竟文化产品不同于一般的产品。

媒介融合时代的传媒格局："电视将死"未必是真命题

数百年来，伴随媒介科技的不断发展，在信息传播和传媒艺术领域，每一种新出现的媒介形式在让世人震惊的同时，也每每引发人们大胆预言旧有的媒介形式行将死去。绘画之于摄影，摄影之于电影，电影之于电视，传统媒体之于新媒体，无不经历了这一过程。我们在肯定人类不息探索、勇于面对未来的精神的同时，也需细细品咂，新的媒介形式和已有的媒介形式未必就是"非此即彼"的关系。我们一方面不能轻易否定传统媒体存在和发展的可能性、合理性和创造性，另一方面需要思考传统媒体与新媒体融合的思维和路径，革新传统媒体的诸多体制机制和理念问题。这又涉及一个需求与引领的逻辑，在新的"逢三之年"，对这一问题的思考越来越显得紧迫。

1. 传统媒体与新媒体不是非此即彼的关系，不能轻言"电视将死"

胡：媒介融合已经成为整个人类信息传播领域最重要的态势，在媒介融合时代，传媒格局正在发生深刻变化。很明显，广电媒体已经成为传统媒体，这是时代性的特征。怎样看待媒介融合时代传媒格局的现状和发展态势？在这个时代，广电媒体还有没有生存的空间？自身应如何定位？传统媒体和新媒体怎样相处？这些问题是大家普遍关注的。

高： 关于电视到底几年将死，大家都有不同的猜测。但是，我们在争论到底几年的时候，不要忘了这个命题的核心，电视一定会死吗？"电视将死"是真命题还是伪命题？我们应当跳出来，如果天天算计几年将死，就掉进这个陷阱里去了。

我们要看到，一方面，传统媒体有其自身魅力，受众有传统媒体的收视习惯，传统媒体应该发挥并利用好这些优势。比如直播的电视频道仍然是受众喜欢看的，这是收视习惯；电视有几个功能是新媒体取代不了的，包括对新闻的权威报道，娱乐节目、影视剧、纪录片大制作带来震撼力、冲击力等。另一方面，新媒体对年轻受众的收编是迅速的，年轻人基本上不看客厅里的电视，他们收看电视节目也多是通过移动屏，叫作多屏收视。2013年春节时，我突然发现多屏收视的时代开始了。过去看央视春晚，手里得拿着节目单数着，生怕错过。但是，2013年春节时不怕了，移动点播普及了，许多年轻人主要在看移动屏，即便看着客厅电视机里的春晚，也是同时拿着移动终端吐槽，只要有一个节目不好看，他们就会马上转移，去点播别的节目。这几天，我正在审看2014年春晚节目，我对节目组也说了这个看法，那就是单个节目的质量越来越决定春晚的成败，过去可能还要强调整体设计，现在这些并不重要了，重要的是要一个精彩接一个精彩地把观众留住。

上面这些情况，对广电媒体而言有喜有忧，但不是非此即彼，这也预示着所谓的媒介融合不是电视和新媒体之间完全的对立较量，而是走二者融合的道路。电视台和新媒体机构完全可以走向深度融合，如河南卫视的《汉字英雄》，现在正和爱奇艺深度合作，推出了网络游戏，游戏和电视还能互动，之后推出的《成语英雄》也是采取这样的模式。电视台为什么不可以往这个方向发展呢？最早的时候，我们曾经走过弯路，电台、电视台以为要融入新媒体就是开设一个网站，将频道直播和节目内容直接挂到网站上，结果网站成了广播电视媒体内容的另一个展示橱窗。这就是没有找到与新媒体融合的正确道路。正确的道路是要从用户的需求出发，比如爱奇艺、优酷、土豆的检索系统很方便，并且进入移动客户端，这就吸引了大量视频收看用户。当前，最重要的就是抢占移动用户端。据说，美国的情况是新媒体现在被广播电视系统"霸占"了，广播公司垄断了新媒体。与其在新媒体面前瑟瑟发抖、低声哀号，传统媒体不如抓住机遇、发挥优势，主动出击抢占新媒体阵地。同新媒体深度合作过的一些广电机构发现，原来在节目创意、营销理念、人才队伍等很多方面，他们都比新媒体机构有很大优势。

2. 传统广电体制机制和理念需革新，但主流媒体的地位不会轻易动摇

胡：我发现新时期以来有两个热点话题，现在来看应该是准伪命题。一个是"狼来了"，即中国加入WTO之初，探讨中国影视面临挑战的文章很多，大家都在担心美国好莱坞的体量庞大，中国影视可能抵挡不住海外影视的冲击。但跨越过来以后，发现情况没那么严重。另一个是最近几年，尤其是2013年，新一轮"新媒体来了"，言外之意"广电要死"的声音逐渐多起来。现在看，这个命题也未必是真命题，我们要重视新媒体时代的诸多新现象，至于到底谁主沉浮却不能简单下结论。当然，我们可以肯定，过于保守必死无疑，要研究琢磨新媒体的优长，取长补短。比如您刚才讲的两点，一个是客户端，一个是移动化，要借助这些新的方式和理念，帮助传统广电媒体在媒介融合时代依然发挥其不可替代的优势。总之，传统广电媒体的生存关键在于能够与时俱进，顺应技术发展的规律，找到当今时代百姓或用户更迫切的需求。谁能够满足这种需求，谁就能够获得生存的

机会。

高：是的。现在关于和新媒体融合，广播电视媒体确实在理念和体制机制上有障碍。在理念上，大家不知道怎么去融合；在体制机制上，我们还不适应新媒体的运行机制。为什么如今有些人才往新媒体流动？新媒体的薪酬机制更加灵活是重要原因之一。传统广播电视媒体的体制机制改变一下，人才流动的方向也会改变。

理念上的问题也很重要。新媒体发展，新技术飞跃，给广电带来的机遇不可想象。在这一背景下，地市级电视台都可能变成上星频道，覆盖全国甚至全球，有非常大的发展空间。同时，节目制作社会化、制播分离也是大势所趋。比如，在新媒体时代，拍摄设备的门槛越来越低，手机都可以拍高清视频，让老百姓拍自己的生活，电视台加工之后播出，这样的片子往往很有贴近性。传统媒体要智慧地利用新媒体提供的机遇。

不管将来媒介格局如何变化，国家办的主流媒体所占据的主流地位恐怕不会有大的变化。无论是从国家长治久安，还是从社会经济发展的需求来讲，都需要主流媒体引导整个社会舆论。主流媒体基本上是传统媒体，是很专业化的媒体。中国老百姓对新媒体的认识还处在初级阶段，觉得新媒体的信息很丰富、很新鲜，甚至出现了"屏奴"。经过一段时间的发展，人们就会逐渐认识到自己所需要的还得是准确、客观、公正的信息。当公众媒介素养提升之后，大家会逐渐从众多媒体中选择一些权威的、可靠的媒体去依靠，主流媒体的权威地位会越来越巩固。

同时，如前所述，为了帮助新媒体发展，应该抓紧立法，如今很多新媒体的信息已经到了侵犯个人隐私权、名誉权，甚至对未成年人造成伤害和不良影响的程度。如果没有法律的严格监管，就会造成一种主流媒体很严肃、很专业，而新媒体很放纵、很随意的状态，这两股方向相反的力量会造成正向力量的亏损。

从五种节目类型看2013年电视内容生产状况

中国电视传媒内容生产快速发展的同时,前所未有的问题和需求也随之而来,如电视综艺节目同质化、原创力问题,动画产业在转型关键期出现的内容尺度和产业链完善问题,网络虚假信息对传统媒体新闻报道的误导和挤占,电视剧价值观问题和购播机制的尴尬,纪录片发展意义重大但需要业内和各方力量的持续推动等。面对这些需求和问题,我们亟须外部引领的匡扶和内部自觉的萌发。

1. 电视剧:部分作品价值取向需矫正;购播机制存尴尬

胡: 2013年,传媒内容生产在政策的撬动下呈现了新的状态。当然,这其中有亮点,也有问题。就电视剧而言,在过去若干年间基本上形成了稳定的产业规模,但是也达到了瓶颈。头几年,出现了新媒体"搅局"的状态,网络媒体花巨资购买电视剧,但是这种状态迅速降温了,电视剧回到对电视的依赖。总体来讲,电视台、广告商和影视剧制作公司的三角关系基本上没有变化。

2013年,大家感觉到电视剧的亮点相对往年不是很突出,特别被大家关注的作品比较少,电视剧的产值、交易额可能也会受到一定的影响,电视剧产业瓶颈也还没有突破。您怎么评价?

高: 对于电视剧,我确实缺少发言权,只能从观众的角度谈点思考。现在,人们对电视剧越来越挑剔,似乎感觉好戏少。电视剧的极大丰富,一定会带来审美疲劳,带来丰富中的贫乏感。我个人认为中国电视剧的整体水平是越来越高的。

讲到内容,这里需要提出一个电视剧价值观引导问题。现在,有的戏以恶制恶、以暴制暴,片子从头到尾都把正面人物塑造得特别坏,用比坏人更坏的手段，最后战胜了坏人。这样的片子多起来的话，对公民的价值观就会有误导。个别电视剧虽然收视率很高，但传递的是"不学坏就不可能立足"的价值观，太过偏颇。

讲到产业，电视剧跟电影不一样，电影是观众用脚投票，市场化程度较高。电视剧是由电视台的购片部门选片，然后播出。怎么选呢？电视剧是预售方式，这边正拍着，那边开始卖，此时购片单位只知道故事梗概，知道导演和演员。一部文艺作品，怎么能靠导演和主演是不是一线的来判断其品质？这就造成了一些优秀的电视剧在预售时没人买，结果播出不了，影响不大。

2.纪录片：政府推动见成效，势头喜人；要解决好人才和创作观念问题

胡： 就纪录片而言，中国特色的纪录片生产和传播，包括产业发展模式，既有国际化的一面，也有本土化的一面。在中国纪录片的发展中，您起到了很大的作用，请您谈一谈这方面的思路、经验和问题。

高： 纪录片是宣传司这两年重点抓的一项工作。2010年，《关于加快纪录片产业发展的若干意见》出台。三年后，再来看一些数据指标，包括制作量、首播量等，都是2010年的三倍。在数量急剧增长的同时，不断出现一些上乘的好片子，以《舌尖上的中国》等为代表。

纪录片产业发展起来实际上很困难，不像电视剧和动画片会形成一个非常大的产业，而且产业可能增长无极限。从世界范围来看，纪录片的受众群体是有限的，现在还不敢说增长无极限。但我常说纪录片的春天到来了，为什么？最重要的是中国老百姓开始接受纪录片，特别是《舌尖上的中国》一经播出便引发了一股社会浪潮。

2013年，纪录片领域动作频频，特别是播出平台建设有很大进展，比如央视纪录频道推出的制播联盟，11月全国70多个频道都开设了《纪录中

国》栏目。有实力的制作机构，特别是民间制作机构开始出现，将来社会化制作会是纪录片产业增长的重要力量。一个产业的发展，如果不能扩展到社会，不能社会化，就不能称为一个产业。在这个基础上，政府要出台相应的政策，国家新闻出版广电总局在2014年上星频道调控政策中规定平均每天必须播出30分钟的国产纪录片，34家上星频道全年纪录片播出量会增加6000多小时，播出量增加了一倍。当然，这只是多项政策中的一项。我们于2013年初做了全面的纪录片产业调研，最近刚刚向中央提交了报告，报告里提出了推动纪录片产业发展的九个方面的政策建议。比如需求拉动方面，我一直呼吁增加几个上星纪录频道，大大提高纪录片的播出需求，同时形成适度的市场竞争局面，这将对纪录片的质量、价格产生明显拉动作用；要增加政府的扶持资金，鼓励民营企业特别是向海外营销中介机构的发展，利用国际展会推动优秀国产纪录片走出去；等等。

纪录片的创作目前存在两个问题：一是出现了人才断档。最近10多年，纪录片经历过一段不太红火的时期，新人补充不够，所以我建议学校教育抓紧培养纪录片人才。在我看来，纪录片是电视节目中品位档次最高的品种，是"贵族"，创作时要付出的智慧和体力可能比其他一些节目品种要大，所以一定要培养高端人才。二是创作观念上还有误区。现在的纪录片多半是历史人文题材，为什么中国会"培养"出高端人士看纪录片？因为纪录片题材本身就是人文历史类居多，适合大众的内容偏少，现实题材的更少，这是一个问题。我们亟需优秀的社会纪录片，尤其是反映现实生活的。一提到反映现实生活，有人就想到社会矛盾、社会问题，有很多顾虑，其实火热的现实生活可反映的内容是丰富多彩的。近两年，央视的"走转改"报道其实很多是纪录片，其中有"最美中国人"的类型，也有舆论监督类型，还有的在《新闻联播》中播出，深受观众欢迎。这些片子还卖到了国外。外国人希望看到中国普通百姓的日常生活到底是什么样子，一些人专门拍摄的表现社会阴暗面的片子不客观，不能代表真实的中国。

3.动画片:"龙头"、"水龙头"与底线;从数量向质量转变的转型关键期

胡: 说到动画片,近年来的快速发展中,动画片全行业感受到前所未有的难题或压力。当我们还没有以社会担当之心建立共同的内容尺度和标准的时候,这个产业假如唯利是图,一定会冲破底线,会出现大家不能接受的比如少儿不宜的东西。最近,针对内容生产中出现的价值观问题,20家动画播出机构和制作机构第一次向全行业发出倡议,倡导给孩子们制作绿色动画。尽管国家新闻出版广电总局现在还没有正式推出关于国产动画内容标准的文件,但是我们看到了一些相关的态势。您怎么看?

高: 2013年初,我们对动画产业进行全面调研之后,对这个产业怎么调控,怎么推动发展,我总结了三点。第一,动画产业的"龙头"是什么?从动画片播映到图书、玩具、文具、主题公园、网络游戏等,动画的产业链巨长无比。长产业链也会带来问题,动画片单单依靠播映权收入是不能收回成本的。当然,《喜羊羊》和《熊出没》做到了,这是个别现象。大部分动画片要靠长产业链上各个链条的综合收入,甚至靠几十年的版权销售,才能收回成本。要调整好这个长产业链,必须抓住"龙头"。我认为"龙头"就是作品创作。一定要把片子做好才能播出,才能产生影响,才能借此实现收入。一些较大动画企业本身就有完整的产业链,经营情况相对好些。而中小动画公司只是产业链条中的创作、制作企业,做出的原创动画片要去授权,要把形象卖出去,还要面临知识产权的保护,生存十分艰难。中国动画企业小而散的普遍现象,直接影响到产业链的完整性。

第二,动画产业的"水龙头"在哪里?我认为在播出平台,也就是电视台。播出平台建立一个择优播优机制,对产业发展至关重要,对形成正常的市场机制至关重要。倡议书中提出,电视台一律付费购买动画片,不得播出动画企业"捐赠"的动画片,更不准动画企业向电视台交纳播出费。国家新

闻出版广电总局改进了季度推优办法，让上星动画频道负责人和观众代表参与评审优秀动画片，将选出的动画片推荐给电视台播出，并在年终考核各频道播出推优作品的比例。这一做法促使电视台主动选优购优播优。国家新闻出版广电总局还要求各上星综合频道每日至少播出30分钟优秀国产动画片或少儿节目，开发了优质播出平台，推动了优秀动画片价格的提升。

第三，非常关键，是底线问题。动画片是面向未成年人的，应当传播正确的价值观，给孩子们健康有益的文化营养，绝对不能对他们的身心健康造成伤害，这是创作的底线。从2013年5月开始，我们着手制定动画片内容标准。按照发展心理学的理念，孩子在不同的年龄段，心理特征是不一样的，特别是在低幼阶段，儿童的是非判断能力非常弱，善于模仿，错误的东西会极大地误导他们。我们准备采纳教育工作者的建议，针对不同年龄段的少年儿童设定不同的尺度标准，同时在动画产品中标明，给家长一个标签式的提示。这种做法不是分级，只是一种创作指南和收视提示。

总之，中国动画产业现在正处于转型关键期，要从产量增长向质量提升转变，这也是2013年社会热议的话题，是中国动画发展历程中的大变化。

4."限唱令"：解决娱乐节目同质化问题，保证观众选择权和传媒公益性

胡： 对歌唱类选拔节目的限令，也是2013年广受关注的热点。2013年，歌唱类选拔节目在带来高收视率、高收益的同时，存在着同质化等问题，为此国家新闻出版广电总局不断用各种政策和举措调配内容生产格局。我们非常关心的是对于这样一个高收视率的节目类型，为什么要用这样的方式进行限制？它带来的效果和效应是什么？

高： 2013年出台的《关于进一步规范歌唱类选拔节目的通知》，坊间也称为"限唱令"，主要是通过调控来解决同质化的问题。同质化竞争对于刺激质量提升、价格下降有一定意义。按照市场营销规律，同质化和差异化竞

争同时存在，各有利弊。但对于过度同质化的现象，政府到底要不要调控，用什么样的办法来调控？我们对这个问题在2013年有一个认识过程，特别是歌唱类选拔节目到暑期时已经明显过多，这促使我们进行调控。

调节同质化问题有两个思路，一个是通过市场手段解决，另一个是政府出手调控。依靠市场能不能解决？原来我们抱有一定的希望，后来发现不行。为什么？这个节目类型非常特殊，在全球"唱歌+竞赛"就等于高收视率节目的氛围中，电视台会首选这种节目，广告商也愿意巨资投入。如果不出手调控，没有政策杠杆，完全依靠市场，那么市场导向的结局就是这类节目不停增加。如果同类节目过多，就会挤占播出时间，别的节目类型就没有空间了，电视节目就不能丰富多样，观众的选择权必将受损。

丰富电视荧屏，满足群众多样化的收视需求，既是电视台的社会责任，也是政府主管部门的行政责任。在当前电视节目同质化现象明显、长尾效应诱惑力不强、电视台创新动力不足的情况下，指望单纯用市场手段解决同质化问题是不切实际的。政府的宏观调控要发挥一定作用，适当抑制同质化现象，鼓励差异化竞争，保证电视媒体发挥多方面的功能。相应举措大致有：一是应学习西方对电视频道的规制办法，确定其各类公益性节目的播出比例，这样可以防止电视频道为了追求经济效益而追逐少量高收视节目类型；二是应对个别性价比较好而容易引起跟风模仿、扎堆播出的节目类型实行量化控制，避免产能过剩、供过于求，避免资源浪费，造成观众可看节目类型偏少；三是应鼓励原创，对于弥补收视空白、令人耳目一新的节目，在调控指标、评奖评优等方面给予倾斜，形成积极创新、差异化发展的良好局面。

2014年，我们将继续通过政策杠杆进行调控，限制播出时间，降低歌唱类选拔节目的热度。同时，要考虑到这类节目里也有佳作，很受观众欢迎，如果一概都拿到非黄金时间播出，那就是没有站在观众的利益上考虑。所以，我们确定了《我是歌手》《最美和声》《中国好声音》《梦想合唱团》四档优秀节目，还是要放在黄金时间播。怎么选出来的呢？通过观众评议会。我们既要扶持好节目，又要保证观众的选择权。

最近出现一些亲子真人秀节目，有的受到社会一致好评，但有的存在一些问题，应当引起我们的关注。我们前不久已经发了一个提示，提醒这类节目要"三防"：一是防止炒作明星、消费明星；二是防止儿童的成人化现象；三是不要伤害未成年人的身心健康，比如逼迫低龄儿童做那个年龄做不到的事情，给他们造成不适当的心理压力，这对他们的身心发展有害。

胡： 是的。从全球范围内来看，政府和市场这两只手，对于解决整个传媒娱乐生态中存在的问题都是至关重要的。"限娱令"的出台，是限而不是禁，有其灵活性，否则行政意味太浓；而单纯靠市场调节，又会导致过多过滥。"限唱令"的探索在于政府号召和倡议大家在差异化和同质化之间求得平衡，同时又有手段，比如按照全球娱乐节目占比的规律或普遍特点，再根据中国市场的体量、这些品牌节目的表现及观众的承受力进行调控，保持传媒生态的竞争状态，也保留市场的空间。我们注意到，国家新闻出版广电总局在调控娱乐节目的同时，也在建设性地推动另外一些节目的发展，并且明确各类节目的比例。

原来的政府管理更多的是原则性的，电视台可能觉得不够具体，没有办法执行和落实。现在，产业化、市场化的步伐迈得越来越快，媒体希望得到一个标准，明确要达到什么目标，知道政府对其有什么期待和要求。政府如何解决这一问题？

高： 对媒体的管理应当具有系统性、科学性、实效性，人们常说顶层设计十分重要，而不要头痛医头、脚痛医脚。最近新出台的上星频道调控政策，最重要的就是实行了频道节目结构化管理，即要求新闻、经济、文化、科教、生活服务、动画片或少儿节目、纪录片、对农节目这八类公益性节目的占比达到30%。我们知道，上星综合频道近年来有越来越娱乐化的倾向，渐渐偏离了原有的新闻综合频道的定位。要扭转这一倾向，仅靠"限"是远远不够的。频道资源是有限的，因此应当服务于公共利益。西方国家每批准一个频道，都会要求该频道必须播出一定比例的新闻、少数民族、少儿、教育等类型节目。我们现在要求上星综合频道播出一定比例的公益性节目，是完全合情合理的。据初步统计，目前上星综合频道播出上述八类公益性节目的比例在21.9%，明年如果达到30%，就意味着平均每个频道将增加2小时左右的公益性节目，可以想见上星综合频道的面貌必将有一个大改观。上星频道调控政策中设计了若干个量化指标，这些指标都经过了科学测算和反复论证。如果没有量化指标，仅靠原则性号召，是难以实现管理实效的。我们从2013年底开始实行年度报告制度，即要求各频道据实报告一年来执行有关规定的情况，特别是量化指标落实的具体数据，这样就将责任压回到播出机构，增强其执行有关规定的自觉性。

5.电视新闻：央视时政新闻改革是节点、亮点；谨防"天天都过愚人节"

胡：电视时政新闻的改革是2013年的亮点和节点，以央视《新闻联播》和新闻频道为代表，积极探索时政新闻的发展创新之路。请您对2013年的电视新闻节目进行点评，哪些内容从发展的角度来讲是可圈可点的？

高：央视《新闻联播》的改版创新，有目共睹，确实是2013年电视新闻的成就之一。《新闻联播》不仅仅是一个简单的电视新闻栏目，它寄托了中国人太多的希望和诉求。在中国人的日常生活里，它已成为一个政治符号，成为中国人每天的政治聚会，承载着国家意志、公民参政、道德评判、情感抒发、社会管理等诸多功能和使命。《新闻联播》里要有许多看似不是新闻的东西，但这些东西恰恰是中国人需要的。《新闻联播》的变化，不单是主持人的变化，还有很多其他内容的变化，比如第一次播出"走基层"系列报道，折射出群众观点、百姓情怀，《邵全杰的回家路》《杨立学讨薪记》《曹家巷拆迁记》等"新闻连续剧"，是用纪录片手法拍摄的百姓故事，有贴近感，又深富寓意；百姓"连连拍"、"最美中国人"系列、"海量采访"等报道，报道了大量百姓人物、百姓故事、百姓困惑，热气腾腾，百姓自然有感。再如第一次让领导人的活动"活"起来，使时政新闻有了信息量，强调报道角度和新闻价值，有些还有现场同期声和花絮。还如第一次进行现场连线直播报道，提升了时效性和真实感；第一次把"说好家常话"作为播报新闻的一个标准，"过年回家第一句话说啥""走起"等生动语言的使用，使新闻语态极大改变；等等。

不过值得注意的是，相对于央视《新闻联播》，某些地方台的《新闻联播》仍然变化不大，有的几乎全部被各部门的会议和领导讲话所占据，这恰恰是官僚主义、形式主义在新闻报道中的集中体现，而且很危险，如果再不改革，就会严重脱离群众，最后失去权威性和传播地位。

其他新闻节目包括民生新闻，这些年来进步还是很明显的，但也面临一个新的大问题，那就是互联网上的假新闻、谣言、不负责任的非理性言论等正在向广播电视扩大蔓延，因此产生的新闻失实报道急剧增多。我甚至写过一篇文章，主题是"天天都过愚人节"。广播电视中的假新闻极其可怕，长此以往会毁掉多年来形成的传统媒体作为严肃媒体的权威形象。假新闻泛滥，既有媒体人员缺乏新闻专业素质的原因，更有心态上的原因。偶尔一两次发布了假新闻，可能是由于百密一疏，但如果媒体抱着一种浮躁的心态，盼着"天天都过愚人节"，这就很可怕。国家新闻出版广电总局正在深入调研，将出台一个关于如何防止假新闻和不当言论的规定，意在将这一问题遏制在苗头初现期。

国际传播、公共文化服务与传媒教育的几个关键问题

近年来，我们在传媒对外与对内的功能上有了新的认识。对外，面对中国传媒国际传播力尚弱的问题与提升国家"软实力"的需求，我们越加意识到要从主体、诉求、渠道、类型等方面坚持从对外"宣传"走向国际"传

播"。对内，满足公共文化服务与包括专业教育、公众媒介素养、传媒领导者媒介素养在内的传媒教育的需求，考验着、彰显着传媒业界、学界的尊严，也是传媒存在与立本的恒久要求。

1.国际传播：多主体、分地区、按需求进行传播，并提高国际合作的程度

胡：在中国传媒国际传播力的提升过程中，过去的主体更多是具有官方背景的主流媒体，现在民间的影视制作机构也开始扮演重要角色。同时，传播渠道的拓展在这些年也有进展。从政府推动的角度来看，我们应该怎样多角度、多方面、多主体、多渠道地提升中国传媒的整体国际传播力？

高：提高国际传播力，从根本上还是要针对不同国家、不同文化的需求采取不同的方式。在国际传播中，政府是一个重要主体，很多国家在自己的文化传播中都有政府项目。无论什么主体，都必须看准需求，比如对于非洲国家，我们把《媳妇的美好时代》译成当地语言，就很受欢迎。当然，针对欧美国家，仅仅靠政府主导的传播是不够的，因为对方会从意识形态出发，产生很强的排斥心理。我们同时要遵循市场规律，扶持民间主体。民间主体有它的优势，即对市场的信息非常敏感，会很细化地判断什么东西到底能卖到哪儿，能卖到什么价钱。对于与咱们的意识形态比较对立的国家，以民间色彩"走出去"，会比较好地消除意识形态的隔阂，这是公共外交的理念，也是文化体制改革的方向。

另外，我非常推崇国际合作，通过合作开展对外传播可能是最好的策略，比如动画片、纪录片创作与国际重要机构合作，既符合西方的审美习惯、收视特点，又能体现中国题材、中国精神，而且在国际营销上可以充分利用许多国家成熟的渠道。我们在经济发展上经历了引进、合作、输出的过程，在文化传播上也应当吸取过去的经验，大胆探索。

2.公共文化服务的三层次：硬件建设、内容的丰富性、创作经营观念转变

胡：传媒是国家文化建设的重要部分，也是国家公共服务特别是公共文化服务的一个有机组成部分。无论从政府的角度还是从社会的角度，传媒有责任提供更高质量的公共文化服务产品，提升公共文化服务水平，并矫正过去一段时间对产业过度偏重的现象。您如何看待这一问题？

高：在这次机构改革中，国家新闻出版广电总局专门成立了公共服务司，对新闻出版和广播影视的公共服务项目进行统筹考虑。我个人认为，公共文化服务包含多个层次，第一个层次是硬件建设，要解决基本服务的均等化问题，也就是解决"有没有"的问题。第二个层次是提供更加丰富多样的文化产品，解决"多不多"的问题。第三个层次是提供高质量的文化产品，解决"好不好"的问题。硬件建设虽然很费钱，但是毕竟下大决心经过努力还好解决；软件建设是一项长期、艰巨、复杂的任务。要实现广播电视节目丰富多彩、健康有益的目标，还需要政府部门一手抓调控、一手抓引导。2013年，在加强对歌唱类选拔节目调控和奢华晚会治理的同时，我们大力提倡具有文化营养的新型节目，如《中国汉字听写大会》《汉字英雄》《成语英雄》等节目获得社会效益和经济效益双丰收的经验，对整个广电行业创作倾向产生了极大的带动作用。

3.传媒教育：注重专业人才的基本素质教育，注重媒介素养进入教育体系

胡：传媒教育涉及专业人才的培养和民众媒介素养的培养。在今天的对话中，您从头到尾特别强调"需求"，那么在当前传媒业的格局下，无论是政府、制播机构，还是其他部门，您认为需要什么样的传媒人才？对传媒教育有什么期待？民众媒介素养的提升又有哪些关键问题？

高： 无论是政府部门还是传媒机构，对人才的需求最重要的一点是人才的基本素质要高，人才的技术、技能可能是第二位的。人才的基本素质中，职业道德素养又是重中之重。传媒领域很特殊，它是指引人的灯塔或人类灵魂的工程师，所有这些赋予传媒业的比喻都不过分。如果引导者本身的思想道德素养不高，传媒业一片混乱，对整个社会就会起到误导的作用。为什么新媒体中的乱象比较多？可能与非传媒专业人员大量进入有很大的关系。在基本素质里，第一位是职业道德，第二位是基本的人文科学素养。我接触过一位西方的传媒专家，他认为新闻系学生应该学两样：一是文学，要学会怎么表达；二是历史，要用历史的镜子来映照现实。除此之外，才是对从业技能的培训。所以，我希望中国传媒大学等传媒教育学府，要更加注重职业道德和人文科学素养等基础教育的培养。

公众的媒介素养也非常重要，我国对这一问题的重视很不够。近来发生的一些悲剧，比如小孩子受到影视作品的影响去模仿等，这与媒介素质教育没有从低幼阶段便融入教育体系有直接关系。如果从儿童时期开始就教育孩子要有自己的独立思考，要有判断和批判，情况就会好很多。媒介素养教育需要从儿童、青少年抓起。当然，上述悲剧的发生，也与部分节目内容把握不当、家长没有提供收视指导等有关。可见，媒介素养教育对各个年龄段的人都很重要。

胡： 谢谢高司长！今天的对话进行了三个多小时，意犹未尽。"逢三之年"传媒领域所呈现的"需求"和"引领"，的确是博大精深。让我们共同期待中国传媒业在健康发展中走向繁荣的明天。

媒介融合与网络强国：互联网改变中国
——2015年《现代传播》年度对话

方兴东　胡智锋

对话时间： 2014年9月10日、11月25日
对话地点： 中国传媒大学
对　话　人：方兴东　时为互联网实验室、博客中国创始人，互联网与社会研究中心主任
　　　　　　胡智锋　时为教育部"长江学者"特聘教授，中国传媒大学博士生导师、传媒艺术与文化研究中心主任，《现代传播》主编
整　理　者：潘可武　时为中国传媒大学副研究员、《现代传播》编辑

2014年2月27日，由习近平总书记担任组长的中央网络安全和信息化领导小组正式亮相。习近平总书记在小组第一次会议上指出，网络安全和信息化是事关国家安全和国家发展、事关广大人民群众工作生活的重大战略问题，要从国际国内大势出发，总体布局，统筹各方，创新发展，努力把我国建设成为网络强国。建设网络强国是中国互联网有史以来最重要也将是影响最深远的一件大事，它不仅仅与每一个人息息相关，也将决定着国家未来的发展方向。

2014年，传媒领域又迎来一场重大而深刻的改革与开放。8月18日，中央全面深化改革领导小组第四次会议审议通过了《关于推动传统媒体和新兴媒体融合发展的指导意见》(简称《指导意见》)，媒体融合从此进入国家战略层面。

在此背景下，2015年《现代传播》倾情打造的年度对话特别聚焦网络强国与媒体融合，本刊主编胡智锋教授邀请著名互联网专家方兴东先生分别于9月10日、11月25日，就网络强国的时代背景、目标任务及发展前景，媒介融合的现实动因、本质理念、路径策略展开深入交流，力图对这两个战略性命题展开更清晰、更全面的解读和诠释。

2014媒介融合元年：新的历史使命

《指导意见》的核心在于要推动传统媒体和新兴媒体融合发展，要遵循新闻传播规律和新兴媒体发展规律，强化互联网思维，坚持传统媒体和新兴媒体的优势互补、一体发展，坚持以先进技术为支撑、以内容建设为根本，推动传统媒体和新兴媒体在内容、渠道、平台、经营、管理等方面的深度融合，着力打造一批形态多样、手段先进、具有竞争力的新型主流媒体，建成几家拥有强大实力和传播力、公信力、影响力的新型媒体集团，形成立体多样、融合发展的现代传播体系。与历次媒介融合的推动不同，它具有完全不同的理论高度、强大的创新动力与服务于互联网强国的国家任务。

1. 媒介融合：互联网强国的战略思维

胡智锋（以下简称"胡"）：本年度对话的主题是聚焦互联网，以媒介融合和创新作为第一个关键词，尤其围绕"互联网改变中国"这样一个话题来展开。对话的特约嘉宾方兴东先生是著名的互联网实验室、博客中国创始人，在互联网领域非常有影响力。

此次对话基于时间和事件两方面的考虑。从时间来看，2014年是全球互联网诞生45周年，也是中国互联网诞生20年的节点。同时，有业界人士把2014年称为媒介融合的元年，因为我们已经看到跨媒体融合呈现出一些明显的新业态。从事件来看，2014年发生了一系列与互联网相关的重要事件，如2月，中央网络安全与信息化领导小组成立；8月，《关于推动传统媒体和新兴媒体融合发展的指导意见》出台；11月19日，首届世界互联网大会在浙江乌镇召开。对这样一些时间节点和事件，请方先生来做一个解读。

方兴东（以下简称"方"）：习近平总书记亲自担任中央网络安全和信息化领导小组组长，是对建设网络强国最高规格的重视。这对整个中国互联网发展来说是一件很幸运的事情。

2014年的一个热点是媒体融合。目前关于媒体融合的论述，很多是就融合谈融合，其实媒体融合是为网络强国目标服务的，必须从这个高度上理解，相关的部门包括产业才会找到正确的方向。

如果我们仅仅讨论传统媒体怎么转型，媒介融合的格局就做小了。必须以世界的视野，在与世界先进国家的竞争与博弈态势中，在网络强国的国家战略背景之下，才能够真正领会媒介融合的重大现实意义。

胡：按我的理解，你的核心观点是：一切是互联网的世界，关键在于用户，在于用户的体验需求，用户的体验需求要有规模和体量。用户的构成决定了技术路线，决定了市场，也决定了整个国际国内的政治格局，包括媒介格局。

技术是基础，但技术也是被使用的，也就是在未来重要的不是技术本身，谁发明技术并不重要，重要的是谁能够占有技术。有的技术是可以通过市场购买的，谁有足够的实力就可以获取最新的技术。以中国经济发展的速度来看，我们完全有能力和实力去购买最新的互联网技术，进而有可能以我们巨大的人口基础去占领市场，拥有新的市场。

我们要看到这种国际国内的大势所趋，以及互联网发展将改变世界的这种前景，同时最重要的是互联网会改变中国。也就是说，我们的信息渠道、生活方式、消费和娱乐的主体内容都可能由互联网提供。在这种情形下，谁拥有互联网，谁就可能拥有整个世界。

2.媒介融合：现实空间与网络空间的思维

胡：中国应该引领世界，通过互联网改变自己，也改变世界。但是不会那么容易，我们一定会遇到障碍。您提到一个很有意思的概念，即弯道超车。当我们要超车的时候会面临什么样的障碍？谁会成为我们的拦路虎？竞争对手主要指的是国家，还是一个行业，或者是某个方面，比如在技术、市场、法律、政策等方面遭遇的困境？

方：弯道超车作为超越美国的现实途径，我们之后还将进一步探讨。您说的弯道超车所面临的障碍，最重要的还是观念问题、思维问题。我认为要树立一个网络空间和现实空间的双重空间思维模式：在现实空间中，中国直接去超车美国，肯定超不过；而在新的网络空间中，原来的不足可能就变成优势。两个空间的观念非常重要，我们一定要从中梳理出一些根本性的问题，要提出一些关键的、有价值的东西。所谓的网络强国，也不是说网络强就等于国家强，而是国家在网络空间中变成一个强国。

有关新媒体及媒体融合，人们有无数的定义，但是从来没有理清楚。什么叫新媒体？什么叫旧媒体？我的观点非常简单：基于网络空间的媒体叫新媒体，基于现实空间的媒体叫旧媒体或传统媒体。现在，网络空间和现实空间的边界越来越融合，媒体也必须这样。目前，网络空间超越了现实空间，并且主导现实空间，进入一个融合空间的新时代。比如网络安全是一个国家在网络空间的安全，不是一个国家网络本身的安全。媒体也是这样，新媒体就是在整个网络空间的媒体形态。现实空间中，美国传统媒体有先发优势，实力超级强大，我们用传统思维去想、去做，怎么超都超不过去。但是，新的网络空间有全新的规律，我们就可以真正弯道超车。

网络空间也叫第五空间，有很多新的传播特性。最基本的问题是媒体怎样满足人们在新的网络空间里的需要。网络空间中，30亿人同时进行传播，但是每个人不可能同时接受30亿人传过来的信息。因而，信息传播如何非常有效率，又有秩序，还不能传播过度，其产品形态的演变需要进一步摸索。

目前，学界对网络空间的概念、特征及传播规律还缺乏系统研究。如果把这个东西研究透，真正的规律就能出来。目前，很多新媒体的特性都还是用旧媒体的话语体系来表述，所以谁也无法指出一条清晰的道路。新旧媒体必须要有一个清晰的梳理，先把这两者梳理清楚，然后看怎么融合，要不然混在一起，新旧媒体将非常混乱，而一旦出现混乱，再想融合可能就更找不到正确的方法。

3. 媒介融合：新的改革开放

胡：您理解的融合应该是什么方面的融合？比如传统媒体和新媒体，或者说从更宏观的意义上怎么理解融合？融合是哪方面的融合？创新是哪方面的创新？互联网将通过融合和创新去改变中国、改变世界，融合和创新怎么理解？

方：媒体融合在于两个空间的融合。以个人为例，我们每天都生活在现实和网络这两个空间中，对一个用户来说是一体两面，媒体的融合也是因为这两个空间更好地形成一个整体。简单地看，过去10多年整个互联网的发展情况是，网民数量增加了10倍，人均上网时间增加了2倍。而未来5年到10年，网民数量只会增加2倍，但是人均上网时间会增加10倍。这个10倍时间的增加，就是我们花在网络空间中的时间的增加。我们原来只是到台式机前上网，有了手机以后，才开始有大量的时间连接在网上，这种大规模的时间在线就是网络空间最基本的形态。大规模同时在线以后，真正的网络空间形成，用户之间的实时互动成了我们在网上的主要活动。虽然我们的身体还在现实空间中，但是很多事情都开始通过网络空间来完成。

上网时间增长10倍，并不是简单一个量变的问题，而是从量变到质变。原来一两个小时上网，网络的功能简单有限，只是一个发邮件、看新闻的工具。现在，网络涉及生活的各个方面，生活、娱乐、工作都在其中，人们生活在这两个空间之间，我们的生活就是这两个空间的融合，因而媒介也需要融合，因为6亿多人都在网络空间里。

衡量媒体的影响力，最简单的办法是看用户花多少时间在这种媒体上面。目前来看，人们用在网络空间的时间越来越多。但毕竟现实空间是我们人类的基础空间，在很多方面线上永远替代不了线下。媒体融合一定要把握这个规律。如果我们还是靠传统的融合模式，把网络简单地当作一种媒介形式或一个新的渠道，那肯定会迅速被边缘化。这就是新的媒介融合与传统的媒介融合的不同，传统媒介融合需要从观念到制度的改革开放。

创新或转型，是从一个老的空间转移到新的空间，或者跨空间。这两个空间不是说一个空间代替另一个空间，而是两个空间混合在一起，哪个地方多一点，哪个地方少一点，是很复杂的变量。这需要创新，既要懂传统，又要懂新的空间的规则，还要懂两者之间交叉在一起是怎么回事。8月18日，在十八届中央全面深化改革领导小组第四次会议上，习近平总书记强调：要着力打造一批形态多样、手段先进、具有竞争力的新型主流媒体，建成几家拥有强大实力和传播力、公信力、影响力的新型媒体集团，形成立体多样、融合发展的现代传播体系。可以说是高瞻远瞩的。如果把2014年作为媒介融合元年，那么传媒领域需要一场深刻的改革开放。所谓改革开放，也就是需要根本性的创新。

媒体融合的现实困境、基本目标与路径

传统媒体和新兴媒体的关系经历了传统媒体建设新兴媒体、传统媒体和新兴媒体互动发展、传统媒体和新兴媒体融合三个阶段。总体而言，从受众

群、广告额与影响力等方面，传统主流媒体面临困境，不得不面对新媒体的巨大挑战。由此产生了两种媒体竞争、融合的问题。但是，媒介的融合不是策略层面的为了传统媒体脱困，而是战略上的为网络强国梦服务！由此，需要在战略层面重新认识媒介融合的困境，确立媒介融合的基本目标与路径。

1.媒介融合的现实困境

胡：从习近平总书记讲话到《关于推动传统媒体和新兴媒体融合发展的指导意见》都有一个非常明确的表述，就是要打造新型传媒集团，而且特别强调是通过传统媒体和新媒体的融合创新来打造新型的传媒集团。我们将面临一个巨大的现实难题，就是一大批历史悠久、经营多年、曾经在不同历史时期发挥了重要作用的传统主流媒体面临着一个现实的巨大挑战。这些主流媒体在中国都有相应的行政级别，也有相应的体制内的保障和权利，以及相应的各种利益。但是在今天，伴随着互联网的快速挺进，要求快速地融进新媒体，我的理解是对他们吹响了集结号，是一种期待和鞭策。我们可以感受到高层对目前传统主流媒体发挥的功能和作用非常不满意，甚至很着急，迫切地希望他们能够和互联网联手打造一个全新的媒介景观，以适应我们大国强势崛起、民族伟大复兴的"中国梦"的现实需求。您怎么评价目前传统主流媒体推进媒介融合探索和创新的状态，以及他们面临的困难和可能的未来？

方：媒体融合要为建设网络强国服务。实现建成网络强国目标，首先要把对手弄清楚，而不是解决中国自己新旧媒体之间的矛盾，尽管这个矛盾也存在，但不是主要矛盾。主要矛盾一定是美国或其他发达国家。美国有传统媒体巨头，又有如谷歌、Facebook（脸书）这些新兴的互联网巨头，很多国家战略是通过社交媒体来实现的，传媒实力强大，占据主流话语权。中美之间既合作又竞争，长期斗而不破，将是常态。

知道目标和对手，再来认识了解并研究自身。我认为要把眼光放开阔，互联网公司应当仁不让地成为中国媒体融合的主力军。国内的互联网不管创始人也好，团队也好，大家都愿意为国家出力，这种意愿不见得比传统媒体弱。国家应该把这些互联网公司纳入整体的国家战略，不管是体制外还是体制内都是战略合作伙伴。

我个人认为，传统媒体转型实际上并没有那么难。目前所有的传统媒体转型都是伪转型，或者是假转型。媒体融合有三个问号：第一，融合也好，转型也好，能否保证立于不败之地？第二，能否保证不被颠覆？第三，能否获得持续创新的能力？如果答案都是肯定的，就是成功的融合和转型。但是国内现在没有一家传统媒体能够做肯定的回答。传统媒体在互联网方面的投资巨大，有那么多的资源，有那么强的影响力，又有那么多的优势，反而做不成功，那必然首先存在制度创新问题。

其次是战略问题。传统主流媒体有资源，如果战略得当，把握好趋势，转型不是很难的事情。比如很关键的一点，所有成功的互联网公司都是首先在一个点上做到比别人强，这个点不能太小，比如腾讯的QQ聊天、新浪的新闻编辑。但是所有传统媒体都没有这个点，有的只是大而全的战略，要不然就是有很多点，结果每个点的资源都发挥不出效益。媒介融合不是简单地凭资源总量，而是看资源集中在多大的点上，这个点越小，才能做得越大。这是传统媒体和互联网公司最大的区别。

胡：这是特别复杂的问题。传统媒体在多年经营中也存在综合和专业的问题，比如电视台，80%—90%的卫视都是综合性的，但是地面频道应该说大部分都是专业性的。从竞争力来讲，一般来说还是卫视要优于专业化的频道。对于传统媒体，一方面，我们反对同质化，但事实上大家就像现实中经营超市一样，谁都想做特色；另一方面，发现所有的超市几乎大同小异，但是都活得很好。这就是一个难题、一个悖论。反观搜狐、新浪等新媒体，我也觉得大同小异，所谓的专业网站其实跟传统媒体差不多。传统媒体的同质化和专业化问题纠结了20多年，还没有彻底地解决，现在又面临着融合的问题，问题就更复杂了。传统媒体跟新媒体融合，是不是要催生出一大批毫无特色又同质化的媒体超市？

方：我的观点是把点和面放开。一个是从时间上，先有点还是先有面。做互联网，新的媒体一定要先有点，点做到一定的程度上，就有能力和资源变成一个大的面，有多高的高度才能做多大的平台，因为最终追求的还是大而全的平台。没有这个点就到不了这个高度，当访问量达到几亿次了，这个量才有最高的价值。现在，传统媒体一开始做就是面，就没有机会做成一个平台，因为把一个点做成功相对容易，把一个面一下做成功是不可能的。不管是凤凰卫视还是湖南卫视，最终还是靠一个节目、一个有特色的东西把面带动起来，这两者不一定要对立起来。

胡：传统主流媒体基本上是按照行政方式去设置的，是跟行政区划紧密相配的一种媒体设计方式。互联网是反着的，从开始就没有这样一个行政层级，也没有行政区域的空间区隔，所以说从某种意义上来讲，互联网可以叫作"草根"、边缘和民间。此外，互联网几乎是以不受约束的方式慢慢成长起来的。互联网在信息传递的渠道上可圈可点，但是从广泛的内容需求来看，现在的互联网平台在内容生产上本身并不是一个非常强有力的实体。传统媒体不管层级高低，一方面有行政区划，另一方面在内容生产上有优势。由此带来的现实问题是：在体制上，一个是行政区划，一个是非行政区划，怎么融？一个是以渠道为主，一个是以内容生产为主，体制上、平台上、内容生产上怎么融？您在这方面有没有自己的想法？

方：10多年来，媒体融合和转型花了很多钱，还是没有做好，现在只能总结出哪种路肯定不行。所有成功的互联网公司最大的特点是什么？那就是不管Facebook、谷歌，还是阿里巴巴、腾讯，从员工下班以后到晚上七八点在线人员不断地上升，晚上9点到10点是最高峰，也是公司收入最高的时候。互联网是靠员工创造内容吗？它不靠员工创造内容。互联网时代，整个生产方式发生巨大的变化，它是社会化的生产方式。这个量远比传统主流媒体专业生产的量大得多。比如现在看微博、看新闻，是为了看评论，而不是为了看正文。原来传统媒体以专业化取胜，但这种方式在互联网中已经彻底被边缘化了。目前新媒体里的内容，更多的是网民写出来的，是网民创造出来的。在这种情况下，传统主流媒体的优势就荡然无存了。

但是，传统媒体的社会动员能力实际上是很强的，这本来是一个很大的优势。如果传统媒体把力气花在动员上，就事半功倍了。自己不生产内容，而是寻找优秀的内容生产者，把每个领域的意见领袖拉上来，并激励他们每天写，这样就会产生完全不同的效果。这样的融合虽然不能保证一定成功，但是一定会比现在好。

前面说过，机制创新不突破肯定不行，全国这么多媒体，首先要机制创新；其次是模式创新，传统主流媒体固守原来的东西肯定不行，业务模式和经营模式都要改变。每天写多少稿子已经不重要了，重要的是动员其他的人去写。传统主流媒体的瓶颈不是创作能力，而是动员能力。总之，要从点上做起，从简单的地方开始，由点及面，然后实现从机制创新到模式创新的转变。

胡：您说到了经营模式，中国传统主流媒体包括报纸、广播、电视在历史上最成功的经营模式就是广告模式。今天在新旧媒体融合进程中，一方面，传统媒体广告资源由于新媒体的竞争被重新分配；另一方面，未来新的融合后的媒体或媒介集团，除了广告，还有没有可能形成或产生一种新的经营模式？

方：目前，从媒体的角度来看还是基于广告模式。广告模式其实很简单，如果每天的访问量在百万次以下，是不好意思谈钱的，这是互联网的特性。几百万次访问量以上可以有一部分的广告价值，到了千万次以上则比较可观。真正每天有上亿次的流量以后，就可以有非常高的收入。互联网的模式关键在于能不能突破访问量，看访问量的大小临界点。这个临界点突破不过去，再怎么做广告也不行。回到以前的问题，为什么要做这个点？只有做点，才能冲破。对于传统媒体而言，能够有30%的覆盖率就算主流媒体，而在6亿网民里面能够覆盖30%的网民可能就是主流媒体了，这个量是传统媒体的好几个数量级。

因而，互联网的经营模式已经发生了根本性的变化。回过头来看看前面提到的问题，为什么我们必须要转变观念，必须要改革开放？

网民也好，数据也好，内容也好，都在互联网公司手里，如果在战略上能把这个问题看破，那么传统主流媒体不转型也不行。目前转型不成功的主要原因，在于没有把问题看透，还是停留在过去。基于传统媒体的广告模式，包括基于过程、基于内容的监管和舆论的引导模式，现在实际上已经不起作用了，当下我们只需直接抓住真正的主流媒体就可以了。

2.媒介融合中的自媒体与社交媒体

胡：讨论传统媒体和新媒体的关系，在新媒体当中除了门户网站，最近一些自媒体和社交媒体特别活跃，还有微信等新的社交媒体的出现，这些对整个媒体世界包括整个国家的媒体格局和生活方式等产生的影响，您怎么看？现状和趋势会是什么样？

方：这个趋势现在也很难判断，在所有人对所有人进行传播的网络空间里面，什么才是比较终极的模式，现在还看不出来。从趋势来看，我在2002年创立博客中国，是对传统模式最根本变革的开始。博客中国之前的门户模式跟传统媒体模式还是有点像的，依然是由编辑、记者创造内容，然后给大家看。博客第一次让个人成为媒体，个人媒体开始出现。从传播的角度看，博客是把内容的生产过程消解了，不再是原来有集中把关的过程。但是，个人媒体的传播力还是很有限的，一个博客一天能有几万次的访问量就了不得了，缺乏大众的传播力。

微博的传播让个人媒体产生了强大的传播力。它用推送的方式，再转发，第一次让个人媒体具备了大众传播能力。国外有一个研究显示，在博客阶段，在重大新闻事件的报道上，传统主流媒体大概有两个小时的延迟，而微博出现后，这两个小时消失了。博客消解了内容生产过程，微博消解了内容传播过程，使得个人媒体第一次具备了即时的大众传播能力，从本质上消解了大众媒体的传播特权。微信把原来私密的人际传播转换成大众传播，彻底打通了人际传播和大众传播之间的界线，这是大规模同时在线带来的最大变革。

我创立博客中国的初衷就是想做一个个人媒体，现在叫作自媒体，那时候叫作博客。只是现在传播的方式、传播的平台更多了。自媒体的本质是基于爱好，以爱好作为动力。因此，个人媒体往商业化发展中都有很明显的天花板，有自我毁灭的陷阱。一个人可能特色鲜明、能力很强，能做到10万人次的访问量，1000万人次也可以，但每天都有这么大量的用户访问很难。如果一个人不行，那雇10个人，就把个人原来的特色消解了，就不再是个人媒体了，走入了商业媒体的老路。个人媒体只能做好自己最擅长的东西，所以自媒体显得很独特，都很有个性。一旦进行商业化的运作，就要把团队组建起来，由一批人负责内容生产，这种个性就消失了。商业化一旦操作不当，就会毁掉原来成功的东西。

胡：传统主流媒体、互联网门户网站和以自媒体为代表的小众媒体，我打个比方，传统媒体相当于百货大楼，门户网站相当于超市，自媒体相当于专卖店。未来他们的融合，当然融合里还有新的分化，体制机制在融合，经营模式在融合，在融合中创新，您对未来媒介融合有没有一种想象？

方：如果从商业角度来看，至少5年之内，第一还是平台，谷歌也好，腾讯也好，百度也好，一定是平台，千亿美元级别的都叫作平台，为创作内容的人提供一个平台，这是第一梯队。真正生产内容的，是门户网站，属于第二梯队，比如新浪，招募大量的人每天做自己的内容。然后是传统媒体，作为一种补充。中国的媒体应该在大格局下让他们形成一种互补的形态，传统媒体别跟互联网平台抢生意，传统媒体最擅长的还是有组织的、规模化的内容生产，一定要生产那些值得生产的、个体生产达不到的独特内容，千万不要去跟自媒体的人拼。

从生态来说，自媒体是基于每个人的兴趣，人们拥有表达和写作的欲望，因此一定会生生不息，是未来内容生产的汪洋大海。自媒体肯定要借助互联网平台，也可以在传统媒体上落地。如何在大的格局上把传统主流媒体、门户网站和自媒体及社交媒体做成互补的生态，可能就是很好的融合。

互联网改变中国

1783年，蒸汽机与瓦特开启了工业革命大幕，从此人类的发展进入狂飙突进的全新时代。在瓦特的故乡英国，新技术成就了日不落帝国的辉煌。而此时，沉湎于清朝盛世的中国与之失之交臂，慢慢走向衰落。今天，当人类进入互联网时代，中国不能再错过历史性的机遇，我们要拥抱互联网，让互联网成为中国崛起的推进器，成就网络强国与中华民族伟大复兴的中国梦。

1. 互联网：打造文化软实力的动力源

胡： 媒介，特别是互联网，本身就是一个国家和一个民族软实力的重要组成部分。中国互联网的崛起伴随着中国的崛起，中国互联网发展的速度也基本上是中国发展的速度。在改革开放之后，中国发展迅猛，财富积累的速度既超出了全球的预估，也超出了自身的预估。在这样一个快速的经济增长过程当中，中国的很多事情是自己都想不到的，世界也不习惯。这样就带来一个问题：从正面来讲，互联网对中国崛起的推动，特别是对中国经济产业格局和文化的影响，将给中国在世界上的角色和形象、地位、作用带来什么样的巨变？从负面来讲，如果这样一些变化是由互联网带来的，在这个过程当中我们一定会面临着如国家安全、信息安全、生存压力等问题。还有我们将不被全球接受的问题。有没有这样一些负面的问题呢？

方：这个问题的解答要回到网络强国。什么是网络强国？郑必坚教授当时提出"三力"理论，即生产力、文化力和军事力。在生产力方面，中国互联网公司已经发展起来了，创新创业的浪潮也很强劲，但操作系统和芯片是两个短板。中国面临的最大挑战是我们的软实力，即文化力，或者说是我们的治理能力，包括对外和对内两方面，包括意识形态也好，或者民众的认同感也好。在网络时代，我们目前是四分五裂的，上面不满意，老百姓也不满意，这说明我们对网络空间的治理能力是不够的。

媒介融合服务于网络强国，服务于提高中国在全球的竞争力，包括文化软实力。在文化软实力方面，中国面临着外部竞争，发达国家从某个角度肯定要干预中国的崛起。尽管我们整个社会的认同感和凝聚力在目前并没有真正地形成，有待解决的问题很多，但是只要利用互联网的发展趋势，真正发现问题本质，我个人对未来是比较乐观的。

2. 互联网时代的"国运"弯道超车

胡：中国将因为互联网而得以改变，而且未来有可能领跑世界。发展互联网，打造新型媒介集团，加强国家文化软实力，必须要有一个大的目标，对内是为了建设网络强国，对外事实上是为了提升中国在全球范围中的竞争力。之前，您又提出了弯道超车，弯道超车意味着跨越式地发展，也就是非常规地前进和突破，可能在速度上、在具体的理念和方式上都会跟以往的比如媒介的发展速度和常规的路径理念都会有所不同。我现在特别想了解的是，如果我们深入地去体会、去表述这个弯道超车，弯道指的是什么，超越的对象也就是我们的竞争对手将是谁？

方：过去这么多年，美国模式一直被看作标准模式，中国媒体要跟美国媒体进行博弈的话，也需要努力打造时代华纳、CNN等类似的媒体。弯道超车最重要的一个方面，包括互联网也好，传统媒体也好，最核心的东西在于原来是直道，弯道是突然规则改变了。网络媒体发展起来以后，传统媒体变成小众媒体，美国传播力最强的传统媒体也可能会变成小众媒体，这就是网络空间给我们带来的弯道超车机遇。

中国互联网的创新能力是国家软实力的重要组成部分，也是弯道超车成功的有力保证。在1994年到2004年的互联网发展第一阶段，我们完全跟着美国走，处于模仿阶段；在互联网发展的第二阶段，我们慢慢开始创新，阿里巴巴的模式在美国是找不到对应的，百度可以找到对应的，但百度贴吧的发展模式在美国是找不到的，腾讯这样的即时通信工具可以找到，但是微信圈里面这么多人在聊天，在美国找不到这样的应用，这些都是中国互联网的创新。

美国人把互联网作为一个生产力工具，用以提升效率、节省时间、降低成本。中国的互联网更加生活化、娱乐化、消费化，这表现为中国人通过互联网聊天、玩游戏等。当前，全球有30亿网民，中国就有6亿，其中，城市的普及率接近75%，接近饱和状态；农村的普及率只有20%左右。中国网民从这个6亿到下一个6亿，新的网民更多的将是农村人口。这些人的媒体需求将影响着互联网的发展方向。

对于用户群体，美国运用高科技服务于高端市场，主要是高教育水平群体，赚取高利润。应该说在这个用户群体方面，他们有绝对的优势。但是接下来，目前的6亿网民和下一个6亿网民是完全不同的两波人，差异非常大。一个是用户群体的不同，另一个是两个空间的不同，给我们带来弯道超车的机会，我们怎么把握？我们的政策也好，观念也好，还局限在原来的思维模式里，没有看到新的机会，这是我们面临的最大问题，最大的障碍可能在这里。

胡： 中国在快速起步，从趋势来讲特别是市值的变化来看，中国的互联网企业完全有可能在不远的将来引领全球，这是一个大趋势的判断。但目前要实现弯道超车还有很多问题，最重要的就是缺乏足够的心理准备。近百年来，中国在很多方面都是追随者，突然有一天我们发现由于用户的巨大规模和巨大市场，使得中国很快变成全球的领军者、领跑者，对这样一个角色、身份和态势的变化，我们或许不一定能够适应。

方：与下一个30亿网民最契合的东西，比如聊天、游戏、电子商务等，这就是我们的机会。

胡：除了发达国家比如美国，从全球的视野看，中国互联网还面临一些国家的竞争。比如印度，也是跃跃欲试。印度是英语国家，这是它的优势。它也有一大批专业人才，有人讲硅谷多半是印度的工程师。它的人口现在甚至已经接近中国了。我们不可小看印度，我们是否有来自印度的压力与挑战呢？

方：这个问题非常关键。美国人口3亿，它的网民基本上在七八年前就已经进入饱和状态了，为什么还出现了谷歌、Facebook？我觉得这得益于它的创新能力。通过创新，然后全球化，美国很多互联网公司是国外收入大于国内收入，创新是非常重要的。中国互联网公司资本到2300亿美元了，但主要收入还是全部集中在国内。但是，问题也是机会，不足恰恰是未来的成长空间。

联合国有一个数据，目标是让一个国家的人均月GDP的5%作为上网费用。目前，全球有三四十个国家的这个数字低于5%，中国是10%左右。很多发展中国家包括印度的上网费用比例太高，有些占到月收入的30%、40%。上网费不降下来，上得起网的用户就没办法增长，而价格降下来一定要靠市场化的创新能力。

目前，中国的人口红利已经结束了，但在5年之内，中国互联网的人口红利还不会结束，人均上网时间还可以大量地增加，数量可能是放缓了，人口红利肯定要到一个天花板的，到那时就要看互联网有没有全球创新的能力和竞争力。现在，水涨船高的趋势推动着中国向前发展，进入了中等收入的陷阱，能够把我们拽出陷阱的只有创新。中国的创新能力跟美国相比有后发优势，而跟印度相比，印度有他的后发优势，这些就要拼创新的能力。

我们也看到中国创新面临的障碍，这个障碍还是挺明显的。中国网民发展过程显示，第一个30%的网民是靠PC（个人计算机）驱动的，第二个30%网民是靠智能手机推动，再下一个30%网民只能通过电视机的遥控器来发展。中国下一个30%的网民可能是农民占大多数，他们一定是通过家里的电视机上网，而这即将成为农村的高科技。智能电视一定需要有足够的市场化活力，才有足够的创新活力。智能电视如乐视、小米，把整个行业的创新活力提升了，但是如果出于部门利益的角度，把很多的创新活力给掐死，将会延误我们下一个10年弯道超车的发展。

3.从互联网大国到互联网强国

胡：互联网改变中国，从网络本身来看，中国完全有可能从一个用户数量占优的网络大国，通过融合与创新，变成一个在价值上、在文化上、在产业上都能够引领全球的网络强国。关于如何从网络大国走向网络强国，请方老师最后再集中地表达一下核心的观点。

方：第一个是媒体融合是为网络强国梦服务的。第二个就是网络空间和现实空间的双重空间思维模式。新媒体是基于网络空间的媒体，网络空间使信息的自由传播获得了空前的解放，对这个空间的研究目前比较欠缺。基于网络空间和现实空间的媒体融合是一个根本方向。媒体需要改革开放，需要创新。对于中国目前整个策略来说，问题也看清楚了，趋势也看得比较清楚了，接下来就是该怎么实施这个战略。

从整个路径来看，建设网络强国是第一次作为国家重要战略来抓。顶层设计问题慢慢解决了，接下来就是网络强国这个概念怎么做？我们认为网络强国要分三步走。第一阶段，要完成顶层设计。现在有40多个国家已经完成了网络空间安全的国家战略，中国目前还没有。因此，一是短时间内要有战略，因为5年以后，甚至10年以后到底怎么样，还是取决于现在战略的制定。二是要有制度，目前互联网管理也好，基础设施的安全保障也好，中国缺的不是技术，不是产品，不是产业，而是制度。第二个阶段，要建立能够有效防御的能力。从斯诺登事件来看，中国整个网络空间对美国而言是透明的，在网络空间的攻防实力方面，我们和美国完全不对等。我们应争取用一两年完成顶层设计，如果在三五年之内能够建立起有效防御，那么至少我国的能源、交通、金融等重要基础设施，以及关涉党政军、国计民生等重要系统都能够得到有效的防御和保障。

中国的新媒体一定要开始实施全球化战略，这是第三个阶段。要走出去，到美国和欧洲去，关起门来，不让国外的网络进来肯定不行。中国要通过制度让国外的网站进来。我个人的建议是，中国要把三分之一的市场让给美国的互联网公司，这样下一个10年中国才能进入美国，占有美国三分之一的市场，才不会遇到特别大的障碍。如果现在国外的互联网进不来，那么中国走出去一定会遇到问题。

全球化如果不走出去，强国之梦就难以实现。到美国是硬碰硬的市场，欧洲没有互联网巨头，它的市场也是开放的。

中国要有一些互联网公司的国外用户超过国内用户，如果这个格局能够形成，在10年之内我觉得中国的网络强国梦是可以实现的。要实现弯道超车，只有更加开放，更加符合互联网的发展趋势，更具创新能力，才能使超越成为可能的事情。

世界互联网中的中国与世界

在9月10日的对话之后，中国和世界的互联网发生了几件重大事件，分别是9月19日阿里巴巴在美国上市；11月19日首届世界互联网大会在中国乌镇召开；12月2日在华盛顿召开的第七届中美互联网对话。中国在分享互联网发展成果的同时，也逐步承担起大国的角色，"互联互通、共享共治"

的互联网格局的建构将深刻影响中国互联网与媒体的发展。2014年11月25日的对话及12月10日的再次沟通将关注世界互联网大会和中美互联网对话的积极成果。

胡：从上次和方老师对话的两个多月以来，互联网在业界、学界、社会和国际几个层面都发生了重大的变化。从业界来看，互联网大亨们推出了关于电子商务、并购的一些新动作，传统媒体也在发力，开始调整结构以着手应对。我们看到学界也积极关注，连续举办了多次以媒介融合为主题的学术活动。社会上对这个问题的关注度也非常之高。另外，在政府层面，刚刚结束的首届世界互联网大会既是国际活动，也是中国的姿态，表明中国在互联网领域开始担任起负责任的大国角色。主动迎接互联网的挑战，并企图在这一轮竞争当中建立中国的主导权，不想被动地在互联网时代和国际方面拉开差距等，也引发全世界的关注。除了APEC（亚太经济合作组织）和G20（二十国集团）这种重大的国际场合，12月2日举行第七届中美互联网论坛，将较为深刻地影响中美乃至全球的互联网发展。在这样的背景下，我关注了几个题目，第一个题目就是如何看待世界互联网大会的意义和独特的价值？

方：世界互联网大会选择并永久落户乌镇，一方面，浙江省具有独特的优势，包括有互联网公司市值最高的阿里巴巴，同时是传承中国传统文化的古城；另一方面，地方政府重视，国家互联网信息办公室和浙江省联合承办，具有独特的政治资源。尽管只有2个月的仓促准备，最终还是成功地举办了世界规模最大、层次最高的互联网大会。本次大会有来自全世界近100个国家和地区的逾1000位政府官员、国际机构负责人、专家和企业家与会。

最精彩的当然是中美之间的博弈，尤其是最后一场闭门会，大概有80个人参加，其中美国的企业、学者和美国大使馆人员约有20个人，其他国家有十几个人，剩下就是中国的官员和专家。本来希望围绕"互联互通、共享共治"通过一个民间性质的"乌镇宣言"，但由于中美之间在程序、网络主权、网络反恐等方面存在分歧，宣言并没有通过。

这么多年来，美国始终把联合国排除在网络管理之外，坚持认为政府不适合主导网络空间治理。事实上，它的"太极拳"打来打去，提出利益相关方理念，主要目的还是让自己一家主导互联网。2014年11月全球网民数量刚好到30亿，分别是发达国家占10亿，发展中国家占20亿。其中，美国是2亿多，占9%；中国是6亿多，占20%多。因此，很多国家希望有这样一个会议，建立协调全球互联网事务的有效机制。我觉得中国当主场，是除了美国大家都比较认可的。这个会议有很强的政治意义，随着趋势的发展，中国在全球的影响力必将增加。

胡：这次会议取得的主要成果是什么呢？从出发点来讲，更多的是一种展示，还是希望达成某种目的呢？

方：中国在全球网络空间的话语权和第二大经济体的地位很不相符，尤其是在全球互联网规则制定方面，我们很没地位。因为这些机构虽然是所谓的非政府国际组织，但本质上是由美国主导设计的。我们的专家进去的比例很低，且很难进去，进去以后掌握话语权更是难上加难。我们原来一直没有有战略地扶持国内的学者进入国际组织。现在，乌镇峰会能够永久放在中国，开辟另一个体系，将迫使美国让给我们更多的权力，这个博弈在国家战略层面是很有必要的。

胡：第二个题目是，这次大会之后，大家可能对互联网大佬们未来的动作和可能性特别关心，您是怎么看的？

方：阿里巴巴上市后的市值比原来预测的还要乐观得多。上次对话谈到，美国互联网公司的技术领先我们很多年，但是势能在中国。当发达国家网民数量达到饱和时，发展中国家的网民数量还在快速上升，将逐渐主导互联网公司的未来。下一个30亿网民，有6亿在中国的农村，待第三世界发展起来，中国的互联网公司绝对是有竞争优势的。

胡：这次与会的传统媒体和新媒体，包括融合媒体，我都注意到了。关于媒体融合，您能感受到什么变化？

方：从大会嘉宾发言、媒体代表性等看，在新媒体那场论坛上，首先发言的是人民网、新华网、光明网等传统媒体，百度亦有发言。从国内层面来看，这个格局是你中有我、我中有你，大家平起平坐，但传统媒体在政治资源和社会资源方面比较强势。但不管是国外记者还是国内的官方记者，真正追的星是互联网大佬。从这个角度来看，真实的落差是非常大的。如果说媒介融合仅仅为了传统媒体脱困，那么我们对此应该有一个清醒的认识，互联网媒体已经远远把传统媒体甩在后面了，而且未来差距只会越拉越大，传统媒体的衰落绝对是全球性的。

传统媒体可以利用政府资源，利用社会资源通过合作、购并，转化为以互联网为主的公司，把它作为载体的形式之一。传统媒体应该尽快行动起来，把现有的资源更多地投到新兴的互联网公司。我觉得还是要深入主战场，在现有的体制下，做客户端也好，做App等很多新的东西也好，如果不能用好的机制激发出创业和创新的精神动力，那么现有的努力都不能改变被边缘化的命运。

胡：现在有一些渠道，一种是以新浪、搜狐为主导来融合传统媒体，它们来投资或运营，即以互联网媒体主导和驾驭传统媒体创造新的业态；一种是以传统主流媒体为主导的，从传统媒体自身衍生出的新媒体，如人民网、光明网、新华网及中央电视台网络电视台这样一些形态，它们企图通过传统媒体自身拥抱新媒体、互联网，打造融合媒体；还有一种，既不是在互联网媒体的基础上，也不是在已有的传统媒体基础上，而是从第三方做经营或运作，一定是建立在终端客户、用户体验之上。如果我们有一种渠道能够控制用户，通过对用户的控制开始衍生发挥媒体的功能和效益，包括社交媒体如微信等这方面可以逐渐做大做强，这种可能性也是存在的。对于媒介融合多种渠道的可能性，您是怎么样看的呢？

方：这几种都有可能性。第一种，由互联网来主导，顺理成章的，市值千亿美元级，有压倒性的优势。

第二种，由传统媒体来主导，我个人认为是很有机会的，关键是怎样做。之前我一直建议，国有企业包括传统媒体，如三大运营商把1%的钱拿出来交给风险投资机构，五年以后就有几千家公司的股份，可以把资源兑换成未来的机会。

第三种就是传统媒体未来可以变成非营利性或公共性物品。互联网的很多服务包括邮件等基础性的服务，对商业公司来说食之无味、弃之可惜，这个时候就需要政府来做基础性互联网服务。如果设计出好的模式，不求盈利，就会在互联网方面具有巨大的号召力，有可能改变甚至颠覆现有格局。这里就需要智慧，而且需要领导的魄力。

胡：单从传播的动机和效果来讲，用传统媒介思维来进行传播可能会更精准，传统的传播行为一定要有明确的传播者，要把它的意图通过传播手段传达给接受者，有明确的传授，存在主动与被动或主导与被控制。互联网的传播思维，首先是主动性和被动性不明确，大家既是传播者又是被传播者，这意味着共享，既然是共享、分享，大家就是平等的，还是相对自由的，互联网技术本身的特点导致在海量信息中主导者的消失，或者大家互为主导。

方：传统媒体认为，内容是我制造的。事实上，网民制造的内容比传统媒体制造的更多、更好。到目前为止，传统媒体的互联网转型基本上还是停留在10多年前，仅仅是把互联网当作一个渠道，传统媒体依然为自己的内容生产者角色引以为傲，这种优越感在网络空间里只能起到反作用。

胡：世界互联网大会后不久，第七届中美互联网论坛在华盛顿举行。这次对话事关中美及世界互联网的发展，您是怎么看的？

方：国家互联网信息办公室主任鲁炜参加第七届中美互联网论坛的首要目标是宣讲习近平主席的"共同构建和平、安全、开放、合作的网络空间，建立多边、民主、透明的全球互联网治理体系"的互联网治理观。此行最大的成效还是企业界，不但有效地打消了美国互联网巨头对中国互联网政策长期的疑虑和担忧，更是消除了对中国政府一贯刻板、固化的偏见和误解。只有沟通才能消除误解、建立信任，只有通过合作才能实现共赢，这一点得到了双方的共识。

最深的印象还是美国互联网公司对中国市场的向往。如之前我们讨论过的，中国市场将决定全球互联网的未来格局，也将影响每一个互联网巨头的未来前景。可以说，失去中国这一全球最大的市场，任何一个互联网巨头都不能称为严格意义上的世界性企业。就是当年自己"主动"退出中国市场的谷歌，今天也开始意识到中国市场至关重要的战略意义，非常迫切期待重返中国市场。

胡：再回到世界互联网大会，回到"乌镇宣言"，回到中美互联网论坛，如果要表达对互联网的期待，尤其是互联网对社会的改变，对中国互联网在世界互联网发展中的一种期待，您还想说什么话呢？

方：从世界互联网大会来看，10多年前还是一无所有的一些人、一些企业，现在已经成为世界级的富豪和世界级的企业。我觉得互联网在中国不仅要创造有钱人和有钱的大企业，更要为整个国家复兴、中华民族崛起、国家变革起到积极的推进作用。互联网毕竟代表人类新的文明，那么它在中国历史长河中扮演什么样的角色？它能不能让我们整个社会的创新活力更进一步？这种发展不要被固化下来，这些人聚集这么多财富，将财富用在有效的地方还是用在无效的地方？对发展来说都是至关重要的。美国整个社会的创新氛围比我们要浓厚得多。互联网在中国激发了创新的机制，现在仅仅是走了一段，这个机制能不能持续还是一个大问号。接下来若有更多的企业能够可持续地激发起来，对中国将确确实实是永久性的改变。

胡：要从根本上激发民间的力量和社会的力量。中国的创新活力若能够动起来，那中国的复兴只是时间的早晚，这一点是最重要的。同时，在网络空间时代，政府目前比所有利益相关方都急需互联网思维，该做什么，不该做什么，需要有清晰的边界。简单否定政府也没什么意义，怎么样让政府发挥好政府的作用，才是这个国家前进的正路。

方：从中美互联网论坛来看,中国市场将决定全球互联网的未来。美国互联网公司不能不对中国市场充满向往,未来中美在互联网方面将是既合作又博弈。当然,真正中美可以对等博弈的新态势出现,还有赖于中国软实力的进一步提升。在互联网发展和网络治理方面,中国的理念和主张应更加积极、主动,更加开放、大气,更加前瞻、包容,也应更加有胸怀和接地气。显然,在网络空间问题上,双方合作共赢和优势互补的良好局面的形成,不但关系到中美两国的发展,更决定了全球网络空间的秩序与格局,以及全人类发展的大趋势。

中国电影：从数字走向诗

——2016年《现代传播》年度对话

张宏森　胡智锋

对话时间： 2015年12月25日

对话地点： 中国传媒大学传媒艺术与文化研究中心

对 话 者： 张宏森　时为国家新闻出版广电总局电影局局长

　　　　　　胡智锋　时为教育部"长江学者"特聘教授、中国传媒大学传媒艺术与文化研究中心主任、《现代传播》主编

整 理 者： 刘　俊　时为中国传媒大学助理研究员、《现代传播》责任编辑

近年来，中国电影产业异军突起，成为传媒与艺术领域引人瞩目的重要景观。2015年，以中国内地票房总收入突破400亿元为标志，中国电影产业发展迈向新的高度，并产生了巨大的社会影响。本刊"年度对话"首次专门聚焦电影，就电影立法、电影政策、电影产业、电影创作与传播、电影人才、电影文化建设等问题进行交流探究。

一、电影立法：《中华人民共和国电影产业促进法》正在途中

已通过国务院常务会议讨论的《中华人民共和国电影产业促进法》，是新中国文化领域的第一部法律。这部法律的制定，自2004年启动，历经十年漫途。也正是在这十年，中国电影无论从市场产业维度还是从文化艺术维度，都有了体量巨大的丰富和发展，甚至可以说这十年里中国电影获得了超乎想象的进步，发生过革命性的变化。站在中国电影走向产业井喷、走向电影强国的门槛，这部法律经由调整、补充、修订和完善而走向前台，似乎是一个最佳的时机。

胡智锋（以下简称"胡"）：第一个问题是关于电影立法的问题。《中华人民共和国电影产业促进法》是新中国第一部电影领域的立法，也是第一部文化领域的立法。在我国，文化宣传领域的立法并不多见，因此本次立法受到了国内外舆论的关注，这一立法的背景、过程和意义如何解读？

张宏森（以下简称"张"）：目前，《中华人民共和国电影产业促进法》通过了国务院常务会议讨论，同意提交全国人大常委会，全国人大常委会已经进行了第一次讨论，正在征集意见。我们期待2016年这部法律能够顺利颁布，如能颁布，意义重大。这部法律是诞生在中国电影产业健康、稳定、快速发展的重要时期，可以说恰逢其时。如果在五年以前，中国电影实践没有像今天这么丰富，没有进入全产业链阶段，也就无法迎接一些崭新的命题。一个行业做不到足够大的时候，法治要求的意义并不凸显。

长期以来，我们对"电影"的概念一直有不同解读，有的观点注重强调电影的审美功能和文化延伸功能，有的观点注重强调电影的教育功能，等等。把电影解读为电影产业，实际上是自党的十六大开始的。我们除了重视电影的审美、教育等功能，还要强调电影作为产品的商业流通的不可排除

性，这就必须用产业观点来组织电影系统、搭建电影框架，推动中国电影实现各功能的完善和全面发展。

　　一部法律的命名是非常重要的，在全国人大常委会的讨论当中，为什么在命名中称"电影产业"，又为什么叫"促进法"？围绕这个名字就有很多的讨论，命名也是经过了严谨的深思。关于"电影产业"的命名，我们认为这部法律切实确立了电影的产业属性，有重大意义。它有助于中国电影和世界电影形成全面对话的可能，而不是中国电影游离在世界电影话语体系之外孤独存在。它有助于我们找到电影繁荣发展可持续的路径，即必须建立在自身体内循环畅通和系统完备的基础之上，而不是借助于其他的力量（比如过去很多电影要借助于政府发动、团体组织、社会援助、行政命令等）。从产业的角度，我们必须在对艺术作品理解的基础上增加对产品属性的理解，在"作品＋产品"的完整概念推进过程当中，通过市场路径，嫁接观众和电影的关系，寻找到电影的生命线，这可能是目前中国电影发展的合理道路。

　　之所以称"促进法"，不是说这部法律的框架里不包含管理的内容（这部法律的文本里管理的内涵和外延还是相对完整的），而是说除了管理，它很重要的使命还要"促进"。党的十六大指出，在大力发展社会主义文化事业的同时，积极发展社会主义文化产业。到今天，中国电影走过了13年的产业化改革，其间实现了事业和产业的双向推动，"电影产业"的命名也应运而生。短短13年的时间，相对于欧美许多"电影百年老店"，中国电影产业的基础还是相对脆弱的。产业正规化、体系化、可持续化的建设，还有漫长的道路要走，从这个角度来说必须要"促进"。

　　出台这部法律，我认为其重要性在于：第一，巩固人们对中国电影产业又好又快发展的信心；第二，规范中国电影产业在发展过程当中应该规避的一些不应该出现的问题；第三，调动一切思想、情感、资源、政策的积极因素，加快推动中国电影由电影大国向电影强国迈进。三年前，我们还不敢提中国电影将迎接电影强国的概念，但是今天这一代电影人应该有信心接过历史赋予的重担。

从世界范围看，这部对电影产业有更多综合覆盖的法律也有其意义：第一，这部法律标识出中国在电影产业这个领域目前具备的不凡体量，证明电影是中国不可或缺、不可忽视的产业和文化艺术种类；第二，我们希望在综合覆盖规范和促进措施等方面，这部法律也能和其他国家的相关法律条规互为参照，使之既有中国特色又能够参与全球对话进程。

胡：是的，立法的过程也是一个行业备尝艰辛的见证。为什么把立法这个问题提出来？因为如今中国电影确实太"热闹"了，几百亿元票房已经成为一种"新常态"。一个领域如果体量达不到一定规模，立法意义无法彰显。中国电影产业有了足够的体量，已经到了值得立法的状态。只要进入立法状态，全球也都会关注：中国正在立一部关于电影产业的法。如此，这件事情也就不只是有电影本身的意义，而是一个具有广谱意义的重大事情。同时，立法，特别是第一次立法，这种历史意义可能在起步的时候或许是悄无声息，但是从长时段历史的视野来看，它的符号意义和象征意义，无论是从中国的角度还是世界的角度，都会永载史册。

二、电影政策：审查职能的下放

电影审查职能的下放，是近年来中国电影政策变化的重要呈现，标志着中国电影的行政思维从管理思维向管理与服务一体化思维的转变。同时，电影政策从"禁"到"行"，电影管理者从发令思维到共商思维，也值得肯定。但在转变的过程中，如何摒弃权力惯性，如何有和解地寻找管理者与创作者的"最大公约数"，考验着中国电影行政管理者的勇气与智慧，特别是在中国电影产业井喷的格局中，其意义就更加凸显。

1. 把权力变成"推动力",不要把权力变成"摩擦力"

胡: 今年有一个社会关注度很高的电影政策调整——电影审查的放权。放权的举措其实过去几年已经开始了,今年对审查制又做了进一步的调整,有更大规模的放权,这件事也是同时具有国际意义的事情。当然从大的方面来看,我们讲责任政府,不断减少行政干预是一个大的趋势,但是毕竟作为一个政府管理部门,一般来说会本能地或惯性地捍卫自己已有的权力,把权力主动下放,从某种意义上来讲应该是难以割舍的。如何顺利地推进电影审查权的下放?这一政策调整的背景、动因和过程如何?我想这也是社会普遍关心的问题。

张: 这是一个特别好的问题,从来没有人问过我,我很愿意回答。

首先谈一下我个人的认识,那就是要把权力变成"推动力",不要把权力变成"摩擦力",这也是目前管理部门正在形成的共识。怎样让管理和服务形成辩证统一的关系,是管理部门需要深入思考、深入探索的宏大课题。今年以来,党中央和国务院反复强调简政放权,减少中间环节,减少权力障碍,为创业者和从业者提供更直接、更便利、更通达的服务。

在权力的下放方面,我们主要进行了电影剧本(梗概)备案和影片审查的下放。首先,将电影剧本立项制改为电影剧本(梗概)备案制。备案仅仅是基本告知,而立项需要行政审批,二者差别很大。除重大革命和历史题材、中外合拍片以外,将占绝大多数的国产片以梗概备案的方式,全部下放至属地。其次,影片拍摄完成后,也遵循"谁备案、谁审查"的原则,将影片的审查权全部下放至属地。从便于工作的角度,我们通常把电影分成三类:第一类是重大革命和历史题材影片,属于特殊影片;第二类是中外合拍影片,因为牵扯到多国别多地区,所以牵扯到的文化元素、政策元素是比较复杂的,我们把它称为重点影片;第三类是一般题材影片,除了前两类,都称为一般题材影片。在每年备案、审查过程中,一般影片占据了绝大多数,一般是90%以上的比重。我们将电影备案、审查中最大体量的一般电影的审查下放到属地。

电影审查放权的内在驱动力，大致有如下几个。

第一个驱动力，是响应中央号召，简政放权，不要因为对权力的贪恋和对权力的固守，而使权力变成行业发展的阻碍力和摩擦力。

第二个驱动力，我们深刻意识到管理和服务是一体化的。没有脱离了服务的管理，也没有失去管理的服务。而从历史的语境来看，我们在管理上的理念大大强于服务。因此，需要把二者进行有机的平衡。脱离了服务的管理，就容易和行业形成对立关系，最起码是紧张关系。但是当管理和服务一体化的时候，产生的可能就是协商关系，最后就是和解关系。当然在协商、和解的过程当中，同样要强调规范和纪律，强调原则和分寸。不过，当管理和服务一体了，问题解决起来就容易了，就不那么艰涩和困难了。

第三个驱动力，鉴于中国电影产业发展的实践，不得不让我们面对一个新课题。当中国每年生产100部影片的时候，中央承担的审查任务不难完成，但今天当中国一年生产700部左右的电影，我们的审查就可能因为效率低下而影响到影片的拍摄、上映和全产业链的运作。

以2015年为例，这一年中国电影故事片的备案达到了多少个？现在，国产电影的创作生产和投资主体接近2000个，一年的备案项目仅故事片就4000个，动画片今年估计在200个左右，纪录影片也有近百个，再加上科教影片有100个左右，还有特种电影如环幕、球幕、水幕等一年也有几十个，这加起来是很庞大的数据。如果再不改革行政系统的历史运作模式，不改革权力使用的惯性，不转变守成的思想和观念，那么面对今天这样一个繁荣的产业实践，我们管理部门是难以应对的，权力必然变成摩擦力和阻碍力。以上这些理念和事实，亟须中国电影做出管理模式的调整。

当然，管理模式的调整，行政审批的删除和权力的下放，不意味着中国电影创作失去了边界，不意味着"失控"，关键在于标准的统一性。我们现在使用的电影审查标准建立在20世纪90年代国务院颁发的《电影管理条例》基础上，强调了审查委员会机构组成和对《电影管理条例》的严格执行。标准的清晰化、标准的固定化，是权力下放的一个重要前提。这也反映了前述的立法的重要性。《中华人民共和国电影产业促进法》中就包含电影制片和电影审查的管理内容，当以法律的制定来约束，那标准就更加明晰、更加固定了。

同时，法律上也有一句话，叫作程序公正和实体公正，二者是不可或缺的整体。没有程序的公正，就很难实现实体的公正，因此我们特别强调电影审查程序，比如评委会的组成，要具有广泛的代表性和广泛的社会性，审查标准必须具有固定性和清晰性，同时电影审查结果需要在最快的时间有效地告知和开放。

任何一个观念最终完成，都是要经过一个过程的。这个过程从最初的不理解、不舍得，到最终权力的顺利过渡、交接及大家理念上的顺达。当中国电影的成就开始让电影人共同引以为豪的时候，大家觉得过去掌握的所谓的"权力"毫无价值，真正有价值的是中国电影的繁荣发展，是中国电影的真正进步。

2.电影管理者与创作者向"最大公约数"靠近

胡：纵向相比，我们政策的调整体现了从管理到服务，或者管理服务一体化的重大改革。那么，横向相比，比如与美欧、日韩相比，就电影审查和管理体制而言，您觉得我们现在的简政放权是不是比较恰当和合适呢？毕竟在之前，从国内而言，一些人认为中国电影发展上不去是因为电影审查太严；从国际而言，一些人认为中国电影审查代表了所谓的"红色中国"，是社会主义中国宣传体制非常显赫的一个符号性象征。

张：只要审查制度存在，电检制度存在，就永远会有这种声音。第一，我们还是反复强调，要以法治为依据，强调电影审查的法规依据。其实，任何国家都有其法规依据,依法行政是现代文明的标志。不以个人标准为标准,不以个人判断为判断,更不以个人好恶为原则,这是非常重要的。

第二,要健全审查程序,审委会向社会公开名单,审查的结果及时告知,甚至在协商中与创作者共同进行艺术探讨,使审查者与申请者共同靠近理解的"中间点"。大家都知道,法规判断可以是直接判断和简单判断,但是就文化判断、审美判断而言,世界上没有任何一把尺子可以在艺术、审美、文化标准上给你确定规矩。因此,只要存在着审查与被审查,永远就存在着对审查体制的满意或不满意。

审查不意味着没有可讨论、可商榷、可交流的余地,这是我们的初衷。我们不以对立的目光、他者的立场面对创作者,在管理和服务一体化的基础上,大家各司其职。我们尊重创作者的创造性劳动和创作用心,更尊重审美规律和创作规律,也希望实现创作人员合理的多样化主张、多样化创作诉求,希望在尊重法规的框架基础上,大家向"最大公约数"靠近。

3.禁令易,而由"禁"向"行"则要付出加倍努力

胡: 我们注意到,在电影领域,过去比较多的惩戒性禁令,这些年似乎在减少。之前电影领域的一个"禁",往往比其他领域的"禁"更能造成社会舆论的负面反应,负面的国际舆论反应就更强烈。这几年,因为电影审查的改革,氛围宽松了,似乎"禁"的东西少了,这是说明中国电影创作本身已经非常自觉,还是我们在电影管理层面做出了怎样的推动?

张: 说句真心话,喊一个"禁"字是极其容易的,但是把这个"禁"字变成通行的"行"字,确实要付出加倍的努力。简单一纸禁令造成的后果是什么呢?电影创作者的诉求没有实现,投资方的投资不能收回,还有更加重大的一些社会文化影响。由"禁"向"行",需要多方充分协商讨论,甚至和艺术家、制片方共同重新测量项目,或者对这部电影共同做出有效的调整。这需要我们的工作人员具备相应的专业水准,要有相应的知识背景,要

有真诚的沟通精神，这些都需要付出代价。

我在这里可以举一个例子，《鬼吹灯之寻龙诀》热映时很多采访中都谈到了电影审查的问题。关于《鬼吹灯》这个文本改编成电影，我们从一开始就与创作者进行了深度沟通。作为网络小说，它在文字上和网络传播上可以有它的自我设计和自我表达，但是当它变成大银幕呈现的公共作品的时候，我们就不得不考虑其中有可能触犯的一些禁忌。第一，盗墓行为在任何一个国家，在任何一个历史阶段，或者是被法律禁止的行为，或者是不被道德提倡的行为，因此一部电影不能正面、积极地宣扬"盗墓无罪论"或"盗墓可爱说"，不然容易成为对法律、道德的碰撞。

第二，从唯物主义到科学主义的公众认知基础来说，要肯定《鬼吹灯》里玄幻未知世界的合理性和必然性是很难找到学理依据的。我们希望在唯物和科学的基础上，能够按照合理的物理逻辑和心理逻辑为所出现的玄幻作出相应的解释，哪怕做到逻辑上的自洽。我们无法证明和证伪这个世界上是有鬼的，所以电影不要做结论性的展示。

第三，在前两者的基础上，我们建议《鬼吹灯》这个名字在改编成电影时可以改为更为通行的其他名字。我们不是创作部门，剧本还没有生成时，没有必要和创作者一起进行剧本创作、创意的深度沟通。但我们既然想成功地呈现作品，又想让IP（知识产权）在走向电影的二度创作中更加合理（比如避免无谓地引发大家莫名其妙的无厘头之感），还想让最大公约数的人能够接受，就有责任和创作者形成探讨。看起来我们提出的是审查规约，实际上是在积极协商对IP改编的深度构想。

我可以再举一个例子，讲一下《智取威虎山》里的飞机。在所有历史版本中，从小说到样板戏，《智取威虎山》的结局里是没有飞机的。徐克最初拍这个片子时，设计的是座山雕最后驾着飞机准备逃走，只是由于主人公跟他进行搏斗、周旋，最后飞机坠毁。一方面，在审查中，有同志就提到飞机的问题，这是对已经约定俗成的共识、对历史真实性的违背。另一方面，徐克导演提出，他是要做一个现代版的工业视觉大片，如果只是手榴弹、土包子枪，怎么形成一种现代视觉冲击力呢？而且，为了做这个飞机花了1000多万元人民币，如果要求删除，电影怎么结尾？这1000多万元怎样交代？视觉形象怎样呈现？两方主张相悖，矛盾就是这么尖锐。后来，我们一起苦思冥想、开动脑筋，建议把结构做一个调整：故事正片结束之后，后代讲述者又想象出另外一种可能性——威虎山传说有日伪留下的军用仓库，如果有飞机的话，那当年传奇的结尾会不会有不同结果呢？于是，飞机的桥段变成了后代对当年另一种可能的想象。相当于在正片之后做了一个大彩蛋，并把彩蛋和正片进行了有机的统一和衔接。

后来主创人员也曾谈道，如果当时正片就用飞机做结尾的话，很多人会说这部片子有可能走向了戏说，或者走向了游戏的状态。而调整之后，大家就对电影《智取威虎山》没有那样的偏见了，也实现了创作方的诉求。在尖锐的矛盾面前，大家和解了、共识了，结局也皆大欢喜了，只是过程非常艰辛。总之，我们希望既能完成行政审查的任务，也在寻找电影的另外一种可能性。

三、电影产业：井喷的醒目景观

中国电影产业近年来发展夺目，电影产业的井喷成为本次对话所有话题的基础。2015年，中国内地电影票房总收入突破400亿元人民币大关，全年票房最终高达440.69亿元，而2003年，中国内地全年的电影票房只有10亿元人民币。与票房突破相关联的，是电影产业链的不断构建、电影工业体系的不断完善、电影观众观影欲求的不断聚集、电影作品国际传播的不断探索。同时，电影产业的进步，更对电影产业之外的国家、社会层面有多维度的影响。不过，面对发展的盛局，我们也需要清醒地看到电影产业发展才刚刚从起点出发，在电影工业基础、电影全产业链、电影人才储备与电影海外传播等诸多相关联的方面还存在着显要的短板。

1. 全年票房从10亿元（2003年）走向440多亿元（2015年）的中国电影

胡：2015年的中国电影票房目前已达到400多亿元，我们对话的今天这个数字还在继续上升中。国内外舆论都在热切关注着中国电影气势如虹的宏阔产业景观。您怎样看这个景观？您觉得中国电影产业形成井喷般景观的最主要原因是什么？

张：当初提出电影产业概念的时候，中国电影产业实际上正在遭遇凄风苦雨。2003年的中国电影，用"产业"目光衡量的话，可以说处在最凋敝的时期。那一年，中国电影票房是10亿元人民币，包含了8亿多元人民币的美国影片的票房，留给中国国产影片票房只有1亿多元人民币。说实话，放到今天来看，10亿元人民币总量也好，占总量15%左右的1亿多元人民币的国产影片总量也好，这样两个数字，甚至不是凋敝二字所能形容的，这个行业已经到了崩溃的边缘。产业与文化传播是一脉相承的关系，没有产业的数字基础，当然没有传播力及文化覆盖。

2003年，北美电影市场已经发展到了100亿美元，当时美元和人民币的汇率是1：8左右，所以中国电影和美国电影的距离是1：80。如果把中国电影票房里的美国份额抛掉，这个数字的尴尬更是可想而知的。数字反映了我们的产业基础相当薄弱，主要体现在以下几个方面：第一，电影理念处在不确定状态，对电影没有非常清醒和透彻的完整性认识、本质性认识。第二，无法形成中国电影的生产力系统，生产力系统包含着创作力和想象力的激发、电影工业化生产模式框架以及工业模式之后所应该跟进的高科技的助力。第三，电影市场无法和电影作品实现有效对接。一个13亿人口的中国，在2003年只剩下1800块注册银幕，其中400块银幕实质上已处于非运营状态。面对当时的强势媒体，也就是电视、录像带、DVD（数字通用光盘），电影迅速被冲垮，观众只能是集中在DVD机、录像机前，在录像厅里保持对电影所谓的"记忆"。第四，中国电影人才始终得不到有效发育。那时，第四代导演迅速退出，第五代导演停滞不前，第六代导演未能有效接棒。第五，电影文化建设处在迷茫阶段。我们的学者和理论家把目光集中到了欧美电影研究，尤其是欧洲经典电影研究和欧洲艺术电影研究。长期以来，电影教育形成一个教学模式，大多关注经典电影、大师电影，而电影职业化教育严重缺失，职业化电影教育的缺憾到目前还没有完全扭转过来。电影评论也很凋零，电影文化氛围随之消沉。

以我个人为例。那个时期，我还是一名电视剧编剧。当时可以说是中国电视剧的黄金时代，电影无为，而电视有为，所以电视剧编剧是黄金职业，我绝不"染指"电影创作。电视当时被称为朝阳产业，电影是日薄西山。电影文化氛围逼迫创作者逃离这样一个行业，整个产业基础非常脆弱。

电影产业基础几乎是从头建设，从理论到实践，因此需要多方面社会资源的促进，包括思想促进、情感促进、资源促进、政策促进。中国电影当时最需要的是什么呢？是思想促进和情感促进。我们特别希望全社会能够理解它，对其本质形成共识，别一说到电影，就对它的功能产生各种各样的分歧，从而无法形成共识。

其实在谈论电影的时候，业界、学界很多人并不大喜欢仅仅用数字来说话。但是，我今天想在这里坦诚地跟大家谈一下我的观点：数字背后是作品，作品背后是人才，所有这些的背后，我们面对的其实都是观众。观众是什么呢？观众是人心，这是一整套的、不可分割的关系。我们其实也能用数字勾勒出中国电影审美发展的历程图。

从2003年实行电影产业化改革，到2014年底中国电影实现年平均复合增长率36%的增长，非常不易。今天是2015年12月25日，我预计2015年中国内地电影票房会达到435亿元，甚至还会更高（2015年中国内地电影票房最终为440.69亿元——整理者注），如果能够实现，中国电影2015年对2014年的同比增长是47.6%（最终该数值为48.7%——整理者注）。如果我们拿下这个数字，国产电影占到61%以上的份额，国产电影净增长66%以上，比2014年多出了110亿元，国产电影的总体水准将会达到260亿元到270亿元。435亿元不只是一个钱的概念，意味着今年将有12.5亿人次观看电影，相当于中国国民人均一年观看一次电影。

艺术作品的生命力在于传播，一是当代传播，二是历史传播。此时此刻的观众观看是当代传播，未来再被多轮开发便是历史传播。没有当代传播的生成，很难形成历史传播。相对于票房，观众人次是我们更加看重的一个指标，票房背后是一个又一个增加的人次，观众走进了影院，数字背后是人心所向。

世界电影和中国电影在不同历史阶段遇到的共同难题其实都是传播问题，包括此时此刻的欧洲。作为电影发源地的欧洲曾经一度超过好莱坞，但如今，德国电影、法国电影、英国电影的市场份额日益缩小，遇到了不同程度的困难，西班牙电影、意大利电影也都出现了难以想象的困扰。根本的原因是观众没有聚集到银幕前面，电影和观众的关系在疏离。

2. 中国电影产业国际贡献的"热"与中国电影国际传播的"冷"

胡：感谢您对电影产业井喷的辩证解析。中国电影产业目前达到这样的状态，从数量上比如从票房来看，无疑已经位居世界第二。从整体上看，这对全球电影格局将产生怎样的影响？

张：可能不同的专家有不同的观点。我认为，现在中国电影在产业方面受到全球瞩目是肯定的。因为2014年在全球电影市场的增量中，中国占据了75%，显然成为世界电影产业发展的引擎。我相信2015年中国电影产业占据世界电影产业增量的75%以上是肯定的，因为全球电影增量并不好。10年来，北美电影票房常年稳定在100亿—110亿美元的区间内。2015年，英国电影的增量也是极有限度的；法国基本上持平，德国电影和西班牙电影持续衰退；亚洲其他国家的电影情况也不好。世界电影力量纷纷希望和中国达成合拍协议，美国六大公司、美国独立公司、欧洲电影界、亚洲其他各国的电影界和中国有着非常频繁的电影交往。上海电影节和北京电影节都是非常年轻的电影节，但是可以邀请来大量世界电影佳品，云集多位重量级世界电影人。

但我们始终清醒地意识到，真正赢得世界的尊重，首先，必须对世界电影文化多样性作出独特贡献，我们现在还不能产生出一种更广谱意义的、让世界各国效仿和学习的榜样文本。其次，中国电影能不能获得中国本土之外的其他国家、其他民族、其他地区的观众的接纳呢？中国电影还不能进入国外电影主流市场，我们仍然以小的规模、窄的方式在和国外的电影市场对话。海外主流观众对中国电影是陌生的，中国在文化上的影响力肯定就是受局限的。中国电影目前还处在自我修复、自我调整、自我更新、自我生长的阶段，走向世界的能力还需要逐步培养。

对于中国电影的国际传播，我有两个观点。第一，中国电影在本土的做大做强，本身就是走向世界的强大背景和依托。如果按现在的中国平均电影票价，未来一天有一部中国国产电影达到30亿元人民币的票房，则代表有1亿国内人次观看，那么任何一个海外片商在猎奇心理、趋利心理的推动下都会希望破解拥有1亿人次观看的中国电影到底是什么样的电影？他会抱着各种逐利或推广目的，把这个片子带到他的国家进行放映。有1亿人次看这个片子，相当于欧洲多少个国家的人在看这个片子，这是巨大的吸引力。

第二，中国电影在本土市场探索中所作出的努力和积累的经验，一定也有一部分可以复制到海外市场开拓当中。比如依托互联网产品尤其是智能手机的普及后微信、微博等互联网产品在中国电影市场中发挥的作用，相信也会在世界电影市场发挥同样的作用。

我们即将推出中国电影全球发行平台，取名叫"中国电影，普天同映"计划，从2016年2月8日大年初一，贺岁电影《西游记之孙悟空三打白骨精》将会在全球50个城市实现同步首发。这50个城市是什么城市呢？华人聚集区。海外华人华侨有5000万，其中包括3000万的新移民，还有大量的留学生群体。随着中国电影市场越做越大，话题性越来越强，现象级的东西越来越多，通过互联网产品的实时、大规模传播，国内的电影焦点对海外华人来说同样是焦点。因此，从2015年暑期档开始，我们就加大了试验，发现海外华人对中国电影的需求已成为刚需。今天，美国时间是圣诞节，洛杉矶、纽约从昨天到今天，在美国银幕上放映《星球大战：原力觉醒》背景之下，《老炮儿》和《鬼吹灯之寻龙诀》的票也同样销售一空。我们计划让原来的小作坊式的公司升级，让资本如CMC华人文化产业基金进入这个项目，将会增资托举整个市场，利用海外华人的刚性需求，让海外华人带动中国电影的海外传播。我们的目标是争取形成长效化的机制，一年争取推出不低于20部重点国产影片，力争每周都有中国的影片放映。遇到国产影片热点时海内外同步放映，热点与热点出现空档时把过去几年的热点影片纳进来。试验过程中还发现一个数据，每一场中国电影的海外放映会平均有10%的外国观众观看。

胡：我2015年在波士顿看《刺客聂隐娘》，大概看了一下，虽然中国人居多，但外国人占比应该是30%以上，体量还是相当大的。

张：对，中国电影在走向世界的过程中要寻找突破口。以海外华人为突破口，带动更多观影者。寻找中国电影海外产业的增长点，通过长期运作逐步形成全球院线，逐步形成全球营销网络。今天，我们对未来中国电影国际传播的"期待感"，有点像2003年对电影产业的"期待感"那样，我们当时想中国电影什么时候能有10000块银幕（现在早已实现），那时候只有1000块银幕。但是，万事总有一个开始。

您刚才说到《刺客聂隐娘》《一代宗师》这样的片子，过去的模式是依托于美国的院线公司发行，我们要看他们的发行节奏，要看他们对利润追逐的欲望，还要看时间空档。这次我们是主动出击，到海外租院线，租时段，租影厅，也可以是合作或承包，在不同国家采取不同方式。由自己主导，自己发行，自己放映。

当然，只是进入主流市场，也并不代表中国电影的高度。中国电影要获得世界的尊重，还是在于所传达的价值观、文化形态、东方美学能够丰富或改变海外观众的美学构想，电影最终征服的是观影人次背后人的艺术想象力，也就是人心。同时，让一部分艺术电影进入一些电影节也是一个策略。我们还会采取其他多样化的策略。

3.电影产业的崛起在文化与经济方面对国家与社会的拉动

胡：从国内的角度来讲，中国电影崛起的受关注度当然是突破了电影领域自身，中国的政治、经济、社会、文化各个领域都对中国电影投来一种关注，您怎样评价中国电影产业崛起在国内所产生的影响？对"十二五"与"十三五"之交的国家战略来说，中国电影产业崛起给经济、社会、文化发展带来了什么？

张：我觉得可以从两个层面上进行讨论。第一是在文化层面上。中国电影这些年的改革，正在引发一种新型的文化消费模式。在多屏时代，大银幕找到了自己立足的独特地位，这是电影在文化层面上非常重要的贡献。让我们更加欣喜的是，中国电影正在争取更多层级的观众进入，年轻的、中年的，有数据显示中国电影观众的平均年龄是21.6岁，但这些数据都不真实。观众为什么要到影院看电影呢？这逼迫我们的电影语言、电影文本和电影戏剧书写都要重新作出思考。观众来得越多，就需要电影的创新度越高，这是一种文化创造与文化消费的对应。

第二是在经济层面上。中国电影正在带动更多的资本力量与业界接轨。比如金融，在相当长一段时间之内，它只是"审视"电影，绝不动手，甚至连看都不看一眼。但现在，金融界正在和电影业发生密切的联系，比如很多银行终于放开了与电影业的关系。过去认为电影是轻资产，不像房地产，一个楼有一片地，贷款还不了，就把楼和地收回来。电影只能给一个硬盘，这是什么东西呢？我怎样评估呢？但是，现在金融界也意识到版权的价值，意识到版权背后不是用资产轻重来评估的。社会基金也在和电影发生各种各样的关系。社会基金是资本的另外一种形态，这种形态肯定是要瞄准利益链条。他们无视电影中的失败者，总是在这样计算：一个《夏洛特烦恼》，投资只有两三千万元，票房是14亿元，获利高达几十倍，哪个行业能找到这样一个盈利？当然，成功的背后必然也有失败的案例。但对资本来说，他们经常选择性忽视失败者，而高度关注成功者。资本和电影业发生重要的关系，使得在经济下行压力之下，电影正在加大其变成增长点的可能性。

不过，在这方面有一个缺憾，也拜托各位在座的学者进行研究。在美国，有一个非常清楚的模型，即1美元的电影票房可以拉动12美元的国民经济。而在中国，1元人民币的电影票房可以拉动多少经济，还没有确切模型。对国民经济的拉动，包括观众观影的周边乃至交通等花费，更包括比如影院建设、影片拍摄周边（如服装道具）的费用。如果按中国现在有435亿元人民币的票房来算，简单按照1∶12计算的话，2015年中国电影产业对国民经济的直接贡献是5000多亿元人民币；2014年国民经济总收入60多万亿元人民币，以此为比照，电影占了相当于1/120的比例，国民经济当中有大约1%来自电影。如果简单这样比算，那电影毫无疑问是一个支柱产业。

再说就业人口，全国有6500家影院，一个电影院最低来说有20个员工，因为三班倒，可能有30个员工，这就是18万多就业人口。我们现在应该有1000个左右的摄制组活跃，按照平均每组300个人计算，这就是30万就业人口。中间还有电影宣传、营销和发行，这是一支庞大的队伍。我们还有252条农村院线和5万支农村放映队。粗略估算，中国电影拉动的就业人口应该相当可观。

一个产业如果要成为国民经济的支柱产业，有三个不可或缺的指标。第一个指标是和其他产业的关联度必须越来越高。中国电影实际上和房地产、实体商场的关联度已经很高了,过去是影院追着房地产走,现在是房地产主追着影院走。过去,逛商场的人流是主体,其中分流一部分去看电影。现在,人们是来看电影的,看电影之前和之后才分解人流去逛商场。同时,中国互联网技术产业中现在分解出来相当一部分的力量在做中国电影的CG(计算机动画)、特效、后期,在做电影的宣传、营销、在线选座。在淘宝网上,《西游记之大圣归来》的相关衍生品销售首日就破了1000万元,极大地拉动了消费。这种关联度未来还有很大空间。

第二个指标是和资本的关系是不是越来越密切。中国文化产业的短板是与资本的关系很疏松。中国电影拍摄经费长期是自筹的模式,而不是用银行、基金、股市的钱来拍电影。中国电影要想更大更强,必须要和资本发生更大的关系。粗略估算,2015年电影和资本发生关系的总量差不多有20亿元,其余大部分是自筹,这如何成为支柱产业呢?但如果中国资本市场每年和中国电影发生1000亿元的关系,那么资本市场和整个社会都要托举电影市场,电影想垮都不能垮。因此,和资本发生关系而产生的强大驱动力会为电影产业保驾护航。

第三个指标是拉动就业。前面也提及了,如果一个产业凋敝了,中国有500万人没饭吃,您说这件事大不大?

4.工业基础、产业链、人才与海外传播:中国电影产业的短板反思

胡:面对电影产业发展的局面,我们成功的地方在哪些方面?有哪些独特的经历和宝贵的经验?哪些地方还需要改进?从现在的400多亿元,如果未来成长到1000亿元,光靠票房肯定不行,还需要整个产业结构的发力。

张:中国电影目前好的征兆是正在以开放包容的胸怀,汲取世界各国优秀的电影经验,并且立足本土文化,利用有亲和力和接地气的电影产品赢

得本土的观众，同时冀望于我们这种东方文化下的中国电影文化实践推向海外，这些都是目前形成的经验。

短板也确实存在很多。第一个短板是电影工业基础非常薄弱。好莱坞的电影公司都有完整的工业体系，都有大的园区，有非常精准的工业流程，在工业设计方面屡屡创新，科技更是发挥着重要的作用。反观我们，中国（怀柔）影视基地起步才几年时间，只有16个棚。而一些欧美的老牌制片厂动辄就是几十个摄影棚，而且摄影棚的设施完整，比如水下摄影等都很齐全，且框架很大。我们还仅仅在抓创意和版权，然后实现社会化的生产、组合式的生产。世界电影史是被作品改写的，我们很清楚地看到《阿凡达》在2009年有力地拉动了中国电影市场和世界电影市场，卡梅隆用14年时间做出一系列的科技创新并放置到《阿凡达》中，让中国电影第一次了解什么是IMAX巨幕，什么是真正的3D（三维），什么是真正的大片，什么是创新性现代电影，这为世界电影树立了信心。所以，单有头脑风暴而没有工业生产体系是不行的，电影工业革命在今天的世界电影格局中发挥着重要作用。可喜的是我们看到了《鬼吹灯之寻龙诀》《捉妖记》等影片初步形成了相对好的工业标准。

第二个短板是中国电影的后产品开发还不能形成一个完整的体系。好莱坞有一个完整的电影产业链，票房之后，版权有多层次开发，一是走向海外，二是走向电视，三是走向家庭影院、DVD、录像带，四是形成网络版权，五是形成漫画图书。同时，我们看到环球主题公园、迪士尼主题公园延伸向了电影产业链。在北京通州要建环球公园，版权费就相当可观！我们试图在迪士尼建设当中加一点中国元素，但非常艰难，迪士尼版权是一个坚不可摧的体系。什么时候我们有一个捉妖记公园、西游记公园，来自中国电影IP，去和观众产生体验和互动？我们开发不了电影后产品，原因也在于电影创意系统还不够强大。

第三个短板是电影人才远远不够，我在后面将详细提到。

第四个短板是没有找到真正走向海外的破解方式。中国文化是汉语文化，我们走向世界的显性障碍一是汉语，二是语法。外国观众面对外语片，打着字幕看起来当然不如看他们本语种影片那么亲切。配音配成英语，但很多外国人是不喜欢的，比如英国人彻底回避，根本不看配音版。另外就是语法上，要考虑让不同文化、不同地区的外国观众能明白无误、准确甚至巧妙领会中国文化的内核和精髓。我们在语法上或者说得过深，或者说得过白，缺乏有效的让更多人接受的方式。短板很多，我们不能回避。

四、电影创作传播：聚集和调动观众的努力

与中国电影产业发展格局同步，中国电影的创作、传播与接受中体现的包容性也弥足珍贵。这种包容是以创新为基础的，媒介融合时代不断变化的媒介形态、媒介环境，乃至人的认知结构、社会结构，都要求电影创作与传播不断更新语法与策略，以符合发展变化的艺术生态与观众生态，以不断保持电影的必需性、独立性。如此，才能更为有效地实现观众的聚集，毕竟观众的聚集背后终究是人心所向。在这个过程中，着力推进创作端、影院端这两大端口的发展前行，是聚集观众、聚集人心的有效手段。

1.多类型、多样态、有包容的中国电影创作

胡：在电影创作与传播方面，2015年也有几个情况：第一，大家普遍感觉在中国电影的类型结构中，今年是喜剧独大，至少是带喜剧元素的片子影响大。第二，从样态结构来看，综艺电影、网络电影、微电影呈现非常茁壮的发展状态，对此电影界传统的正派和新派及社会舆论和电影行业都有不同的评价。第三，从人才结构来看，新一代跨界导演不断出现，如作家导演、演员导演等。第四，从国别结构来看，今年的国产片和海外及港澳台作品，虽然票房都是井喷，但从生产创作格局来看，也存在着内部结构的争

议。请问您对这些创作与传播问题有什么看法？

张：我认为今年中国电影市场让人最欣喜的，还不是所谓的数字，而是中国电影、中国电影观众的包容性。我举几个例子，如《山河故人》这样的影片，似乎在其他的电影市场很难拿到3000万元人民币的票房，比如美国、法国、德国。如《烈日灼心》《失孤》这些影片在中国电影市场拿到2亿多元人民币的票房，我觉得很鼓舞人心。

更为欣喜的是，如《老炮儿》这样现实主义题材和取向的电影也取得了票房突破，这是中国电影市场非常大的亮点和奇迹。观众能够喜欢这样娓娓道来的现实主义题材并带有作者强烈的诉说诉求的片子，我觉得这个市场很不简单，这个市场的观众很不简单。

就今年带喜剧元素的作品影响比较大的问题，我想从下面的角度尝试思考。从传播与接受的角度来说，在今天这样一个信息高度发达的多屏时代，观众之所以从自己能控制的屏幕当中走出来，走到电影院，目前来看比较明显的理由有两个：第一是视听奇观，在其他屏幕上看不到的绚烂，在电影大屏幕前却可以体验。第二是剧场效果。观众之所以喜欢去影院观看喜剧作品，与这个因素密不可分。有些影片，一个人独自在手机屏、电脑屏上看，与在电影院里看的效果有很大差别。比如一个人看喜剧只能笑一次，或者笑一次都不舍得，即便笑也是"莞尔一笑"，但是进了剧场之后可能会笑100次，因为整个剧场都在"哄堂大笑"。因此，笑声成了看电影的一部分，笑声变成电影的内容之一，此起彼伏的笑声成为看电影的仪式中不可或缺的一部分，强烈的影院剧场效果会让观众觉得这天晚上过得特别沸腾、特别有趣，生活因此在这一刻充满意义，这个意义可能就在于看电影本身。

在转型时期的中国，大家的焦虑感都很强，而看电影却能提供一个快乐、欢笑的仪式，而且是群体互动，它自然会变成新的社交手段。在这个时代，每个人内心都怀抱着社交渴望，渴望排解孤独，因此可能会喜欢到人多的地方去欢笑。再延伸一下，考虑到社交的需要，这带来了新派电影和传统电影的区别。传统电影可能不考虑这些问题，它们以自我的诗性表达、自我的冲动表达为根本诉求，为什么要考虑公共空间和视听奇观呢？而新派电影在考虑更多的因素，比如充分考虑到观众参与的效果，影片可以被观众控制，不似传统电影是想着控制观众。

今年，中国电影在形态上呈现了多样化、多品种、多类型的特点。从类型呈现来说，有《狼图腾》，有《战狼》，有《鬼吹灯之寻龙诀》《捉妖记》，有《左耳》，有《解救吾先生》，有《港囧》《夏洛特烦恼》，有《老炮儿》，有《唐人街》，有《西游记之大圣归来》，类型在不断地扩大。在这些类型中，有的成功了，有的失败了，有的迅速崛起，有的不太理想。在多类型、多层次的实践中，高质量的作品必然会涌现，新经典也会涌现。

关于综艺电影，我认为它只是一个过渡时期的过渡产品，只是中国电影市场的一种花样补充。我们的市场产品供给是不饱和的，贺岁档那么多而观众买不上票，于是综艺电影作为补充，我们也没有持反对的态度，当然也没有积极倡导它。

胡： 在社会层面，因为有的时候综艺电影包含着别的因素，比如它是借着综艺节目的影响力，有粉丝基础，所以才有很多人的跟进和关注。这就引发了传统电影人和新派创作者的讨论。

张： 关于综艺电影，我认为电影院与其闲着，放一些新样态的电影又何妨呢？难道中国导演真的会一拥而上都去拍综艺电影吗？

2.创作端与影院端：中国电影对观众的有效聚集和调动之维

胡： 中国电影的产业井喷，以生产创作为基础。由生产创作带来的观众的聚集、人心的回归，是中国电影可持续发展的重中之重。您怎么看待这个问题？

张： 是的，那么怎样实现中国电影目前对观众的有效聚集和调动呢？我觉得有几个方面的措施。最主要的是，我们抓了两个终端，分别是产品端

(创作端)和影院端。

  第一个终端是要提高创作水平和质量。一则，让观众从对中国电影的陌生、怀疑、不信任到逐步建立对中国电影的兴趣、信任，乃至情感。曾几何时，我们看到的美国大片，是中国电影永远可望不可即的，到今天也不敢说中国电影可即，但中国电影可以触摸大片概念了。从《捉妖记》到《鬼吹灯之寻龙诀》，我们看到中国电影敢于触摸、敢于实践重工业和高科技大片的概念，并且在不断试错的基础上，终于开始修成一些正果。

  二则，过去我们非常陌生的类型化影片，中国电影现在也在开始接触。类型片的概念来自好莱坞，是人家的概念、人家的规律，但能不能在中国进行本土化的移植，这些年我们在这方面努力着。

  三则，努力提高中国电影的创新力。在今天互联网思维和互联网时代"统治"一切的情况下，电影必须要用新鲜度呼唤更多的关注。有一些电影，票房很高，但争议也不小，便有一些声音出来指责，有的说电影不好，也有的说观众的欣赏水平不行。如果简单地把观众描述成俗气的、没有鉴别力的，那太简单武断了。观众当中存在着大量的工程师、程序员、医生、记者，存在着很多各门学科的知识分子，存在着大量的热血青年。我们在座的学者有多少情怀、智慧，在观众当中同样存在多少。为什么他们的选择和我们的选择构成了区别呢？这是非常耐人寻味的问题。所以，我觉得我们必须要高度重视"创新"二字。中国的正统派电影和创新派电影正在产生分离。所谓的试验，就是尝试着用各种渠道打通电影与观众距离的过程。这个捷径在今天未必那么尽善尽美，但是我们正在寻找道路。

  在创新的过程中，一批新力量正在引领中国电影的创新。大鹏效仿了谁？《夏洛特烦恼》效仿了谁？找不到出处，却和观众形成了广泛紧密的关系，中间蕴含的道理希望现代的电影学者和影评人共同参与破解。我希望不只是怀抱传统的理念对创新进行简单的定义和抵触，不要简单地把责任推给观众，不要简单地把责任归为一种对恶意营销的猜疑。我们应该在这中间寻找最公正的立场，考虑创作和观众之间的关系。

大家可以和一些青年导演甚至跨界的青年导演座谈一下，你可以发现，青年导演、跨界导演，他们的阅片量，他们的读书量，他们对电影的深度思考，不在我们之下，不在电影学博士之下，我跟他们都进行过广泛的接触。在这些量的基础上，他们又多了其他的一些自我要求。为了戏剧模型，可以做出几千个甚至上万个卡片进行设计，一组卡片就是一个戏剧模型，不断调整调试，他们在影片背后所付出的艰辛努力是我们难以想象的。我们或许认为他们因搞怪、搞笑、作贱而赢得票房，未必能看到他们背后艰苦的用心，如何把自己的知识进行整合，在现代信息系统和互联网思维面前重新刷新自己的认知，从而选择和别人不一样的方式。我这样说并不是袒护他们，说他们达到了什么样的高度，已经成就了什么样的经典作品。没有，他们的差距可能还很大，不足还有很多，未来的道路还很长。但在新的媒介时代、新的思维时代，如果电影没有新力量创新的话，那中国电影也很难有一个大幅度的改变。

总之，从大片触摸，到类型化尝试，到创新试验，都在提高中国电影的创作水准。我不愿意在这里谈IP和原著之间的关系，IP也好，原著也好，都是从人脑子里生出来的，都是创意的一种。我乐观地看待创新，试验的道路上难免试错、难免试偏，这是肯定的。只要怀抱着可持续发展的电影精神和专业态度，也自然会纠偏纠错。

当然，无论是传统派电影还是创新派电影，我们都要朝着经典化的目标努力。这种经典，一是历史经典，二是新经典。传统派电影，我们要努力进行经典化的表达和经典化的完成；创新派电影，可能无法靠近历史的经典模本，那我们能不能创造新经典呢？就算十个新力量中有一个成就了一部新经典，也是时代的惊喜，也是历史的惊喜，电影史也是这么一路写下来的。

第二个终端就是影院建设问题，以及它对观众的聚集作用。这几年，我们开放了政策，调动了社会各方面的力量进入电影院的建设，国家提供大量的政策扶持。2003年中国只有1800块银幕，到今天，我们谈论银幕数的时候，已经达到31000多块，其中2015年新增了8000多块，平均每天新增22块。我们的银幕从大城市、一线城市向五线城市覆盖，现在已经完成县级影院全覆盖。在老少边穷地区，我们也建立了室内放映场所，如西藏某些县可能只有2000多人，青海一个县可能只有1万多人，在这些地方建数字化多厅影院很困难，我们就努力建设适合现代放映标准的2K室内放映场所。

我们要在未来"十三五"期间消灭空白点，增强薄弱点，让中国的电影市场形成非常细腻、非常饱满的一张网络。根据美国的统计数据，3亿人口，却有4.2万块银幕，营业的银幕是3.7万块。无论是4.2万块还是3.7万块，以人口为参照，我们与美国的差距很大。未来中国传媒大学为什么不可以有一个多厅影院呢？就建在大学校园里面。

在多厅影院建设的服务标准上，我们也努力法乎其上。在全球范围内，中国的数字电影走在最前面。我们在1800块银幕的时候全部是胶片放映，而新一轮修建的电影院全部实现百分之百的数字化放映，数字化放映给观众带来全新的视觉体验。而且，中国电影放映质量面临越来越高的标准要求，我们说杜比5.1是固定的标准，现在已经是杜比7.1、11.1、13.1，全景声、多维声等各种声音系统争相涌现，中国观众在影院中得到了不一样的视听服务。如果没有技术进步，是很可怕的，特别是在多屏时代，不建立高端视听服务标准，观众很快就被分流了。目前，我们的自主品牌——中国巨幕发展非常迅猛，中国的巨幕总数很快会超过美国。这些都为中国电影的观众聚集提供了便利的条件。

除了上述创作端、影院端这两个终端，中间还有几个部分不可或缺。比如中国电影的宣传和营销。美国电影的营销模式虽然非常成熟，但开始呈现出传统和保守，在互联网黏度上不如我们高，在社会产品关联度上目前也不如我们高，在宣传成本投入和宣传效率上也正在和我们形成区别。相信在座各位的朋友圈里，可能每天都会看到关于电影的消息，这一定有发动机在推动。目前，北京有几十家宣传公司在进行电影的宣传和营销，他们都是从零开始或从头开始，却迅速走到了前沿和前列。他们其实没有硬资产，但资本融资收购时真实估价上亿，依靠的就是宣传的创新性、有效性，从而构成无形品牌和无形资产。曾几何时路牌广告那么时尚，现在看路牌广告是那么落后，我们的宣传营销模式不断创新，同时投入在加大。还有"互联网+"也太重要了，"互联网+"有效调动了观众。

五、电影人才培育与电影文化建设：中国电影产业可持续发展的保障

电影人才培育和电影文化建设，是电影事业、产业走向深刻和恒久的保障。在中国电影产业井喷的景观下，电影人才的缺口却清晰存在，人才缺憾不仅体现在高端创意与指挥人才，也体现在专业岗位人才的难固定、欠专业。而电影文化建设，则涉及电影的公益放映、农村放映，涉及电影教育、批评与研究，涉及电影舆情，等等。这些电影工作努力的最终指向，都是希冀中国电影能够在经济与社会维度热络的同时，走向一种终极的精神与灵魂的超越。

1. 电影人才培育：高端人才与专业人才并举

胡： 电影产业的井喷，离不开电影人才的井喷，您刚才提到电影人才是目前中国电影产业发展的短板之一，请您介绍一下具体的情况。

张： 中国电影走向世界，需要积极开发市场营销，通过合拍电影实现中国电影"走出去"的目标。《功夫熊猫3》实现了中外合拍，创意和技术制作虽然是以美国为主导的，但影片里遍布篆刻、丝绸、丝竹、气功、八卦等中国符号，外国观众会好奇都是什么，然后告诉他们这是汉字，是中国的东西。同时，合作中我们的技术人员、工作人员学到了不少可贵的东西。电影

人才的培训只靠观看、领会是不行的，必须深入参与其中的制作。我们也是借国家外交发展战略的大势，推动合作和开放的局面不断拓展。

在产业井喷的局面下，首先，我们需要电影高端人才。从创意到指挥系统的人才，包括导演人才、复合型制片人才，还远远不够。有人做了一个推算，中国一年需要200位到300位电影导演，因为中国电影市场未来每年可以容纳400多部电影，一位导演一年不太可能拍多部片子。盘点中国现在能工作的导演，按照有些人的计算方法，整个华语圈找不出100位。我们刚刚欣喜地看到中国电影新力量涌现出来了，但是群体还不够大、不够整齐，希望未来在人才结构上能够更加合理。

其次，我们还需要专门的技术型人才。我们缺少这样的一些人，他们能固定在电影的专业岗位上，一专到底，成为优质的技术工种人员。比如跟焦点，毕其一生都跟焦点，能够实现摄影师和导演的完整意图而焦点不丢。在中国找一个好的焦点员是很难的，因为焦点员如果焦点跟得很好，两年以后大概就要做主摄影了，再往后还可能做导演，没有在这个岗位上固定住，成为岗位的领军人物或优秀的专业人才。再比如，粘毛发，用的材料、工具都是一样的，我们因为缺乏专业的程序和持之以恒的敬业，所以外国化妆师粘出来的毛发就是比中国人做得更加栩栩如生。还有道具助理、照明助理、美术助理、摄影助理，我们缺少这样的专业人员。张艺谋拍《长城》时，美工系统要给一个柱子刷油漆，美国方面要从美国调八个油漆工来，因为就是刷油漆他们也非常注重均匀度、饱和度、质感度。那么，我们需要从美国找八个油漆工来吗？完全不需要！后来，我们的置景师傅主动请缨，找了几位中国油漆工，结果刷得一样好，效率还更高！但这件事说明，我们在一些工业细节的要求上还不够精致和专业，美国人对我们也缺乏信任。

2.电影文化建设：由数字通向诗

胡：我们的电影文化建设，包括进社区、进农村，也包括电影教育、电影批评、电影学术研究，还包括电影社会舆情（因为肯定不断地面临各种各样的舆论，暂且命名为电影的社会舆情，也就是电影舆情，实际上也是电影文化很重要的一部分）。如何通过电影文化建设，弥合不同族群、不同价值观的冲突，建构文化共识、价值共识？

张：是的，电影还是要实现一条道路——由数字通向诗。我们现在拥有了观影人次和票房，但我们需要的是征服人心。您刚才说到文化冲突，说到不同价值观之间的分歧，未来一段时间在中国电影领域还会存在，甚至较大规模地存在，正是因为我们征服人心的工作做得还不好。怎么样用最真诚、最智慧、最好的电影表述赢得人心，这方面还有太多的工作要做。赢得了人心，我们就靠近了经典，就会促使不同价值观之间的冲突和分歧的弥合。这些首先要从电影本身做起。

还有一个需要做的工作就是，中国电影工作者需要认真地倾听。中国电影的发展，应该感谢批评者，虽然批评者的声音有时非常刺耳，让人坐不住，让人不高兴。但批评者让我们在工作当中能够有所理性、有所冷静、有所慎重。一定要倾听，谁懂得这个，谁肯定进步很快；谁没有这种胸怀，就很麻烦。将批评者的推动与扶持，内化成自己的反省，内化成新的创作冲动和创作力量，这对未来电影文化生态系统有非常重要的作用。

关于农村放映，其模式在今天互联网背景下和小康社会建设中，需要升级换代。我们正在探讨怎么样让农村放映、公益放映能够更加有效落地。我们面临的一个困境是，青壮年农民工都在城市，留在农村家里的都是老人和孩子。在这种情况下，我们的农村公益放映怎么样能够真正有效，是我们需要着力思考的问题。

我们最近在浙江推动农村电影公益放映试点改革，大概有三个层次。在有条件的乡镇，我们成立以公益为主体、商业为辅助的乡镇影院，把露天放映改善成为室内放映。能否把最新的片源以最快的时间送到农村，我们也在尝试。在校园院线方面，我们也在着力推动打造。2014年，我们和教育部签订了建立校园院线的计划,增加校园院线数量,缩短窗口期,降低票价。关于中小学生看电影,我们也很发愁这件事,特别是应试教育和集体组织看电影有安全隐患的情况下。好在现在周末家长可以带着孩子看电影,这也是当前动画片发展较好的原因之一。我们在2015年推出了一个叫"动画,你早"的项目,想打造一个机制,即利用周末和节假日上午的相对空闲场次时段,专场放映少儿电影或动画电影。这个活动从今年暑期开始推出,在今后还将更加完善。

打造和完善电影生态文化系统,我们希望中国电影能够成为百姓日常生活中不可或缺的组成部分,成为稳固不变的恒定文化消费习惯、生活方式。到了那一天,人们常态地、普遍地谈电影、看电影、写电影、拍电影、批评电影、研究电影,而不是把电影视作"想起来就有,不想起来就没有"的事情。

胡: 四个小时,非常精彩。您既是管理者,也是创作者,还是观众。您带着多方面的体验,带着热度、温度和深度,解析了中国电影这个意蕴丰富的对象。对于中国电影而言,产业是基石,景观是状态,文化是目标,最终要实现的是"由数字通向诗"。作为我们这样一个大国,电影有责任在国内、国际两个维度,作出深刻而独特的经济贡献、社会贡献和文化艺术贡献。

困境、创新与责任：多维定位下的传统主流媒体

——2017年《现代传播》年度对话

任学安　胡智锋

对话时间：2016年11月22日 14：30

对话地点：中国传媒大学传媒艺术与文化研究中心

对 话 人：**任学安**　时为中央电视台广告经营管理中心主任

　　　　　胡智锋　时为教育部"长江学者"特聘教授、中国传媒大学传媒艺术与文化研究中心主任、《现代传播》主编

整 理 者：**刘　俊**　时为中国传媒大学教师、《现代传播》责任编辑

2016年中国传媒发展和传媒格局中，传统媒体在新媒体快速发展之下面临困境，这已然成为一个相当显性的景观。认为传统主流媒体正在经历"断崖式衰落"的观点，是有缘由的：传统媒体的收视收听阅读率下降、收入下降、人才外流等三个外显现象，以及相关联的受关注度、影响力下降等，都是我们难以回避的传媒生态现状。而在这一背景下，从传统媒体发展的角度来说，寻找突围之路，也便紧迫起来。

本刊本年度的年度对话，两位对话人就媒介融合时代传统媒体的生存与发展问题，以广告经营管理为切口展开讨论。具体来说，本次对话中两

位对话人就媒介融合时代传统主流媒体的突围之路、中央电视台"国家品牌计划"提出的背景与内涵、2016年中国传媒发展的亮点与不足、中国传媒国际传播力的提升、传媒教育与传媒实践的多重联系等方面，进行了深入交流。

中央电视台"国家品牌计划"：聚焦经营痛点并给出药方

广告经营收入占中央电视台总收入的90%，广告经营工作的得失关系到传统主流媒体发展的命脉；在新媒体迅速崛起的背景下，传统主流媒体的广告收入也一度下滑。面对广告经营的突围之需，"国家品牌计划"的提出打破了传统的广告经营惯性观念，将平台优势转化为收益优势，将广告经营适配国家战略，体现了一种经营的智慧和创造力。

1."国家品牌计划"的提出背景：如何将平台转化为收益

胡智锋（以下简称"胡"）：各位老师、同学们，大家下午好。今年对话的嘉宾任学安先生，曾任教于中国传媒大学；调入中央电视台工作后，历任财经频道、综合频道、中文国际频道、发展研究中心等部门负责人，现任中央电视台广告经营管理中心主任，是央视历史上跨越岗位最多的领导之一，同时是《大国崛起》《复兴之路》《公司的力量》等大型纪录片的总导演，也是"长江韬奋奖"获得者。

不久前，任主任率先提出了在传媒学界、业界非常有影响的"国家品牌计划"，这一概念不仅是从经营角度，也是站在国家角度提出的，在行业内外产生了很大影响。面对"国家品牌计划"，大家对其产生的背景很感兴趣，希望了解它的针对性何在。它是自然而然、水到渠成的必然结果，还是一种特殊环境下的偶发举措？

任学安（以下简称"任"）：特别高兴能够有这样的机会回到母校，跟在座各位汇报一下我们的困惑和寻求突破的想法。

"国家品牌计划"是2015年底开始酝酿，2016年4月提出的。提出的背景大概有以下几个方面。第一是从2010年开始，随着新媒体的崛起，传统媒体面临极大的挑战，又赶上经济下行，我们央视自身也面临一些制度性的困难，多重因素叠加之后，大家对包括央视在内的传统媒体、传统电视媒体的广告经营信心不足。

第二是央视传统的广告经营模式，在数十年的发展之后，原有的优势基本递减到了没有效益的边界，这需要央视的广告经营管理有所突破。而央视广告经营工作为什么特别重要？因为广告收入占央视总收入的90%，我们看到所有重大活动投入的费用中，九成都是由广告挣来的。所以，我们把中央电视台广告经营管理中心的文化和使命改成"责任、专业、友善，以实力支撑央视无远弗届"。

为什么原有的模式不行呢？原有模式就是好节目卖好广告，不好的节目广告卖不出去，完全依托节目本身。而且在传统经营模式下，植入式广告盛行，广告客户甚至要求介入节目内容，对于以新闻立台的央视来讲，这条路是行不通的。在外部环境不变的情况下，怎么样能够保持国家电视台应有的经营活力？我们要在平台价值和使命上，就如何创造品牌价值寻找突破点。

在这个过程中，习近平总书记于2016年2月19日在党的新闻舆论工作座谈会上的重要讲话，对我们是极大的振奋、提醒和指引。习近平总书记到人民日报社、新华社、中央电视台视察调研，给我国三大主流媒体做了定位。

更重要的是在那次讲话中，习近平总书记提到了很多媒介管理、新闻宣传方面的新思想、新方法，这是我们后来很多想法的一个源头。我体会最深的，一是对于两个舆论场做了明确指示，即舆论场必须统一，凡是具有传播信息功能的介质必须统一标准。当前不同媒介的多个舆论场并存的局面，损失最大的其实就是党的声音被弱化，主流媒体传播价值被矮化。二是首次把广告同其他宣传工作一并提出来，讲到广告经营与内容采编要两分开、两加强，"广告宣传也要讲导向"。这些提法对媒体的管理、运营、采编产生了极大的影响。

中国的媒介生态极其复杂和多样。大家都知道，单就电视领域来说，都不止两个舆论场，而是多个舆论场的问题。中央电视台是一个舆论场，卫视是一个舆论场，还有市级电视台（省会城市与地级市也不一样）、县级电视台，每一级的标准都不一样。除了一些宣传口径，在很多内容尤其是电视综艺、电视剧和广告中，大家的标准都不完全一样。其中，广告经营更是差别很大，比如中央电视台不能播的广告，其他电视平台则经常照播不误。

就我现在从事的工作来说，经营问题对我思考的触动更大：国家电视台到底需要做什么，国家电视台的经营工作应该怎么突围？我们不能被惯性所左右，因为在传统广告业态环境中"挣扎"其实是没有希望的。我们逐渐发现，正因为国家电视台只有一个，它的使命是国家责任，因此它的平台价值是独一无二的，所以打平台牌应该是首要的突破点。

平台价值无与伦比，可以用大量的、多角度的数据来支撑它。央视在多类节目内容供给中的市场份额都高于50%，新闻、体育、财经都是如此，市场化程度相对高的电视剧、综艺娱乐节目也是如此。央视有十几个频道支撑，这些优势令平台价值凸显，我们可以经营平台而不是单纯地营销节目。

做广告当然要看客户。在商业经营上的一个法则是稳定一个老客户，要远比开发一个新客户更容易、更节省资源、成功率更高。"二八定律"在这里也是成立的。让老客户恢复投放、增加信心，比说服一个新客户到你的平台投放要容易得多。

因此，如何确立央视广告经营的定位成了突破口。2015年，我提出"懂中国·看央视"。2016年4月，在这个基础上，我进一步提出"国家平台成就国家品牌"的经营理念。同时，形成了"国家品牌计划"的具体想法，到2016年11月8日圆满实现开局。从2017年广告招标预售和"国家品牌计划"签约情况来看，一批千亿级的品牌纷纷加入这个计划，在中央电视台广告经营的历史上出现了前所未有的豪华品牌阵容。

2."国家品牌计划"的具体含义：寻找需求与空白，与国家战略适配

胡："国家品牌计划"的具体含义是什么，如何在内容与形式上进行呈现？如何聚合体现国家水准、国家制造的理念与产品，并把这些与媒体平台优势相结合？

任：我下面就简单来说一下什么是"国家品牌计划"。这其中充满了我们曾有的痛苦和挣扎，以及我们走出来之后的那一点点喜悦。

中央电视台广告经营既然肩负那么大的责任与使命，那么广告经营工作一定得跟大的国家战略适配，才能是国家电视台的广告经营工作，而不是一般媒体的广告销售行为或品牌传播行为。

同时，从更加宏大的角度看，前30年从摸着石头过河到市场经济确立，很多领域都是在粗放式发展，比如在早期的起步阶段是一种模仿、拿来的竞争；发展至今，很多领域开始生产过剩，这个时候国家提出供给侧改革，习近平总书记明确要求要实现中国速度向中国质量转变，由中国制造向中国创造转变，由中国产品向中国品牌转变。经济的调整，结构和消费的升级，供给侧改革就是要求生产出适配于今天已经解决了温饱之后的消费需求的产品。

由此，对于品牌品质的追求从来没有像今天这个时代这么凸显，品牌性的产品销售仍然保持相对的增长，如果是新兴行业一定是旺盛增长，如果在充分竞争的行业也仍然保持增长。而且，小品牌很多已经找不着了，大品牌还是在发展。品牌化生存成为非常重要的经济增长手段。

更重要的是，今天中国要走出去也好，承担大国责任也好，在全球市场上靠什么实现呢？参与全球经济竞争和文化交流是非常重要的两个方式，而

这其中品牌又扮演了独一无二的、世界通用语言的角色，品牌在全球交流中兼具经济价值和文化使命。

所以我们说，在市场全球化过程中，中国要赢得更多市场份额，创造更多就业机会，拥有更大话语权，品牌建设就得变成国家战略。那么，国家电视台如何在这个战略中扮演更自觉的角色，而不仅仅是承担满足自身广告经营的任务呢？

我们注意到，凡是经营成功的企业，一定是找到了一个重大的社会经济命题，解决了一个重要的社会经济发展痛点。同样，中央电视台的广告经营如果是一项事业的话，那么它也要解决这个时代大的社会经济问题。我们是做品牌传播的，就从品牌传播来思考，中央电视台广告经营工作怎样适配国家战略对品牌打造的需求？当顺着这个逻辑思考的时候，"国家品牌"的概念就顺理成章、水到渠成了。

国家电视台制订"国家品牌计划"，培育、发现、塑造、传播国家品牌，通过这个计划让一些领军品牌真的能够在某一个领域里代表国家品牌。这既是使命，又蕴含着巨大商机。

这里我想说明的是，"国家品牌计划"已经超越了一般性广告产品的概念，具有如下几个唯一性。

第一，它是目前唯一一个具有国家意识、国家使命和责任的广告产品。最近，我们在跟相关政府部门联合制定国家品牌评选标准，让这个计划变成国家工程，来落实由中国产品向中国品牌的转变。

第二，它是目前唯一一个具有最强大号召力和性价比的高级别广告产品。我们这个产品是整合营销的，横跨15个频道，整合线上线下全部资源，有主资源、固定资源、可选资源，还有无价资源。企业跟我们谈具体产品包的时候，对无价资源充满了兴趣，我们用价值无限的东西来为他提供服务，使他们从广告购买向品牌传播转型。

第三，它是目前唯一一个自身具有商业模式的广告产品，提供了无限的想象空间和各种传播的可能性。

最后补充一点,"国家品牌计划"是一个完整的计划,我重点跟大家介绍的都是商务部分,其实排在最前面的是公益部分。中央电视台广告经营工作始终以社会效益为第一原则,第二位才是广告经营,这就是中央电视台跟别的任何电视台都不一样的地方。

"国家品牌计划"的公益部分,主要有两个落地的产品。第一个是贫困地区的农产品,是我们重点扶持的,我们免费播出这些农产品的广告。我们已经跟贵州进行了战略合作,贵州种植猕猴桃已经10多年了,每年都卖不出去,由于贫困也没有办法做广告。它也参与了电商通道,但是卖不完。但贵州的猕猴桃今年全部卖光,收入是3亿元,同时带来了5000人次的旅游,贫困户每户增加2300元的收入。我们用了5个频道的各4个时段免费做广告。其实免费做广告,我们难免也心疼,但这是必须自觉履行的责任。习近平总书记提出"精准扶贫",我们就思考广告领域该怎么做呢?能不能用广告来进行精准扶贫?这是一个尝试。

第二个是重型装备制造业和中国特种行业也列入"国家品牌计划",比如中国航天、中国中车等。这些是中国工业的脊梁,国家电视台理应负有对它们进行传播的责任。

关于公益与责任,从传播价值自信角度来讲,中央电视台是中国最大的文化生产机构,在政治、经济、社会、艺术、文化、科技、少儿、体育、外语等所有的内容中,中央电视台都扮演了主流电视台主流价值的传播者和守望者的角色。使命自觉是国家电视台的天职,那么我们广告经营的使命是什么?自然首先要依托于国家电视台的主流使命,我们"服务不迎合,娱乐不放纵"。当然,在坚守的过程中,我们也需不断创新表达方式和内容。

所以,我们期盼"2·19讲话"必须落到实处,也只有落到实处,中国的媒介生态才可能是健康、良性的,否则靠所谓把关尺度的不同来赢取市场缝隙以外的利润,是绝不健康的。当你看到大家都受市场利益驱动,都处在迎合和满足的低层次竞争时，就会看到内容的多台一面……

胡：是的，"国家品牌计划"的提出是历史上的第一次，而且迅速产生了极其积极的广泛影响，我认为它对整个传媒生态格局和对改变很多传统观念都有重要影响，还适配了如国家"一带一路"倡议，以及从中国制造到中国创造等多维的政治、经济、社会指向，内涵非常丰富。我想说两点感受。

第一是价值观层面的。"国家品牌计划"引发了我们思考怎么看广告呈现这个问题。任主任提出"国家品牌计划"的创意，通过广告经营来回应国家战略需求。在价值层面主动把主流媒体的政治、社会、经济和市场产业功能的推进与国家战略对接起来，这是巨大的挑战。我们原来对广告的认知就是售卖的行为，如果说广告和主流媒体的政治、社会等功能有对接，也只是体现在个别节目的风格流派上，没有完整地将广告视作独立于内容体系之外的、独立市场化的一种存在。

而任主任做过中央电视台很多频道的主要领导，我认为，恰恰是因为他对媒体各环节有深度把握，有助于把广告这个体系和主流电视媒体庞大的内容体系更有机和深度地嫁接起来。这对于主流媒体的认知和对于传统广告经营的认知，都有很大启示。

第二是方法论层面的。"国家品牌计划"有两点值得我们深思。一是理念上的逆向思维。广告为什么只能卖节目，难道不能卖别的吗？换一个角度，难道只能做商务，为什么不能做公益呢？或者说，难道只能做商业性的东西，能不能为政治与公共服务，比如与"精准扶贫"、中国制造相联系？二是思维上的大胆融合。寻找结合点是"国家品牌计划"的亮点。仅是逆向思维，不尊重规律也不对，要想办法主动融合，要找结合点。比如刚才说到的几个结合，跟政策性"精准扶贫"的结合，找商业领域的空白点或痛点，以及各种内容和需求之间的融合，这都是以往几乎没有触碰到的结合点。

2016年中国电视发展的亮点与不足

回望2016年中国电视发展的亮点与不足，一方面，我们看到在配合重大宣传任务的"规定动作"中，电视媒体有良好表现，在重大宣传任务比较集中的年份中的表现值得肯定。另一方面，我们发现本年度电视媒体在自我创新方面表现得比较平淡，在电视综艺、电视剧、纪录片等领域，不似之前几年里"现象级"景观（如电视综艺类型的突破与爆发）或有分量的作品（如电视剧、纪录片的高峰作品）频繁出现。究其原因，一则是我们对影视资本的不良流向深表忧虑，二则是我们对中国影视的叙事能力不足也深感困扰。当然，这背后有制约中国影视发展的深层体制机制性问题，亟待改革与突破。

胡：下面还有一个问题想和任主任沟通。如果让您盘点一下2016年的中国电视，比如新闻、电视剧、纪录片、电视综艺这些领域，在您视野中可圈可点的、能留下年度记忆的东西有哪些？能不能给我们点评一下？

任：我先说一个创作层面的问题。当下的中国影视内容生产，譬如电影领域如果都是PPT一样的片子当道的话，不管票房多高，中国电影也不会有未来。莫言说长篇小说有"三度"——长度、深度、密度，真是说得好。得先有故事的长度，然后要有思想的深度，再者就是情节和细节的密度。他的长篇小说确实具备这"三度"，能够把大叙事讲得栩栩如生，宏观上能够笼罩住，微观上真实丰富。对照之下，我们电视、电影叙事的能力还得要很长时间来锻炼。

我想说的意思是，就影视内容生产而言，我们还有很大的提升空间，不管是电影、视频网站，还是电视台，可做的事情还有很多，理念的创新和内容的创新远远没有做到位。

具体就2016年中国电视的发展来说，我想它可能发展到了一个阶段，确实需要体制机制的改革来推动新的发展。因为我们的内容生产受制于各种束缚，有人把它简单地归结于管制，其实更重要的还是生产的体制机制怎么样能够适配于今天人才、题材以及高度市场化的趋势。好的IP也好，好的原创内容也好，怎么样与一个好的市场对接？我们固然要反对天价片酬，但是得有一个合理的价格，否则艺术家不愿意表演，创作者不愿意创作，创新者自然就很匮乏。

2016年是非常独特的一年，主题主线宣传特点很鲜明，成就很大。因为意识形态领域发生了很大的校正，正本清源，促进了发展。但是我们看到，更多创作层面的改变还不明显，有高原，没高峰。现在还是完成任务式的创作多，而真正思想性和艺术性高度结合的作品少。我觉得至少在2016年艺术上乘的作品还是不够多。

就电视综艺来说，我觉得2016年央视有一两个节目是特别值得一说的。比如《加油！向未来》，是科学类真人秀或科学类综艺节目，无论从制作、传播价值理念，还是从收视市场表现上来讲，都应该是自觉原创节目中的亮点。还有《挑战不可能》，在第一季成功之后，第二季仍然有很多让人振奋的题材，能够发现生活中很极致的美，给人力量感。但是总体上说，我觉得2016年中国电视综艺突破性不够，这可能是狂飙突进之后常常会出现的后劲不足吧。

就电视剧来说，其发展背后的体制机制也出了问题。少数影星垄断了屏幕，天价片酬挤占了更多创作资源，而过分强调视觉刺激、感官功能，忽视艺术表现力，使电视剧创作沉溺于肤浅，尤其对现实生活的艺术性讴歌还是很缺乏。

我现在做经营，发现这背后是钱往哪里去的问题。钱投到什么上面，你就得到什么。如果钱投到了表面的东西上去，那么你得到的就是肤浅。如果钱投到真正的创作上去，投到编剧上去，那你得到的一定是内容的创新。但是，现在能做到后者的有多少？一个演员的片酬是编剧的几十倍、上百倍，谁还愿意做编剧？编剧还有什么心思搞创作呢？综艺节目也是有脚本、有编剧的，当这些岗位都不挣钱或只能挣小钱的时候，这个行业是不会良性发展的。根本上还是得内容创新！

胡：对，在这几个核心问题上，我和任主任是观念一致的。第一，从景观来看，非规定动作的、自选动作的创新能力不足，或者说这些作品的品质不太高，整个影视业包括电影、纪录片、电视剧、电视综艺在内，高关注度、高影响力、高品牌性的现象级内容还不是很多。

第二，核心问题是资金的流向。天价片酬，是这一年度全社会都非常关注的问题，从电影到电视综艺、电视剧等诸多影视艺术、传媒艺术样态都存在这个问题，甚至让全世界都大跌眼镜。大家都觉着不合理，但是不能只怪罪演员，这当中一定是资本流动出了状况。资本流动过程中为什么出现这个状况？什么方式能够改变这样一种不合理的资金匹配？这是很严峻的问题。

第三，庞大的影视内容生产领域，却存在叙事能力不足的问题。一方面，我们可能要抱怨资金没有流向创意源头，比如编剧。电影、电视剧、电视综艺都有编剧文本，跟日韩、欧美相比，我们的文本创意层面拿到的资金是有限度的，在影视内容生产体系中是相当弱化的。这是阻碍整个内容生产自主创新的体制性约束。但是除了这个因素，另一方面，我们在长期的影视内容生产中缺乏叙事能力，缺乏用影视讲故事的能力。这要求首先能讲圆一个故事，讲顺溜一个故事，再讲得有吸引力，让人感到震撼。

所以，整个影视行业内容生产领域的关键问题，我认为在于提升我们的叙事能力。我们需要找到提升中国影视叙事艺术能力的关键配方，比如把古今中外优秀叙事艺术的经典秘诀想办法整理出来，渗透到影视艺术内容生产当中。这个问题解决了，不仅可以惠及影视，甚至可以惠及方方面面的国际传播问题，比如国际场合的演讲、发言、比赛、谈判等，包括政界、商界、传媒界、文化界等在内的太多场合都是讲中国故事的场合。甚至，我们每个中国人都有提升自我叙事能力的诉求。

我们不仅要解决单一作品的叙事问题，也要考虑能否把叙事转换、凝结成模式，能够大量创作或生产，把握住规律，我们的叙事能力就会有更大的提升。

传统媒体的衰落与体制机制的束缚

2016年，传统媒体面临发展困境，一则在于媒介手段的相对落后，二则在于内容生产的革命性突破缺失，三则在于体制机制的限制难以实现人财物尽其用。同时，新媒体的发展需要不断完善，比如摸索并确立成熟的广告盈利模式。

胡：传统媒体的衰落问题，这也是2016年的热点话题。传统主流电视媒体在收视率、收入、人才外流等方面出了问题，这是一个显性的状态，您怎么看待这一问题？

任：这个行业现在确实面临一些困境。困境之一是由媒介自身的缺陷导致的，比如传播手段等问题。媒介始终与科技相伴而行，一旦有革命性的传播技术出现，必然会有一拨新的革命性媒介诞生。电视作为有百年历史的传播工具，技术的先进性始终是相对的。

困境之二是内容生产的问题。在内容生产方面，所谓"有高原，没高峰"的局面没有得到根本性好转。如果说现在有内容上的革命性的创新与突破，情况也许会好很多。比如小说，现在不是还在写吗？甭管是用笔写还是用键盘写，伟大的作品还是伟大的作品。

困境之三是行业运行机制的问题。暂不去说整体行业的体制怎样进一步改革，单就具体到一个单位内部的机制怎么样进行创新，让真正有才华的人能够才尽其用，让他们的付出和收入比之间能够有恰当的体现，这些都还没有发生突破性的变化，甚至出现了倒退。20世纪90年代电视媒体繁荣的原因，一个是电视媒介与业务样态的先进性，另一个是机制的先进性和待遇的吸引力，所以人才流向了电视，而现在比较优势没有了。这些问题是不是不能解决？如果能解决好，电视是不是就不会衰落？个人认为，现在还需观察，下判断尚早。

对待新媒体的发展，我们也需要冷静客观。视频网站到现在为止还没有找到成熟的商业模式，大多是靠购买版权来运行的播放平台。而新媒体广告营收的所谓增长，也不是源于其传播力和品牌塑造能力，更多的是靠给中间商创造价值带来的增长，并没有给广告主带来真正的价值。

这就是问题所在，新媒体仍在烧钱之中，盈利模式的探索尚在路上，少数盈利的介质靠的是游戏和竞价排名等方式。

这恰恰可能是电视媒体的机会。电视媒体已经开始了智慧融媒体的创新求变，对内容、人才需要加大投入，当然最重要的还是体制和机制的改革。每天消亡的所谓新媒体不在少数，而电视媒介领域的深度整合还没有开始，我们已经看见了一拨又一拨关于"客厅的战争"，智慧电视的春天正在到来。

生产、传播、营销主体的重构：传统媒体的突围之路

具体到传统媒体未来继续挖潜的对策，打造新的生产主体、新的传播主体、新的营销主体的"三主体重构"可能是一条可行之法。在这个过程中，体制机制领域能够更多摒弃行政化的安排方式，尽早引入现代企业制度，尽快确立真正的市场竞争主体，更是这条突围之路上的关键因素。改革开放之后，中国电视迅速成长为"第一大媒介"。在这个过程中，电视一直在进行内部运行机制的改革，改革也大致完成于20世纪90年代。而如今，面对新媒体的快速崛起和媒介格局之变，从传统媒体发展的角度看，前路漫漫，亟须再次上路变革。

胡：改革和创新是一个长久的话题，我们总是要在波动中适应新环境的变化，在大环境中自我更新。我们有一个"三主体重构"的提法，即媒介

融合时代，传统媒体需要在生产主体、传播主体和营销主体三个方面进行重构①，这或许是电视媒体顺应媒体融合变化的自身改革方向。

在生产主体重构方面，需要考虑如何打破部门的界限来实现资源的整合，减少配置资源的浪费，进行相对科学的划分。在传播主体重构方面，需要考虑如何打破单一的终端，来实现移动的概念，让跨屏传播成为自然的、流动的、能够融合的。在营销主体重构方面，需要考虑怎么样从依赖于收视户、收视率、广告投放的传统营销模式，走向真正盘活用户来实施更全方位的品牌计划，包括自身价值增值、付费等新商业模式。在生产主体、传播主体、营销主体重构方面，任主任一定会有系统的想法。

任：我先说生产方面。自改革开放之后迅速成长为中国"第一大媒介"以来，电视一直在进行内部运行机制的改革。今天中国电视所谓最先进的东西在20世纪90年代就已经开启了，这种探索以中央电视台为代表。所谓公司制、制播分离在20世纪90年代就开始做了，于是有了第一家国有传媒公司——中国国际电视总公司，以及上市公司中视传媒股份有限公司等一系列的公司化安排。还有制片人和频道制等生产机制的创新，中央电视台一直都在做着内部机制、生产流程的创新。

今天电视面临竞争压力，提示我们还需要继续在内部不断创新。现在电视内部的生产流程不是产业的安排，而是行政化的设计，是不经济、不高效的运行体系。

电视媒体产业部分的体制创新能否借鉴成功的国企改革思路，能不能做到市场的归市场？按着市场竞争主体方式进行设置？中央文件里已经说了，要打造一批新型现代传媒集团。按传媒集团来设置的话，它首先要打破的是否就是现有过于行政化的生产方式？

电视媒体真正的商业化生产流程再造根本还没有完成，还不是按照竞争

---

① 胡智锋，刘俊.生产、传播、营销：打造媒介融合时代电视媒体新主体[J].电视研究，2014(11)：7-9.

主体的逻辑来控制成本，来考虑生产，来安排人事和薪酬体系。如果我们解决了这些问题，那么传播手段的革新就可以水到渠成了，智慧融媒体发展便也就能找到内在动力。

市场主体一经确立，传播主体和营销主体的重构自然能够实现。市场自然会引导你走向无限可能性，新技术自然能够得到应用。现在的传统媒体面对媒介融合，很多是被动融合，但是如果竞争主体确立了，自然就会主动地寻求融合。

国际传播、传媒教育与未来展望

就国际传播而言，提升中国传媒的国际传播力，提升中国文化软实力，是彰显大国责任与担当的重要目标，这需要强大、专业的国际传播媒体平台的建设。就传媒教育而言，基础性教育和技术性教育是两大支撑，而就人的全面、长期的发展来看，前者的重要性比后者更甚。就2017年的传统媒体发展展望而言，在内容生产上能够有高峰作品出现，在可自主的领域里机制创新的探讨迈出实质性步伐，是两点重要期待。

胡： 下面说一下国际传播的问题。说到主体改革创新，一个很重要的目标就是提升中国传媒的国际传播能力，提升国家文化软实力，这彰显了一种大国的担当。当前，我们有海外华人报、英文报，有新华社的多媒体宣传，有央视国际频道和记者站/分台的覆盖；有影视剧的翻译与推广，有影视公司以市场化的方式推广，有电影的以产业为基础的推广。您认为提升中国传媒的国际传播力、中国文化软实力的关键的理念与路径何在？

任： 央视专门搭建了一个班子，建设大外宣平台，班子里都是非常资深的电视人，大家都有很强的责任感和意识来完成外宣使命，未来应该是可以预期的。

这个过程可能要依托于外宣频道，也就是外语频道，即把中国国际电视台新闻频道（CCTV-NEWS）做成主频道，由其他的外语频道构成媒体矩阵，还包括新媒体。中国国家利益已经深入全球每个角落，中国文化软实力的打造确实需要大媒体平台来传播中国价值、讲好中国故事、表达中国声音。现在，这件事情非常迫切，也正在路上。国际传播的关键，在于我们必须在一个全球话语体系里竞争，不能自说自话。文化的"走出去"，没有一个强大的媒体支撑是不可能的。今日俄罗斯、半岛电视台都是传媒"走出去"的典范。

胡： 在这样一个媒体格局和背景下，新旧媒体进入媒介融合时代，传统主流媒体也在改革和创新的路上。那么面对未来，您对传媒人才教育培养有什么看法？

任： 从某种程度上说，现代社会就是媒介社会，不仅媒体需要传媒人才，各类机构都需要有懂传媒传播规律、有传媒专业知识的人才，所以我个人非常看好传媒教育的前景。

当然，如何适配到具体的媒体专业工作，我感觉技术性的训练很重要，但这一定是第二位的，综合性的教育和培养应该是首位的。因此，我们特别建议高校的传媒教育应该把人的基础性培养视作主体。

有一个类比，为什么著名大学的数学专业想选都选不上？虽然每个人都会有每个人的特长，但有三样东西是学好了就一定受用终生，那就是语言、写作、数理逻辑。在我看来，现代社会有两个武器，一个是你的嘴，另一个是你的笔，也就是能写、能说。能支撑起说和写的就是基础教育，需要文科的基础性教育多做工作，多提供训练。

但是，传媒学科作为实用性的学科不可避免地会对实用性的技术、知识、能力的培养过度关注，所以学与用之间怎么平衡好是一个难题。做好基础教育，大家都知道是正确的，但在任何时候都很难，需要持之以恒。但甭管多难，诱惑多少，它都是根本。

胡： 2017年的传媒行业会出现什么样的景观和状态？同时，"国家品牌计划"将在2017年如何更进一步拓展？请您进行一下展望。

任： 我希望以电视为代表的主流媒体，在内容生产上能够有高峰之作出现；也特别希望能够在可自主的领域里，机制创新的探索迈出实质性步伐。发挥大屏大制作的光荣传统，让大屏在内容传播和人才吸引方面实现重置。这两点是我特别期盼的！

从"国家品牌计划"的角度来讲，2017年是落实之年，希望能够把我们对社会的承诺全部落到实处。人无信不立，做事情也是这样，如果你欺骗了市场，那么市场一定会以成倍的方式来惩罚你。

胡： 任学安主任今天给我们上了非常深入的一课，我觉着这里面有情怀、时运、智慧，也表达了"60后"这代中年人对国家和民族的复兴、振兴、崛起的强烈期待，这可能是我们这代人的一种时代性的症候。希望这次对话能够让从业者继续寻找情怀、激发智慧、担当使命，并以此与媒体的政治责任、社会责任、文化责任、产业责任等结合起来，只有这样，我们才能找到真正的正确道路。

后　记

　　《中国传媒年度对话》源于本人担任《现代传播（中国传媒大学学报）》主编时期，于2004年至2017年每年年初第一期推出的特别专栏。

　　说到这一"年度对话"专栏的开设，起步之初事出偶然。记得在2003年，《现代传播》连续发表了时任凤凰卫视中文台执行台长刘春先生的两篇解读和分析中国电视现状问题与未来走向的文章，在业界引起了不小的反响。在策划2004年新的《现代传播》稿件时，我想到还是邀约刘春先生写一篇大文章。当我跟他谈起这个邀约时，刘春先生给我的回复是：再写一篇大文章，未必超得过已经刊发的两篇。此外，他更期待跟业界和学界的同行在交流互动中探讨和分享，比如跟本人做一个开放性的话题探讨，用对话的方式予以呈现。就这样，一下子又把"球"踢回给我。我觉得刘春先生这个提议也不无道理，只是既然把"球"踢回给了我，我又是《现代传播》的主编，那么探讨的问题就既要代表个人，还要考虑到刊物的定位、立场、态度的表达需要，于是就开启了对这次对话需要探讨的问题的设计，而最直接的莫过于对刚刚过去一年的以中国电视为代表的传媒领域行业与社会普遍关注的动态性问题的探讨。经过一段时间对当年年度中国电视行业及学术界比较集中探讨的问题做过梳理之后，我带着年轻的实习编辑张国涛来到了刘春先生所在的凤凰卫视北京总部，与他围绕这些问题展开了坦率的、开诚布公的对话、互动与交流，由张国涛进行录音和文字整理之后，形成了《中国传媒

后 记

年度对话》的第一篇。此篇《会诊中国电视——关于中国电视现状及问题的对话》刊发之后，快速在中国电视行业与学界产生了较为强烈的反响，当年及其后很多传媒行业高层人士都以这个对话中关注的问题来反观和推进所在媒体的改革与创新，而若干高校则将这一对话作为博士研究生考试与硕士研究生考试命题的重要参考内容。一时间，刊有这篇对话的《现代传播》呈"洛阳纸贵"之势。

"年度对话"的成功开篇，既让电视传媒行业与学界为之关注，也令我们《现代传播》编辑部的同人备感振奋，因为这种对话的方式和鲜活的内容，让我们深刻体验到学术期刊在学术话题设计引领及对行业、学术的服务方面充分的成就感，来自广大读者热情而强烈的反响和呼应，也成为我们继续做下去的巨大动力。此后，一年一度的"年度对话"成为《现代传播》标签式的符号与形象，被不少专家学者和同人"戏称"为《现代传播》的"春晚"，其中多篇对话成为国家广播电视总局、中央电视台以及全国不少广播电视媒体、宣传文化系统相关部门的学习材料，成为很多高校学术研究的必读篇目，也成为很多影视传媒类学子准备研究生考试的必读参考文献，更有多篇对话被《新华文摘》等权威期刊全文转载。尽管一年一度的"年度对话"就像"春晚"的创作与制作一样越来越难，越来越不好推进，似乎该说的该做的早就已经说尽做尽了，颇有"江郎才尽"的困难，但因着广大读者持续不断的鼓励与期待，于是便克服种种困难，坚持做了下来，直到2016年底完成最后一篇对话后，本人调任到新的岗位，才算告一段落。

在2015年"现代传播文丛"推出之际，本人曾经将2004—2015年间的"年度对话"汇编成册，在中国传媒大学出版社出版，为此还专门写下一篇《对话，无处不在》的文章刊发在《读书》杂志上，阐述了我对于对话这种学术研究和表达的独特方式的一些思考。2016年、2017年的"年度对话"由于时间关系未能纳入那本书当中，并且涉及传媒广告经营和电影等以往较少触及的内容，近年来也有对此颇感兴趣的学者、同行和朋友们多次提及，希望有机会将这两篇"年度对话"也能收编在一起。又是六七年时间过去了，在我整理梳理各类著作的过程中，中国传媒"年度对话"再一次进入我考虑的视域，恰好中国国际广播出版社的领导和编辑向我邀约相关的学术著述，于是就有了将这15篇"年度对话"完整地汇编成一部著作的想法。这既是对本人曾经的那段编辑生涯和学术生涯的一种记录与记忆，更重要的是以此种对话的方式来留存新世纪以来中国传媒改革、发展、创新的年度景观。我想，不论是对于中国传媒自身的发展与创新，还是对于中国特色传媒学术研究的传承与积累，这些或许都是最真实、真切而真诚的素材与文本。因此，尽管七年前出版过短缺两篇的《年度对话》，但还是决定加入未曾收入的两篇后再出版新书，这不仅是为了求全，也是期待这份对话所存留的内容与独特的方式能够给当下和未来中国传媒的从业者和研究者们带来有益的启示。

在此书即将付梓出版之际，我要向所有参与这些对话的嘉宾表示最诚挚的感谢，没有他们丰富而接地气的经验、体验和深刻的领悟与思考，以及那些充满了智慧的闪光的观点和见解，就不可能成就这些有价值的对话；也要向每次对话参与整理的老师和同学表示诚挚的感谢，因为在每一个对话背后，都要做大量的功课和准备，这些对话的整理也饱含着整理者本身的学识与才华。最后，我要向中国国际广播出版社的领导和相关工作人员尤其是策划编辑祝眸老师表示衷心感谢，没有他们的支持和把关以及精心的审读与编校，就不会有这部著作顺利而完整的呈现。

胡智锋
2022年10月30日于北京

图书在版编目（CIP）数据

中国传媒年度对话 / 胡智锋等著. —北京：中国国际广播出版社，2022.10
ISBN 978-7-5078-5180-9

Ⅰ.①中… Ⅱ.①胡… Ⅲ.①传播媒介－研究报告－中国 Ⅳ.①G206.2

中国版本图书馆CIP数据核字（2022）第189589号

中国传媒年度对话

著　　者	胡智锋 等
责任编辑	万晓文
校　　对	张　娜
版式设计	邢秀娟
封面设计	赵冰波

出版发行	中国国际广播出版社有限公司 ［010-89508207（传真）］
社　　址	北京市丰台区榴乡路88号石榴中心2号楼1701 邮编：100079
印　　刷	环球东方（北京）印务有限公司
开　　本	710×1000　1/16
字　　数	280千字
印　　张	20.25
版　　次	2023 年 3 月　北京第一版
印　　次	2023 年 3 月　第一次印刷
定　　价	48.00 元

版权所有　盗版必究

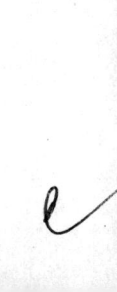